国家社会科学基金项目成果

项目编号：07BZX025
项目名称：节约型经济的哲学基础研究

欧阳志远 著

天富论

资源节约型经济哲理研究

人民出版社

目　录

绪 论

发展的核心是人的发展，人的发展水平主要表现为资源的利用水平，资源利用水平主要体现为经济增长方式。可持续发展战略提出以来，围绕经济转型出现了诸多目标，这些目标有的内涵不清、有的相互叠加、有的包含误导，理论上的混乱使得经济转型的具体工作趔趄而行。上述局面的改变仅靠经济学是无法完成的，必须借助哲学力量进行全面系统的思想清理。

1992 年“联合国环境与发展会议(里约热内卢大会)”召开之际，笔者在博士论文中提出“继农业革命和工业革命之后的第三次产业革命，是生态产业革命而不是信息产业革命”[1]。此论一出，褒贬不一。毕竟信息技术影响深远，所以，当“知识经济”风靡国际之后，很快就在国内引起强烈反响。其后，“循环经济”、“低碳经济”又从国外接踵而至。当然，后两者毕竟已经切入生态资源观，与“知识经济”不在同一个层次。到底如何概括当代经济的正确走向，笔者 2004—2006 年连续发表三篇论文，主张独立思考，并且提出了关于建立“节约型经济”的哲学思想，该研究于 2007 年立为国家社会科学基金项目。

偶翻《胡适日记》发现，胡适曾与学友韦莲司谈到东西人士迎拒新思想之不同。他说：“偶语韦女士吾国士夫不拒新思想，因举《天演论》为证。达尔文《物种由来》之出世也，西方之守旧者争驳击之，历半世纪而未衰。及其东来，乃风靡吾国，无有拒力。廿年来，‘天择’、‘兢存’诸名词乃成口头禅语。女士曰：‘此亦未必为中国士夫之长处。西方人士不肯人云亦云。而必经几许试验证据辩难，而后成为定论。东方人士习于崇奉宗匠之言，苟其动听，便成圭臬。西方之不轻受新思想也，未必是其短处；东方之轻受之也，未必是其长处也。'此甚中肯。今之昌言'物竞天择'者，有几人能真知进化论之科学的根据耶？"[2]达尔文进化论问世之后，在西方引起争议不小，而在中国却风靡不悖，胡适断言中国知识分子不拒绝新思想。但韦莲司却认为这是因为西方人不人云亦云之故，任何新思想都必须经过实验和辩论，方能成为定论。而东方人则习惯盲目崇拜大人物言语，一旦动听，便成圭臬。所以，不轻受新思想，未必是短处；轻受新思想，未必是长处。韦莲司所批"轻受"海外观念之风，到如今仍为国人处事中一大流弊。

2011年2月21日笔者在《光明日报》撰文《别让平庸论文充斥期刊》指出：创新是科学的灵魂，科学必然带有风险，有非议是科学的常态。论文的价值评判要有一定的时间期待，规避非议只能导致平庸。社会要包容各种非议，才能营造"百花齐放，百家争鸣"的学术氛围，保护创新性思想露头。[3]

2011年4月28日《人民日报》评论部撰文《以包容心对待"异质思维"》指出：思想观念的价值，在竞争中才会彰显，在实践中才能检验。"不同即敌对"的思维模式，无助于社会和谐的构建、健康心态的形成。只有以包容心对待"异质思维"，社会才能在思想的交流碰撞中不断凝聚、升华。[4]

本书作为国家社会科学基金项目《节约型经济的哲学基础研究》的最终成果，系突破国内外生态哲学与经济学现有理论的一个尝试。在生态经济的论域中，"资源节约"的目标早已有之，但它总是与"知识经济"、"循环经济"、"低碳经济"杂陈，内涵始终处于模糊状态。本成果提出的"节约型经济"与以上几种模型都分别作了界限划分，首次从本体论、认识论和方法论三个方面，对节约型经济的内涵进行了详尽论述，并对中国节约问题进行了专门探讨。力图为可持续发展战略确立一个明晰的经济目标,改变经济转型无所适从的局面。成书之前笔者发表的相关论文为先期成果,本成果在原有基础上作了系统深化,提出了一批概念和命题,属于原创性成果。

中国民众的日常生活积习,是建构节约型经济的一大障碍。本成果虽然希望为民众思维方式和行为方式的改变提供一些帮助,但探讨尚未特别深入,进一步的研究将把它作为主要方向。

我们每个人都应该明白这一点:自己家园的命运就在自己的点滴取舍之中。如果环境保护只是停留在美好词句之上,那么美好环境只能永远离我们而去。

欧阳志远

2012 年 6 月　中国人民大学静园 9 号楼

第一章　财富本体论

发展的核心是人的发展，人的发展水平主要表现为资源的利用水平。金融危机的本质在于，对自然资源的透支超过了社会的承受能力而造成生态秩序和经济秩序的双重破坏，两种危机完全相通。虚拟经济的要害在于掩盖了自然资源的价值，现代社会要使资源价值保持和恢复，必须投入人类劳动，资源价值和劳动价值正在走向统一。从本体论看，所谓财富首先是有利于人类生存和发展的信息负载实体，“信息财富”论及其派生的“知识经济”论在理论上和现实中都无法成立。“内在价值”论则从另一个极端走进了误区，其要害在于把事物的固有性质降低为对他物的意义，结果反而削弱了事物性质的先在性和恒定性。“内在价值”实际上还是“价值”，与之联系的“动物权利”，宜改为“动物善待”。关于人在自然界的地位，应当放弃有特定含义的“人类中心主义”概念，代之以“人的类存在主义”。“类存在”是在其他物种不致灭绝前提下的存在，实质是以创造性的负责任态度开发自然。

一、虚拟经济深切

（一）金融危机别观

2008年，一场金融危机似乎突如其来地席卷全球，数年之后这场灾难的阴霾仍然笼罩在全球上空。金融危机的本质并不是货币的亏空，而是隐藏在货币亏空背后的自然资源透支。**自**

然界是完全不依赖人类的，而人类却必须依赖自然界。如果看不到这一点，加剧自然资源的非理性消耗，那么人类即使有再多的金融符号，也免不了陷入灭顶之灾。金融危机发生后，就连西方学者也批评道：面对危机，资本主义世界的领导人却在转移视线、宣扬气候变化的威胁，力图掩盖一场即将掠走人们住房和储金的大洪水。不管西方世界头面人物的意图如何，从根本上看，其言论倒不是完全没有道理。只是他们不能够或不愿意点破：化解金融危机的根本在于**驱除经济领域的符号迷雾，还原社会财富的本来面目。**

2011 年，T. 伊格尔顿（Eagleton，T.）推出了一本带有轰动性的著作《马克思为什么是对的》，其中说："如果那些意志力不坚定的社会主义者当初能把他们的信仰坚持到二十年后的今天，他们就有幸见证那个在他们眼中坚不可摧的资本主义制度如何在 2008 年陷入全面危机，甚至连商业街上的自动提款机都险些面临关闭的命运。""传统左翼党派的口号'进入社会主义，还是退回野蛮社会'，如今看来不再是花里胡哨的表面文章，而是振聋发聩的警世箴言。在这样生死攸关的紧要关头，正如弗雷德里克·詹姆逊曾提到的，'马克思主义必将重现人间'。""一位知名的西方经济学家就将气候变化描述为'有史以来最大的市场失灵'。"[1] 即使是在社会主义国家，这本书也颇具澄清视听的借鉴意义。

20 世纪 80 年代，国际社会的共识是："和平"与"发展"为世界的两大主题。30 年过去，"和平"虽屡遭破坏，而"发展"却从未消泯。**发展的核心是人的发展，人的发展水平主要表现为资源的利用水平。**当资源利用主要是以量的扩展方式推进时，无论是恐怖活动还是国家冲突，背后都可以看到自然资源争夺的影子。热点地区的冲突，完全就直接围绕着资源争夺来进行。就发展本身来看，金融危机和生态危机越来越明显地成为发展的两大威胁,但除了严重的公害事件以外,人们一般都看重前者而轻视后者,实际上两者是完全相通的。要保证社会稳定发展,就必须研究两者之间的内在联系。

从第二次世界大战结束到20世纪70年代,西方资本主义国家采纳了“凯恩斯主义”来调控国家经济生活,J. M. 凯恩斯(Keynes,J. M.)认为,现实否定了微观经济理论中的论断:价格、工资和利息的自动调整会使总需求趋向于充分就业的水平。他主张政府采取财政政策刺激经济,对经济生活进行干预并实行积极的社会保障和就业政策,政府的干预使资本主义生产的固有矛盾和与之相关的社会矛盾得到一定缓解,从而使经济进入了一个扩张时期,但是又引发了新的矛盾。到20世纪70年代后半期,这一体制发生了严重动摇:一方面,石油危机使得经济增速放缓,通胀问题日益突出,支撑福利国家的财力基础开始瓦解;另一方面,精英人物认为,把社会各阶层纳入受益者范围的民主政治体制,无法作出伴随着“痛苦”的决策,从而导致决策系统陷入了功能性障碍。

1979年英国M. H. 撒切尔(Thatcher,M. H.)政府上台和1980年R. W. 里根(Reagan,R. W.)在美国主政后,英美国家改为采用新自由主义的理念,即以私有化、市场化和自由化为目标的“华盛顿共识”来治理国家,同时进行大规模的产业结构调整,将大量实体制造业转到国外,而把本土打造成贸易、航运和金融等服务业中心,于是经济便逐步走向虚拟。虚拟经济是高度依赖虚拟资本的循环来创造利润的经济,它以金融系统为主要依托,通过虚拟资本对物质资料的生产及相关的分配、交换、消费等经济活动的渗透来推动实体经济运转。虚拟经济确有提高资金使用效率的功能,但它本身并不创造价值,其存在必须依附于实体经济。早就有人警告过,它的盲目发展会严重危害社会。

虚拟经济产生于信用制度。K. 马克思(Marx,K.)指出:"信用为单个资本家或被当做资本家的人,提供在一定界限内绝对支配他人的资本,他人的财产,从而他人的劳动的权利。对社会资本而不是对自己的资本的支配权,使他取得了对社会劳动的支配权。""在这里,一切尺度,一切在资本主义生产方式内多少还可以站得住脚的辩护理由都消失了。进行投机的批发商人是拿社会的财产,而不是拿自己的财产来进行冒险的。"[2]这种资本主义生产方式的自我扬弃充满矛盾,它是生产进一步发展的需要,同时又使生产的高度社会化和生产资料的私人占有之间的冲突更趋尖锐,投机和欺诈活动大规模蔓延开来。

金融资本主义可以追溯到19世纪下半叶,金融炒作自兹开始。但当时金融业立足的根基还是为制造业融资,至多参与制造业的经营管理,通过投资获利,它与制造业的关系是紧密捆绑的。与历史上的资本主义世界经济危机不同之处在于,这次危机不是直接生产过剩引发的危机,而是虚拟经济背离实体经济造成的生产过剩危机。20世纪70年代出现的"后工业社会"理论,一方面反映了信息技术产生的社会功能,同时也迎合了西方国家逐渐滋长的寄生心理。从美国开始金融业逐渐变异,到90年代达到高峰,出现了"金融工学",通过设计各种模型进行金融投机,直接用货币套取货币。少数人借助美国一家独大的国际地位,轻松地劫持了全球经济,国家的开支也越来越依赖于从世界各地吸引的资金,所以美国极力巩固其国际强权,其基本措施一是开发关键技术以保持军事威慑,二是主导游戏规则以维护美元本位,三是实施人权战略以驾驭文化格局。

任何事物都是有两面性的。"峣峣者易缺,皎皎者易污。阳春之曲,和者必寡;盛名之下,其实难副。"[3]当金融占据社会中心之后,带来的后果至少有三:

第一,经济虚化使得国内就业岗位大量削减,造成依靠社会救济的对象猛增,而金融业却拿着远远超过任何行业的收入。虽然它可以凭借国际地位“外掠内补”,但只要与实体经济背离就注定会出风险。不过金融风险很容易就通过政府向全社会转嫁,以致“全社会为少数人的奢华付费”这种格局成为常态。由金融业的力量所决定,政府对挖补机制的改变一直力不从心。不能低估西方资本主义的调控能力,更不能轻言爆发社会主义革命,但也不能断言不发生社会动荡和政治畸变。有人甚至担心会像当年魏玛共和国那样,诞生“微笑法西斯主义”。

第二,金融投机带来的暴富效应进一步击垮了资本主义早期勤奋节欲的新教观念,不劳而获的心理像病毒一样在西方社会急剧蔓延。巨大的利益反差把社会的聪明才智大量引向金融领域,理科研究和实体产业受到严重挤压。在西方现行政治机制中,头面人物为了竞选获胜,往往提出不切实际的福利许诺,沉重的财政负担造成债务危机。欧美国家都在以智能技术力挽制造业颓势,然而无论实体产业的自动化多高,终不如巧取豪夺的诱惑力量强大。当“冷战”胜利带来的天国依赖成为荣耀之后,要到尘世间去跌价挣面包吃,可能是一种屈辱。

第三,金融投机获取资金容易,一旦得手,对自然资源的消耗就会毫不吝惜。所以无论是操纵者还是被操纵者,都深陷狂热消费的旋涡,拼命追逐最多的财富和最新的乐趣。这种价值观念不仅主宰了西方,而且引领了世界。金融危机可能会在一些国家暂时抑制过度消费行为,但不可能去除过度消费动机。问题的严重性还在于,目前化解金融危机的方向所指,是没有尽头的欲望刺激,最后结果是一轮深过一轮的恶性循环。这种态势对于生态意识的培养带有灭绝性质,它会使国际社会千辛万苦拯救地球的努力付之东流。

人们往往把酿成资本主义债务危机的福利主义祸根,说成是提高“社会主义成分”的结果,这是一个天大的误区。社会主义当然应该为人民谋求福利,其中包括对弱势群体的尽力关照,但这种福利是通过共同劳动来获取的。马克思主义揭示了劳动是人猿区分的根本界限,社会主义制度的内核,是要让劳动者通过有尊严的劳动来获取应得的报酬并实现社会价值,共产主义理想追求的就是自由自觉的劳动。所以一些马克思主义政党称为"劳动党",不管它们后来是否成功,但只要走社会主义道路就必须这样认识。

2008 年美国金融危机发生之后,马来西亚前总理 B. M. 马哈蒂尔(Mahathir, B. M.)说过:"我们之所以发现整个世界都生活在恐惧之中,就是因为西方价值观的发展趋势必然导致以牺牲他人作为解决问题的手段。"[4]后来欧洲债务危机发生,马哈蒂尔又发表文章指出:在美国反恐战争伊始,布什总统就将一些发展中国家归类为"失败国家"。现在看来许多发展中国家是失败了,但包括欧洲和美国在内的西方国家也失败了。印制钞票和填写支票毫无帮助,他们必须放弃高福利,停止金融赌博,拿更低的工资去生产商品和提供服务。

2012 年 1 月在巴西举行的世界社会论坛,把"资本主义、社会公正和环境危机"作为主题。与会知名学者一致认为,欧洲民主已经被贪婪的金融市场绑架,这个没有底线的市场已经威胁到了人权。有学者指出,欧洲的民主和宪法都不合格,现在主宰它们的是高盛公司。有理由认为资本主义本质上是反民主的,最生气勃勃的中国就鄙视西方那样的民主。还有学者指出,各种资源都是有限的,而金融行业却造成了市场的贪婪无度,所以环境危机、食物危机、经济危机、政治危机相互关联,错综交织。这是迄今国际社会关于金融危机的最深刻见解。

尽管国际社会对中国模式的优越性做了大量肯定,但我们必须清醒地看到自己的问题:第一,劳动力素质不高,资源利用效率低下;第二,政治体制必须改革完善,否则阻碍经济增长方式转型；第三，西方经济衰退牵动全球，中国经济难免受到殃及。资本主义确实陷入了前所未有的困境，但已经引入市场机制的社会主义也必然面临艰难抉择，毕竟市场经济的一些规律是共同的，不能忽视金融投机心理对中国社会特别是年轻一代的影响。中国的优势在于宏观调控机制，但这个机制正在受到西方国家处心积虑的瓦解和冲击。

风雨如晦，鸡鸣不已。历史证明，时局越是混沌，社会对理论的期待越是强烈。不少人认为，就问题发生的直接部位来看，有必要改进互联网的功能，以保障金融市场的安全。这种认识显然还停留在表面，实际上互联网只是一种技术，技术是由哲学思想操控的，如果价值观念得不到转变，问题就会层出不穷。从深度分析，危机的发生与“信息社会”理论密不可分。可以说，这次危机是对“信息社会”理论的又一次重创。虽然问题出在经济学领域，但事实证明传统经济学解决问题只能就事论事，不愿意也不可能深究问题的全部思想根源和社会根源，要釜底抽薪还得借助哲学。自然辩证法作为哲学与现实的桥梁，涉及技术层面的问题是不可避免的，但正如 G. W. F. 黑格尔（Hegel, G. W. F.）所说，柏拉图（Plato）不必教乳母如何护理婴儿，J. G. 费希特（Fichte, J. G.）不必教警察如何改进护照，重点在对相关重要问题进行一些观念透视和方法引领。

（二）“信息社会”复议

1992 年，笔者在博士论文《生态化——第三次产业革命的实质与方向》当中，对信息社会理论进行了分析，认为用信息社会来概括后工业化时代，是一个理论错误，主张用“生态产业社会”取代“信息社会”，提出了“**采猎业社会—农业社会—工业社会—生态产业社会**”这样一个社会发展的四阶段论。“生态产业社会”理论引起了相当的社会反响，但基于西方话语权的强势,“信息社会”理论还是风行不悖并造成了严重后果。现在看来,金融危机发生之后,有必要对“信息社会”理论进行再认识。

信息社会理论最早表现为“后工业社会”理论,1973 年,D. 贝尔(Bell,D.)在《后工业社会的来临》一书中提出了“后工业社会”概念。他认为,继农业社会和工业社会之后,人类将进入后工业社会,后工业社会的基本特征体现是:(1)在经济上,由制造性经济转向服务性经济;(2)在职业上,专业人员与技术人员在职业分布中居于主导地位;(3)在社会轴心上,理论知识取代经验知识成为社会革新和政策制定的源泉;(4)在未来方向上,控制技术发展和对技术进行鉴定;(5)在决策制定上,创造新的“智能技术”。[5]

1980 年,J. J. 塞尔旺-施赖贝尔(Servan-Schreiber,J. J.)在《世界面临挑战》一书中提出:随着电子计算机的发展,世界正面临着“非工业化”即“信息化”的前景,信息社会必将取代工业社会,犹如工业社会之于农业社会一样。[6] 1982 年,J. 奈斯比特(Naisbitt,J.)在《大趋势》一书中阐述了信息社会的主要特点:(1)工业社会的战略资源是资本,信息社会的战略资源是信息;(2)工业社会的“劳动价值论”,被信息社会的“知识价值论”取代;(3)农业社会关注过去,工业社会关注现在,信息社会关注将来;(4)农业社会里的竞争和对抗存在于人与大自然之间,工业社会里的竞争和对抗存在于人与人造的大自然之间,信息社会里的竞争和对抗存在于人与人的相互作用之间。[7] 于是形成了“农业社会—工业社会—信息社会”这样一个社会发展的三阶段论。

围绕“信息社会”所展开的问题,属于社会形态问题。关于社会形态,通常是根据生产关系来确定的。按照生产关系标准,可以把人类历史划分为依次更替的五个阶段:原始社会—奴隶社会—封建社会—资本主义社会—共产主义社会,这样所得到的社会形态称为“经济社会形态”。历史唯物主义认为，生产力、生产关系、上层建筑是一个有内在联系的整体。一般说来，生产力决定生产关系，生产关系反作用于生产力，这是它们统一的一面。在看到它们的统一性的时候，还要看到它们的差异性。虽然生产关系的形成主要由生产力决定，但同时还要受到其他社会因素的影响和制约，因而会出现两者不同步的情况：在相同的生产力水平上有不同的生产关系，在相同的生产关系下有不同的生产力，近代以后，这种情况表现得特别明显。

基于生产力与生产关系既同步又不同步的情况，除了根据生产力来划分社会发展阶段之外，还可以从生产力的角度来说明社会的发展。马克思在《资本论》中说过：“劳动首先是人和自然之间的过程，是人以自身的活动来中介、调整和控制人和自然之间的物质变换的过程。”[8]“人和自然之间的物质变换”这个概念，是对生产活动本质最深刻的揭示。人和自然之间物质变换的方式就是技术。因此，根据生产力来划分社会发展阶段，主要尺度是技术。

技术有四个层次：(1)按照自然界的基本运动形式，有四种基本技术：广义机械技术、物理技术、化学技术、生物技术；(2)综合运用四种基本技术，得到八种劳动过程技术：资源采取技术、材料生产技术、能源转化技术、精确加工技术、基本建设技术、物质输运技术、种植养殖技术、信息处理技术；(3)根据具体社会需要，由不同劳动技术组成产业技术[9]；(4)全社会层面上，按照人和自然之间的物质变换方式组成生产技术体系。在社会生产技术体系中，有一类物质生产技术处于中心地位，人们主要依靠它来获取生活资料，其他生产技术以它为中心生长。这类技术称为“中心生产技术”。

在人类社会的发展过程中，中心生产技术依次是：采猎业技术—农业技术—工业技术，以它们为尺度可依次划分出：采猎业社会—农业社会—工业社会。以中心生产技术为尺度划分所得到的社会形态,称为技术社会形态。技术社会形态和经济社会形态之间,既有一致的一面,又有不一致的一面。西方学者提出的“农业社会—工业社会—信息社会”这个三阶段论,显然不是经济社会形态,而是技术社会形态。这个序列从逻辑来看是不周延的,从现实来看是不存在的。

从逻辑来看,物质(matter)世界有三个最基本的要素:物料(material)、能量、信息。其中,物料起架构作用、能量起动力作用、信息则显示质料和能量的存在方式并在一定条件下起调控作用。在人与自然之间的物质变换过程中,三者融为一体。人类历史上,物料和能量这两个要素先后在生产力当中发挥过关键作用,但物料技术和能量技术都没有也不可能脱离其他要素单独成为中心生产技术。即使在持“信息社会”观点学者的论域中,也并没有把农业社会称为“物料社会”,没有把工业社会称为“能量社会”。农业社会和工业社会的命名根据都是人和自然之间的物质变换方式,然而在第三阶段却突然把物料和能量剥离,用“信息”这个孤立要素来命名技术社会形态,这在逻辑上难以成立。

从现实来看,信息处理技术总是要从属于一定的物质生产体系,才有现实意义,无论信息技术发展到什么程度,从事信息处理的人员比例有多大,信息活动都只是人和自然物质变换活动的一个侧面。人的任何知识、技能只有通过具体劳动,在一定的能量转换过程中,渗透到一定的物质材料中去时,才能成为财富,即使信息产品也是如此,孤立的“信息”只是一种非现实的、抽象的概念,并不能形成使用价值,丧失了使用价值,价值就没有物质承担者。信息技术是一种产业优化的手段而不是产业优化的目标,因此尽管信息成为当代社会生产力的决定性要素,但并不能单独构成生产力,也不能用它来确定技术社会形态。

按照“信息社会”论者的判据，西方国家早已步入了“信息社会”，但现实是，随着信息技术的飞速普及和提高，自然资源的消耗非但没有减少，反而还在急剧增加。从20世纪70年代以来，石油危机频繁发生，2007年石油危机与粮食危机连带发生，这些危机当中固然有投机因素在作祟，但不可否认的是，资源稀缺性的上升是基础作用。2008年爆发的金融危机，更是使“信息社会”理论的虚假性暴露无遗。当前西方世界的金融危机是经济过度虚拟化和自由化后果的集中反映。随着信息技术的迅速进步、金融自由化程度的提高，以及经济全球化的扩展，虚拟资本的流动速度越来越快。20世纪90年代，信息高速公路概念一度迅速转化为纳斯达克（Nasdaq）网络泡沫的推动力量。2002年纳斯达克网络泡沫破灭，正式宣告美国虚拟经济进入了危机动荡期。美国原本可以借助信息技术实现生产力的飞跃，但由于把实体产业向海外大举转移，所以信息技术并没有与物质生产紧密结合，而成了金融投机的工具，有人喻为十头恶狼（虚拟经济）盯一头羔羊（实体经济）。

面对危机，加强金融活动的监管是必需的，但也是远远不够的。如果不彻底否定“信息社会”理论，人们就总是会对虚拟经济持过高的期望。不可否认，随着技术进步推动生产结构变化，会有越来越多的劳动力进入服务性职业，但这不等于物质生产可以被虚化。自从D. 贝尔的后工业社会理论推出之后，第三产业的概念已经被社会普遍接受。通常把在自然条件下获取生物产品的产业作为第一产业，把加工制造产业作为第二产业，把服务性行业作为第三产业。把服务性行业作为一种产业，是从社会分工角度来看的，然而不管就业比例有多大，第三产业总是要依附于物质生产性事业，否则就成为无源之水、无本之木。

有人认为，以虚拟经济支配世界是成为世界强国的标志，这种模式值得后发国家仿效。从现在来看，这种论调至少存在三个误区:第一,西方国家的历史地位不是可以轻易取代的,“冷战”结束实际上只是东方阵营解体,西方国家之间虽然时有龃龉,但在维护世界霸权方面却始终保持着高度一致,如看不到这点是过分天真;第二,对虚拟经济的迷信,会转移社会的视线,忽视或至少弱化对资源利用方式的改进,发达国家可以尽量把高耗产业向后发国家转移,但全球是一个整体,早晚会酿成灾难并殃及自身;第三,虚拟经济的泛滥会激励投机心态膨胀,严重扭曲社会的价值观念,造成社会的诚信度急剧下降和创造力急剧异化,从生态到精神都会被拖向全面溃烂。

虚拟经济对实体经济可以发挥调节和促进作用,但只有在高度重视资源利用方式的前提下,通过对它的有效监管,其功能才能有效发挥。如果忽视这一点,仅在金融领域调节是舍本求末,必然治不胜治。马克思早就揭露说:“把资本对劳动过程的占有这件事同劳动过程本身混淆起来”,“是证明资本主义生产方式的永恒性或证明**资本**是人类生产本身**不朽的自然要素**的非常方便的方法”。[10]把人和自然的关系从历史运动中排除出去的结果是自然和历史的对立,不是从物质出发来解释观念,而是从观念出发来解释历史,结果只能无视自然规律对社会发展的作用,无视生态环境承载社会的实际能力,通过对自然资源的掠夺性开发来满足恶性膨胀的消费欲望。可以说,**恶性消费与金融投机互为因果。**

(三)“知识经济”质疑

1983 年,T. 斯托尼尔(Stonier, T.)推出《信息财富》一书,书中对“财富”概念进行了再诠释。与斯托尼尔观点相同的还有一大批西方学者,但由于斯托尼尔的《信息财富》一书语言浅显、例证生动,所以社会影响不小。

首先,他把历史上财富概念的演变作了一个回顾。三四个世纪之前，人们认为财富主要是金银，对这一思想阐述得最明确的人之一是英国富商 T. 曼(Mun,T.)[托马斯·曼]。T. 曼在 17 世纪主张，英国要增加国家的财富，出口的货物必须比进口的货物要多，通过差额贸易来赚取金银。不要限制海外投资，像农夫播种一样，看上去似乎是浪费了好端端的粮食，实际上却可捞回超过投资好多倍的利润。17 世纪法国 A. 德·蒙特谢特里昂(de Montchetrien,A.)对唯有金银才是财富的观念提出了异议，他认为，财富不仅是钱，而且还包括维持生命所必需的商品。

到了 18 世纪和 19 世纪，重商主义学派认为，财富包括一切产品，无论是农产品还是制造品都是财富，其中有些人认为，一个国家的财富仅仅包括国内生产的产品。

18 世纪重农主义者 F. 魁奈(Quesnay,F.)认为，一国的财富并不在于它能储存的货币量，而在于它所能提供人们所需要的原料量，财富是由扣除生产成本后的剩余农产品和矿产品所创造的。制造品价值的增加是对生产过程中所必需的其他原料的利用和消耗的反映。A. 斯密(Smith,A.)在《国富论》中提出，一件物品的价值等于在交换时它所能换取的劳动量，只有本身价值不变的劳动，才是随时随地可用以估量和比较各种商品价值的最后和真实的标准。劳动是商品的真实价格，货币只是商品的名义价格。在他看来，财富是个人或国家拥有的全部交换价值的总和。与重农主义者不同，他强调指出，不仅采矿业和农业，其他形式的劳动也是生产性的。无论个人还是国家，只要勤奋和节俭就能积累财富。

19 世纪初，F. 李斯特(List,F.)断言，一个国家的昌盛是建立在生产能力的发展而不是财富积累的基础上的。他认为，生产能力包括科学、法律、政府、宗教和艺术，教师、医生、法官和行政官员虽然不能直接生产财富，但他们能够发展国家的生产能力。J. B. 萨伊(Say,J. B.)进而推论，既然音乐家的演出等非物质产品也算财富,那为什么不把天才视为财富呢?斯托尼尔提出了一个相关问题:是什么东西使物品或服务具有了价值?他说,J. 洛克(Locke,J.)认为,劳动决定价值量,土地本身并没有价值,是由于在土地上进行了劳动才使它产生了价值,资本是贮存在工具和设备中的劳动。D. 李嘉图(Ricardo,D.)对这一观点作了进一步阐述。他认为,马克思也持这种观点。

通过以上铺垫,斯托尼尔提出了自己的理论:工具和机器不但是劳动的贮存,而且更重要之点在于它们也是信息的贮存。斯托尼尔说,一个社会大量增长财富的途径主要有三条:第一,通过缓慢持续的资本积累;第二,通过军事征服或其他形式的领土扩张;第三,通过新技术的利用把"非资源"转变为"资源"。后工业社会选择第三条途径已经成为创造财富的基本原则。后工业社会创造财富依靠的是先进科学、专门技术和管理才能与熟练劳力的配合以及善于识别和利用市场机遇的经营头脑。所有技巧、能力和专业知识都是建立在教育基础之上的,从广义上说,教育包含着个人对信息(包括实践经验)的积累。[11]

以信息财富论者的意见为基础,1996 年经合组织(OECD)明确提出了"以知识为基础的经济(Knowledge Based Economy)",并提出了这种新型经济的指标体系和测度。1996 年 12 月 30 日的美国《商业周刊(Business Week)》发表一组文章,认为一种"新经济"已经形成。1997 年 2 月,美国总统 W. J. 克林顿(Clinton,W. J.)采用了联合国研究机构以前提出的"知识经济"的说法。世界银行 1998 年《世界发展报告(World Development Report)》将报告名称定为"发展的知识(Knowledge for Development)"。

尽管知识经济概念在全球被广泛传播,但其理论基础始终就是没有站立起来。所谓知识经济,总是相对于非知识经济而言的。如果说,"后工业社会"的经济是知识经济,那么后工业社会以前的经济就应该是“非知识经济”，但历史上并没有哪一种经济不是以知识为依托的经济。对于动物活动来说，无所谓“知识”或“非知识”，它们与外界联系依赖的是条件反射。人和动物的根本区别在于创造。创造的基点是主体和客体意识的产生，主体和客体不只是概念问题，而且是人与外界的关系问题。“凡是有某种关系存在的地方，这种关系都是为我而存在的；动物不对什么东西发生‘**关系**’，而且根本没有‘关系’；对于动物来说，它对他物的关系不是作为关系存在的。因而，意识一开始就是社会的产物，而且只要人们存在着，它就仍然是这种产物。”[12]

只要人把自己作为主体看待，就表明人是自己活动的主人，人以外的一切存在物连同人自身，都变成了认识的对象和改造的对象。意识不仅是认识的过程和结果——知识，而且也是对被认识事物的感受、对事物的评价，所以，即使是原始生产，也是需要知识支撑的。L. 列维－布留尔（Levy-Brühl，L.）在对现存的土著居民进行了深入考察之后，写出了一本专著《原始思维》。他指出：“在任何类型的社会中，不论这社会多么低级，在那里总可以见到生产或艺术领域中的发明创造，见到值得钦佩的产品：独木舟、食具、筐篮、织物、饰物，等等。那些差不多是一无所有的、似乎处于文化的阶梯最低一级的人们，却在某些物品的生产中达到惊人的精致和精密。例如，澳大利亚土人善于制作飞去来镖，布希曼人和巴布亚人是画图的能手，美拉尼西亚人善于作最巧妙的鱼套，等等。”“与原始人的整个文化的粗糙和原始性形成如此鲜明对比的他们的某些产品和方法的特殊价值，并不是深思或推理的结果。假如不是这样，就不会表现出这样悬殊的差别，而这个一般的技能就会不止一次地为他们服务。我们毋宁说是靠了一种直觉使他们的手获得熟练的，这是为原始人对他们特别感兴趣的客体的敏锐观察所指导的直觉。有了这种直觉，就可以把他们引导向前了。”缺乏知识的原始人，只能被自然界残酷淘汰。列维－布留尔把原始思维称为“原逻辑思维”，他认为这种思维往往与拜神思维搅在一起，服从于互渗律。[13]

如果说，直接从自然界获取生活资料的采猎业社会尚离不开一定知识，那么进入农业社会以后，要通过对动植物的生理过程进行调节来获取生活资料，就更需要知识的支撑。斯托尼尔本人就谈到，欧洲由羸弱变为强盛的根本原因是9－10世纪以深耕及其辅助技术为中心的“农业革命”，他把这个例子作为知识创造财富的一个典型案例。[14]中国古代农书，包括现存和已经散失的，总数达376种。这些农书和分布于各种典籍中的农学知识，既是中国农业经验积累的产物，又是中国农业登上巅峰的依托。其中有的已经向事物之间的内部联系探究过渡，成为带有科学性质的经验。战国时，“李悝为魏文侯作尽地力之教，国以富强”。[15]《汉书·食货志》提出农业生产的原则：“种谷必杂五种，以备灾害。田中不得有树，用妨五谷。力耕数耘，收获如寇盗之至。还[环]庐树桑，菜茹有畦，瓜瓠果蓏殖于疆埸。”[16]这里已经认识到建构人工生态系统的意义。西汉《氾胜之书》总结了充分利用时间、空间等环境要素，以提高土地效益的复种技术，还提出了农产品和副产品综合利用的方法，这是生态工程的雏形。北魏贾思勰在《齐民要术》中说：“顺天时，量地利，则用力少而成功多。任情返道，劳而无获。”[17]该书对农业生产的规律和方法作了全面系统论述。C. R. 达尔文(Darwin, C. R.)在《物种起源》中谈到物种选择时写道：“在一部古代的中国百科全书中，已有关于选择原理的明确记述。”[18]其他国家的传统农业之所以没有达到古代的巅峰，就是因为相应知识不够。

工业社会的生产更是与知识密不可分，早在17世纪，远见卓识的学者F. 培根(Bacon, F.)等就首先提醒人们重视正在兴起的科学理论，提出“知识就是力量”的口号。英国科学研究和科学传播在17世纪蓬勃兴起,英国皇家学会把多种技术和工业生产方法汇集起来,使学会中每个人特殊才能得到交流。欧洲大陆的宗教战争迫使许多信奉新教的熟练工匠逃亡到英国避难,英国女王允许这些工匠定居下来,条件是每一户外来工匠必须负责培养一名英国学徒。J. 瓦特(Watt,J.)等人的发明之所以能够实现,马克思给出了一个答案:“只是因为这些发明家找到了相当数量的、在工场手工业时期就已准备好了的熟练的机械工人。”[19]18世纪工业革命以后,社会已经懂得:“不仅工业领导人需要科学,主要技工也变得越来越需要起码掌握一些科学原理了。科学,至少在制造业地区,是需要列入教育计划中去的。”[20]继英国之后,法国、德国、美国、日本相继进入工业社会的中心,主要依靠的是国民教育,以日本为例,明治末年(1912年)的学龄儿童入学率就超过了95%。日本、德国和瑞士的职业教育成为它们高品位工业产品的基本依托。大工业时期普遍推行的学徒工制度是知识传授的一个主要渠道,其中瑞士的学徒工教育是职业教育的一朵奇葩,瑞士产品的精美得益于旧时行会的学徒制培养出的一大批熟练的专业技术工人。

有人会反驳:“知识经济”的“知识”指的是“理论知识”。这是根本没有经过基层历练的书生臆想!实际上,口传心授的操作经验是一种任何时候任何岗位都难以取代的知识,在数控机床普遍使用的今天,经验丰富的技工价值非但没有下降,反而在不断抬升。理论知识可以引导经验知识提升,但经验知识的提升还有自身的规律。如果在生产活动中断然以前者为中心,实体产业只能走向衰亡。

既然“知识经济”应该是针对“非知识经济”而言的,而且“非知识经济”并不存在,那么“知识经济”也就纯属子虚乌有。经济必须依靠理论,但理论本身不等于经济。通过发展“知识经济”来减轻环境负担的说辞,本质是要转移对资源价值的关注，结果只能造成经济的虚化，伴随的是污染转移和金融投机。

“知识经济”概念的推出有着特定的背景。1992年联合国环境与发展大会是一个并非由西方国家特别是美国主导的历史性大会，会议通过的《21世纪议程》把“可持续发展”战略写上了国际社会的旗帜。以美国为首的西方国家对它并不感兴趣，它们的兴趣热点仍然是狂热的经济增长，但又不愿承担环境责任。“知识经济”概念的产生，不排除来自学者们研究经济生长点的纯真愿望。从学术探索的角度看，提出什么模式的行为都是无可非议的。问题在于国家利益代表者们有自己的良苦用心：通过“知识经济”的宣扬，一则可以维护美国对全球话语权的主导地位，展示自己的软实力不容挑战；二则可以在全球化格局中尽量压缩自然资源和劳动力的意义，保证知识产权在利益分配中的绝对控制。

二、资源价值探讨

（一）资源概念演变

真正使财富内涵发生根本变化的不是信息技术，而是生态科学，这与资源概念的变化紧密相关。“资源”这个概念在一般意义上指自然资源，按照传统经济学的定义，资源是由人发现的有用途和有价值的物质。由于资源一词有时界定起来比较困难，所以有的经济学家主张，解释什么不是资源可能会更容易一些。首先，没有被发现或发现了但不知其用途的物质不是资源，因而也就没有价值；另外，虽然有用，但与人们的需要相比因数量太大而没有价值的物质，也不是资源。其次，人类在把资源、资本、技术和劳动结合起来的过程中生产出来的物质，虽然其中总是含有资源的成分，但是也不能称之为资源。以上界定方式虽然有一些道理，但还是没有脱离传统经济学的巢臼，因为这些限制性的条件，归根结底还是按照传统经济学的框架来拟定的。经济社会发展的事实证明，资源是一个动态概念，随着历史的演进，资源的内涵和外延都在变化。

第一，随着对物质结构层次认识的深入，资源层次由浅层向深层推进。

在采猎业社会，人类劳动的基本特点是攫取现存的动植物来获取生活资料。这个时期，人类关于自然界的信息量很小，物料的利用方式是对生物材料和石质材料进行简略的外形加工。基本能量是人力，辅助能量是火力，火力利用方式只限于通过木柴燃烧加工食品和生产简单用具。从总的情况来看，人类追求的主要目标是获取现存的自然状态生活资料，在当时人类的潜意识中，资源主要体现在可采可猎生物的数量上，从加工改造涉及的物质层次来看，完全处于宏观层次。

到农业社会，人类劳动的基本特点是通过对生物生理过程的适当干预来获取生活资料。这个时期，人类对天文地理规律有了整体性和思辨性的认识，对动植物的生长繁育规律有了较为系统的直观性认识，对矿物的性能有一些粗浅认识。在物料的利用方面，能对天然材料进行较为精细的加工，例如广泛利用天然纤维生产衣料、利用木材和石材制作房屋器具。人造材料（合金）已经开始得到利用，例如用青铜和钢铁生产工具和兵器，但在社会生活中，这种材料发挥的力度还相当有限。在能量的利用方面，主要利用的是人力和畜力，在特定地区和特定条件下，也使用一些风力和水力，但它们不是主干型能源。从总的情况来看，人类的生活资料主要是动植物亚种的数量和质量，因此动植物亚种的载体——土地（尤其是水源丰富的土地）就成为决定性的资源，木材和少数矿物也纳入资源范围。从加工改造涉及的物质层次来看，大部分达到宏观层次以下、细胞层次以上（动植物品种改良），少部分达到分子层次（冶炼合金）。

到工业社会,人类劳动的基本特点是通过对自然物质的深层次加工改造来获取生活资料。工业社会到来的标志是矿物能源的大规模开发即热机的发明和广泛应用,热力开发利用的是分子层次的能量,其背景是经典分子物理学和热力学的兴起。随着固体物理学和化学理论的建立,人类对物质结构的认识达到原子层次,因而物料领域在冶金方面出现了大规模的钢铁生产和其他合金生产,在化工方面出现了大规模的人造材料生产,加工改造涉及的物质达到分子层次。于是,资源的外延便扩展到绝大多数矿物。量子力学和量子化学的兴起,把人类对物质结构的认识引入到亚原子层次。这种认识使得金属材料的复合化程度和纯净化程度不断提高,甚至走向非晶化;非金属材料中,出现了新型陶瓷、合成高分子材料、先进复合材料等。许多关键性材料可以由来源丰富、价格低廉的原料来制取,例如电子信息技术中的晶片、光纤,电力和交通技术中的超导体等。在能量领域,电力开发利用的是原子核和核外电子之间的能量,它把所有便于向电能转化的机械能和热能蕴藏处所及物质都纳入了能源范围。核力开发利用的是原子核内部的能量,它使一些原有价值不高或者不明的物质产生了极高的价值,特别是一旦受控性热核聚变技术成熟,更可能使海洋中蕴藏极为丰富的氢同位素氘成为社会的主干能源。在研究原子的各种过程中,所涉及的能量单位数量级达 3 个;在研究原子核的各种过程中,所涉及的数量级达 6 个;在研究基本粒子的各种过程中,所涉及的数量级达 9 个——级差 10^3。总的趋向是:技术操作越往物质层次深入,自然物的附加值越大,资源的外延也就越广。所以有人提出建立深层资源型技术体系的构想,认为随着人类对物质结构探索的深入,资源会不断扩大。

第二,随着环境问题凸显,资源内涵与环境内涵沟通。

19 世纪,马克思主义经典作家率先把环境问题与资源问题联系了起来。马克思在评述重农学派和考察地租问题时,提出了“自然再生产”的概念。他说:“而在农业中(采矿业中也一样),问题不仅涉及劳动的社会生产率,而且涉及由劳动的自然条件决定的劳动的自然生产率。可能有这种情况:在农业中,社会生产力的增长仅仅补偿或甚至补偿不了自然力的减低——这种补偿总是只能起暂时的作用。”[21]在这里,马克思实际上已经把间接的自然因素视为资源。

进入20世纪以后,特别是第二次世界大战以后,由于技术开发深度和广度的空前加大,资源的消耗速度和对环境的影响都在急剧上升,但污染问题比能源和原材料的消耗问题更早地使人们产生危机感,所以,最早的环境保护只是着眼于污染物的无害化处理。由于污染物的无害化处理对于经营者来说往往只有投入,没有直接的经济回报,而经营者又追逐的是经济利益最大化,所以污染总是治不胜治。当然,污染问题不仅会对公众的生活造成直接伤害,而且也会对生产造成直接伤害,到20世纪60年代,一些经济学家开始研究经济行为对自然基础即生态环境的依赖性。经济行为对自然基础的依赖,是从18世纪斯密开始的古典经济学家就关心的问题。20世纪这批经济学家的新特点是,把19-20世纪以来的自然科学成果、尤其是物理学和生态学的成果应用到经济学中,从而产生了生态经济学这门新兴学科。

由于生态经济学把经济系统视为自然系统的子系统,从而把研究对象扩展到整个自然界,于是,作为经济系统的基础,所有的自然环境要素便必然成为资源。《不列颠国际大百科事典》中关于“自然资源”的定义如下:“人类可以利用的、自然生成的及其生成源泉的环境能力。前者为土地、水、大气、岩石、矿物、生物及其积聚的森林、草场、矿床、陆地与海洋等;后者为太阳能、地球物理的循环机能(气象、海象、水文、地理的现象)、生态学的循环机能（植物的光合作用、生物的食物链、微生物的腐败分解作用等）、地球化学的循环机能（地热现象、化石燃料、非燃料矿物生成作用等）。”[22]

按《中国资源科学百科全书》的界定，自然资源的价值指自然资源固有的、由其对产品形成的贡献决定的、以货币计量的、相对稳定的数值水平。《全书》认为，关于自然资源的价值有两种观点：**其一，否认自然资源有价值。**认为价值是凝结在商品中的社会必要劳动时间，而自然资源不包含人类劳动在内，因而把价值赋予自然资源违背了马克思劳动价值论。**其二，承认自然资源有价值。**持这种肯定态度的观点又可以分为五种：**(1)效用价值论。**认为价值反映物质对人类的功用和效能的多寡和大小，而自然资源是人类生存和发展不可或缺的自然物品，故而自然资源是有价值的，且效用越大则价值越大。**(2)边际效用或边际贡献归属价值论。**代表人物是奥地利经济学派的 F. 冯·维塞尔（von Wieser, F.），他说：“当土地、资本和劳动一道起作用的时候，我们必须能够从它们的共同产品中把土地的份额、资本的份额和劳动的份额分别开来。”据此，自然资源对产品形成的贡献等同于资本和劳动的贡献。**(3)财富价值论。**认为自然资源是人类社会发展的自然物质基础，价值是对财富和物品有用性的衡定。**(4)稀缺价值论。**认为凡是稀缺的有用物品均有其价值，越是稀缺的自然资源其价值也越大。**(5)双重价值论。**认为像处女地这类纯粹意义上的自然资源在现今社会已基本上不复存在，自然资源中越来越多地包含着人类劳动。既然有劳动成分在其内，那么自然资源就不仅具有使用价值，而且也有价值；其中未受人类劳动影响的那部分自然资源同样有价值，其价值由稀缺性所决定。据此观点，主张自然资源价值由自然资源劳动价值和自然资源稀缺价值两部分组成。

《全书》认为，自然资源效用价值论实际上是将自然资源的使用价值混同于自然资源价值，而马克思对使用价值和价值的区分是对价值论的重要发展。自然资源效用价值论的谬误显而易见，因为自然资源效用固然是自然资源有价值的前提，但价值的高低及其变化并不因效用大小及其变化而定。自然资源财富价值论，实际上类同于自然资源效用价值论。它虽亦为谬误，但将自然资源视为国民财富的做法是有益的，财富属性是自然资源重要属性之一。自然资源稀缺价值论实为对问题表象的直觉认识，这是一种循环论证，因为接着会说凡有价值的物品都稀缺。自然资源稀缺价值论尽管是一种循环论证，但其对自然资源稀缺之重要性的强调非常可取，而且自然资源的稀缺性和独占性，确实对自然资源价格及其变化有着重要影响。自然资源双重价值论实为一种力图调和劳动价值论和自然资源稀缺价值论的观点，其困难是在实际中很难区分自然资源中受过和未受人类劳动影响的部分及其所占份额。自然资源边际贡献归属价值论为资源经济学广为引用，至少在大多数资源经济学经典著作中如此。边际效用或边际贡献归属价值论是冯·维塞尔于1889年在《自然价值》中提出的理论，冯·维塞尔论点的基础是以下认识："价值理论家的责任不是抹杀任何一方，而是解释人们在经济生活中的实际估价；检验理论的标准是，理论家的价值就是人们的价值。"由于以上原因，由冯·维塞尔首先提出、后经包括自然资源经济学家在内的经济学家所发展的边际贡献归属价值论，便成了自然资源价格评估的理论基础之一。[23]

《全书》推介的是边际效用或边际贡献归属价值论，它本质上是赞同了自然资源价值论，但没有消除否认自然资源有价值的理论和承认自然资源有价值的理论之间的分歧。应该看到，这两种理论都各自反映了某一方面的规律，它们之间的关系并不是非此即彼的关系，如果不找出它们之间的通约性，那么，关于资源价值的理论还是没有得到澄清。实际上，这两种理论是有内在联系的。

（二）资源价值理解

以上关于自然资源价值的第一种观点，根据是马克思在《资本论》中对价值的区分和界定，即把“价值”和“使用价值”区分开来，认为价值是凝聚在商品中的一般人类劳动，自然形态的物质只有使用价值而没有价值。

应当看到，马克思当时力图解决的主要问题是剖析资本主义社会的矛盾，特别是要深入探究资本主义生产的基本矛盾，所以他关注的焦点是劳动价值。当时资本主义国家可利用的环境容量还相当充裕，它们可以轻松地从国内外获取丰富的自然资源和人力资源，同时又可以从容地向环境排放废弃物质和向海外输出过剩人口。由于大多数国家还没有进行工业化，资源环境问题虽已出现但并不突出，所以资源价值问题在《资本论》中被暂时剥离。

这样做，并不意味着马克思就忽略了自然价值。在《资本论》中，马克思在从商品的两重性追溯劳动的两重性时，就特别强调了自然因素的强大。基于劳动首先是人和自然之间物质变换过程的思想，马克思在研究剩余价值的时候，始终强调了它的自然物质基础。马克思认为，剩余劳动是受一定的自然条件推动的。他说：“资本的祖国不是草木繁茂的热带，而是温带。不是土壤的绝对肥力，而是它的差异性和它的自然产品的多样性，形成社会分工的自然基础，并且通过人所处的自然环境的变化，促使他们自己的需要、能力、劳动资料和劳动方式趋于多样化。”[24]马克思强调注意在价值的形成和增值过程中，存在着“剩余劳动一般的自然条件和界限”[25]，它包括劳动力与土地——广义的土地——一切自然富源。“在劳动的自然条件最有利，因而，尤其是在土地最肥沃的地方，资本的生产力最大，也就是说，剩余劳动最多，因而剩余价值最多。”[26]在《哥达纲领批判》中，针对《哥达纲领》关于“劳动是一切财富和文化的源泉”的说法，马克思指出：“劳动不是一切财富的源泉。自然界同劳动一样也是使用价值（而物质财富就是由使用价值构成的！）的源泉，劳动本身不过是一种自然力即人的劳动力的表现。”自然界是“一切劳动资料和劳动对象的第一源泉”[27]。

把劳动价值论和资源价值论有机地结合起来，不仅是经济和社会发展的客观需要，而且是马克思主义自身发展和完善的内在必然。马克思就曾经指出过，劳动对象，无论是原生自然对象还是人工自然对象，都“充当劳动吸收器”[28]。劳动资料由于自己是劳动产品而具有自身的价值，并在价值形成过程中向新的产品身上转移自身的价值，劳动力则成了价值的来源。在这个表面上似乎看不到自然物质作用的过程中，依然实际上存在着自然条件与自然界限的制约。

马克思区别了这样几种产业情况：（1）采掘工业中，劳动对象“是由自然无偿赠予的”，不是过去劳动的产品，没有价值，如金属矿石、煤炭、石头等。它的任务就是吸收工人的劳动，形成新的价值。剩余价值是工人的剩余劳动形成的，资本的“物质成分”则是人与自然“携手并进”形成的；（2）在农业中，一定要预付“追加的种子和肥料”，一旦有了这种预付，即使不预付新的劳动资料，仅仅增加工人劳动的付出，就可以获得更多的剩余产品，这是“人对自然的直接作用”的后果；（3）在本来意义的工业中，“任何追加的劳动消耗都要求相应地追加原料的消耗，但是不一定要追加劳动资料的消耗。因为采掘工业和农业给加工工业提供了它本身需要的原料和它的劳动资料的原料，所以采掘工业和农业无须追加资本而生产的追加产品，对于加工工业也是有利的”[29]。

根据马克思的思想，如果要在现代条件下探讨资源价值，关键是要确定自然资源中是否含有一般人类劳动。

应当看到,把价值只看做在加工改造过程中凝聚在自然物中的人类劳动,必须承认一个前提:自然物的使用价值在排除人类劳动的情况下,可以始终不变。例如,对于洁净的淡水,在没有投入人类劳动保护的情况下,可以保持原有使用价值。这种情况在19世纪可以说比较容易做到,因为即使是某些资源的使用价值丧失,也会很容易找到同类资源替代,所以这种丧失很容易被忽视,于是当时在产品中可以不计资源价值。但是,随着人类对环境影响力度的加大,所有自然资源的使用价值都在迅速下降甚至消失,要使资源价值保持或者恢复,就得耗费不可忽视的人类劳动。例如,要保护水资源的量和质不变,就得培护涵养林木、兴建隔离设施并设置管理机构;如果要使水资源重复利用,就得开发污水净化技术并投入资金和人力推动运行;为了保证下游的水量和水质,上游地区还得牺牲某些经济机遇而另辟生产门路,这样就不得不投入更多的劳动。即使是对于像大气圈这样的隐形资源,要维护其正常的功能即保证使用价值不变,也要投入劳动以防治有害元素在大气中反常分布。至于人类足迹罕至的地域,例如像两极和深海,其资源的开采权很快就会被国际社会划定。如果一旦划定,也就要投入劳动进行保护。

因此可以说,进入工业社会以后,不包含人类劳动的纯净"天然资源"将越来越不存在。从这个角度看,资源价值和劳动价值实际上是统一的。**自然资源的价值量在于:对于可再生资源来说,当其使用价值丧失以后要得到恢复所需要的一般人类劳动;对于不可再生资源来说,当其使用价值丧失以后要找到替代资源所需要的一般人类劳动。**资源价格应按照资源本身的价值和开采资源投入的劳动价值来确定。虽然在现实经济生活中,不可能完全按照资源的真实价值来制定价格,但确定资源真实价值量的观念有利于引导资源价格的调整,从而有利于资源的可持续利用。同时，由于资源价值的确定，环境保护工作所创造的价值因之得到承认，环境保护产业的地位也就因之得到确立。所谓“附加值”理论的问题不在于它完全没有根据，而在于它往往被扭曲，从而为发达国家的资源掠夺提供理由。只有资源价值得到体现，这个理论制造的迷雾才能得到澄清。

这里产生的一个问题是，如果资源价值理论得到确立，会不会意味着马克思的剩余价值理论过时，答案是否定的。因为如前所述，马克思在论述剩余价值的时候，就已经考虑过由“人与自然同时起作用”形成的“资本的物质成分”，即使自然资源已经包含人类劳动，它仍然可以吸收工人的劳动形成新的价值，仍然可以把必要劳动和剩余劳动区分开来。因此，资源价值理论可以对剩余价值理论起到补充和完善的作用。

用生态资源观和资源价值理论来审视“信息财富”理论，就会进一步发现它的荒谬。信息财富论者只看到知识对于形成产品的那部分资源的深度开发，没有看到资源开发的附加代价。例如，斯托尼尔谈到，9—10 世纪的深耕及其辅助技术使得欧洲获得了大批高产良田，16 世纪末荷兰利用风车抽水将低洼地和浅海改造成沃土。早在 11 世纪英国人就知道北海存在石油，但只是在 20 世纪 70 年代末，专门的知识才使它成为财富的来源。至少有两项技术可以使英国在石油枯竭时找到替代能源，这就是煤转化为油以及海浪能开发。依靠知识，可以利用来源丰富、价格低廉的石英实现三次“硅革命”：第一次是制造电子芯片生产计算机，第二次是制造硅光电池获取电能，第三次是建造玻璃蒸馏暖房在沙漠中进行工农业生产。[30]

这些工作确实是知识应用的范例，但它们都不可能脱离环境付出的代价。9—10 世纪欧洲大批良田的获得是大批森林毁灭的结果，同时还有相当数量森林的护佑是这批良田持续高产的基础。荷兰抽水造田必然造成湿地和近海生态系统的功能下降甚至丧失，这种方式不可能被普遍仿效。技术进步可以开发海洋油田，可以使石油开采得非常充分，在石油枯竭时可以转煤为油，也可以开发海浪能，但有一点不可否认的是，必须要有矿床的存在和海洋环境的存在，单独的知识不可能创造财富，而且这种财富的计算没有把环境质量下降造成的价值损失计算在内。即使将来受控热核聚变技术成熟，氘资源的大规模开发也有一个可能致使海洋生态系统变异的问题。对于硅革命，要看到电子产品在生产过程中的环境危害，其危害程度远远超过了传统产品。沙漠中建造玻璃蒸馏暖房能提供一定的生产用水，但不可能提供足够的生活用水。

利用新技术对资源进行深度开发，还会付出意想不到的附加代价，这种代价是在产品使用过程中的延伸性环境代价。传统的能量利用技术和物料加工技术造成了严重的环境破坏，但新技术的利用也未必就能使环境破坏杜绝，甚至还会使破坏加剧。可再生能源一般都是比较清洁的能源，但如果不加节制地开发，也会造成生态过程断裂，甚至破坏地球和外空的热平衡。信息技术的运用会使单位产品的能耗和物耗显著下降，但产品的总量却在急剧增加。汽车、家电、服装等的生产远远超过了社会的实际需要，与之相伴的是能量和物料的消耗大幅上升，以及废弃物的空前泛滥。信息技术带来的操作简化，会造成工作物质的浪费。例如，早在电子计算机问世时，人们就宣告无纸办公时代已经来临，但几十年过去，纸张的用量不仅没有消减，反而还在猛烈膨胀，因为计算机及其外围设备的配置使得文件制作过于方便。作为信息载体的塑料消耗，与纸的消耗类似。

无论知识丰富到何种程度，自然要素都是财富的基础。只是由于思想认识和社会运行的障碍，使得经济核算中没有或不愿把公共占有性很强的那部分自然资源价值计入生产成本而已。马克思在《资本论》中指出："正像威廉·配第所说，劳动是财富之父,土地是财富之母。"[31] F. 恩格斯(Engels,F.)在《自然辩证法》中指出:"政治经济学家说:劳动是一切财富的源泉。其实,劳动和自然界在一起才是一切财富的源泉,自然界为劳动提供材料,劳动把材料转变为财富。"[32]这些论断到今天应该说还是难以驳倒的真理.

资源价值思想实际上在马克思主义经典作家那里已经形成,当时资源环境问题的表现程度和资本主义社会矛盾的表现形式,决定了他们在具体结论上不免有时代局限性,但这并不妨碍其基本原理的指导意义。很容易看到,他们关于资源环境问题的总体论述,到今天依然是任何理论也无法替代的真理。马克思主义不是离开世界文明大道的僵化教条,而是与时俱进的科学思想体系。19 世纪以后的历史表明,马克思主义理论只有根据实际情况不断发展自己,才能保持强劲的活力。当前的形势已经十分清楚,价值理论如果得不到突破,那么就无法解释和解决现实生活中出现的问题,更无法对未来发展作出预见,还会被敌对势力利用来否定整个马克思主义,这类历史教训已经足够深刻。

(三)财富意义求索

从信息论的角度来看,无论是自然资源还是人造物品,都包括物料、能量和信息三要素。自然资源的价值在于有一定的时间—空间序。

1927 年 A. G. E. 勒梅特(Lemaitre,A. G. E.)提出假说:一切宇宙物质最初都来自一个高度致密的"原初原子",几十亿年前这个原初原子发生了一次巨大的爆炸,炸裂的碎块形成了各个星系。由于巨大的爆炸作用,这些巨块至今还在飞散。1948 年 G. 伽莫夫(Gamow,G.)把宇宙的起源与化学元素的起源联系起来。为解释大爆炸宇宙模型最初 10^{-30} 秒存在的问题,20

世纪70年代末至80年代初A. 古斯(Guth,A.)等把大爆炸宇宙学进一步发展成为“暴胀宇宙论”。迄今,支持这个理论的观测事实还没有被否定。

19世纪,达尔文从生物学的角度揭示了自然系统随时间推移发生的结构复杂化趋势,R. 克劳修斯(Clausius,R.)则从物理学的角度揭示了自然系统随时间推移发生的结构简单化趋势。克劳修斯为此引入了一个相关概念——“**熵**”,提出著名的“熵增原理”:对于一个与外界没有物质和能量交换的孤立系统,其熵总是自动趋于最大。1872年,L. 玻尔兹曼(Boltzman,L.)给出了一个关系式:

$$S = K\ln\Omega$$

其中,S是系统的熵,K是玻尔兹曼常数($1K = 1.38\times10^{-23}$焦耳/开尔文),Ω是系统的状态概率(又叫热力学概率),这样就把系统的宏观状态量熵和微观状态分布概率联系了起来。他认为:一个不受外界影响的封闭系统,其内部发生的过程,总是由概率小的状态向概率大的状态进行,由包含微观状态数目少的宏观状态向包含微观状态数目大的宏观状态进行。从而把热力学熵的概念进行了推广。玻尔兹曼说:“熵是关于物理系统状态的信息不定性的测度。”[33]一般人把此话理解为:熵是系统组织状态高低的测度,即序的测度。

1944年E. 薛定谔(Schrödinger,E.)在《生命是什么?》一书中引入了“**负熵**”概念,他说:“一个生命有机体在不断地增加它的熵——你或者可以说是在增加正熵——并趋于接近最大值的熵的危险状态,那就是死亡。要摆脱死亡,就是说要活着,唯一的办法就是从环境里不断地吸取负熵,我们马上就会明白负熵是十分积极的东西。有机体就是[依]赖负熵为生的。或者,更确切地说,新陈代谢中的本质的东西,乃是使有机体成功地消除了当它自身活着的时候不得不产生的全部的熵。”[34]

1948 年 C. E. 申农(Shannon, C. E.)在研究通信理论的不确定性问题时,提出了一个由概率表示的“**信息熵**”概念。他定义信息量为后验概率与先验概率相比的函数:设有包含 n 个可能消息 $x_1, x_2, x_3, \cdots, x_n$ 的集合 X,分别以概率 $p_1, p_2, p_3, \cdots, p_n$ 随机地发生,则每个消息的平均信息量为

$$H(X) = -\sum_{i \to 1}^{i \to n} \log p_i$$

申农把信源看做是一个能够产生一组具有各自产生概率的随机消息的集合系统,把 $H = -K\sum p_i \log p_i$ 称为概率集 $p_1, \cdots, p_n$ 的熵,认为 H 的公式与统计力学中的所谓熵的公式是一样的。

1956 年,L. N. 布里渊(Brillouin, L. N.)直接提出了“信息就是负熵”的命题,还推出了信息和负熵的换算关系:1 比特(信息单位)$=10^{16}$尔格/开(熵单位)

1967 年,I. 普利高津(Prigogine, I.)等在创立耗散结构理论时也沿袭了“负熵成序”假说,引进了一个“熵流”概念,他们注意到自然界中有两类有序结构:

一类是封闭系统中的有序结构,如果系统与外界无物料和能量交换,那么有序结构将不随时间改变,这是一种典型的平衡结构;如果系统与外界仅有能量交换而无物料交换,那么将出现有序和无序的转化,其转化遵循玻尔兹曼有序性原理。这是一种“死”的平衡结构。

另一类出现在远离平衡态的开放系统中,这类系统通过与外界物料和(或)能量的持续交换,可能在一定条件下形成新的有序平衡结构。例如:(1)如果液体在从底部吸收热量的同时又从表面释放热量,当内部形成温度梯度达到一定阈值以后,就会形成有序的六角形的对流元胞;(2)对惰性气体和红宝石等物质提供能量,能形成电子分布的“粒子数反转”,发射同频率、同相位、同方向、同偏振态的激光;(3)在由金属铈离子催化下的柠檬酸被溴酸氧化的反应中,当外加物料的浓度达到一定值

后,可呈现反应物浓度的周期性变化现象。这类平衡结构要通过与外界物料或(和)能量的持续交换才能维持,是一种“活”的平衡结构。

就一般规律而言,普利高津指出,一个开放系统的熵(s)的变化可以分为两部分:一部分是系统自身熵的增量(d_is),根据热力学第二定律,这一项永远是正的;另一部分是系统与外界交换物料和能量引起的熵流的增量(d_es),这一项可正可负。整个系统熵的变化可写做:

$$ds = d_is + d_es$$

当 d_es 为负时,外界引起的就是负熵流。在 d_es 的绝对值大于 d_is,即外界引起的负熵流增量的绝对值大于系统自身产生的熵增量的情况下,系统的总熵将逐渐减小,也就是说,系统的有序性逐渐提高;在 d_es 的绝对值等于 d_is,即外界引起的负熵流增量的绝对值等于系统自身产生的熵增量的情况下,系统的总熵变化为零,也就是说系统保持原来的状态。

当然,还可以讨论两种背景:当 d_es 为正时,外界引起的就是正熵流,其结果是系统的总熵逐渐增大,也就是有序性逐渐降低,这是外界对系统产生破坏性影响的情况。当 d_es 为零时,无外界引起的熵流出现,这就是孤立系统的情况,根据热力学第二定律,系统只能自发地走向无序。这样,就使自然界的进化和退化趋势得到了统一的解释。

对于在“负熵”和“序”之间直接画等号的做法,有人早有疑虑。当初克劳修斯把“熵”界定为“热量变化与温度之比”,其物理意义就是含糊的,只是由熵增原理推出的“热寂说”,似乎表示“熵增大就是无序”。玻尔兹曼把熵和概率联系起来,但概率大小本身并不能衡量有序和无序。例如在标准气压下,水温到100℃时转化为无序的汽,概率为1;到0℃时转化为有序的冰,概率也是1。布里渊以申农“信息熵”为基础直接提出“信息就是负熵”，其错误有三：第一，熵是用来说明“能量衰减律”的概念，但信息与能量无关；第二，熵和信息都是正量，“信息就是负熵”在数学上说不通；第三，熵和信息的量纲不同，两者不能互换。矛盾的起源在“负熵成序”是“熵增无序”的翻版，化解矛盾的关键是解决“序”的界定问题。不能简单把“对称”和“均匀”叫做无序，而把它们的破缺叫做有序，因为在有的情况下，“对称”和“有序”也表现出规则。[35][36]

客观地说，克劳修斯度量“熵”的公式确实有追问余地，但毫无疑问，它也的确是在历史上第一次提出了自然过程的方向性问题，揭示了可逆与不可逆的矛盾以及退化和进化的矛盾。自然过程真实存在的这样一种性质，除“熵”以外还没有其他任何一个概念可以进行替代表征，“熵增原理”的重大意义在于改变了世界图景。方向正确不等于没有矛盾和过失，N. 哥白尼（Copernicus，N.）当初提出“日心说”时，采用的行星轨道是正圆轨道，所以由它推算出的结论与天文现象的吻合程度还不如“地心说”，但这并不代表“日心说”不能成立，以后的事实证明，“日心说”通过逐步完善和修正实现了向真理的逼近。

克劳修斯把熵增原理推广到孤立封闭系统之外，陷入了宇宙“热寂说”的泥沼，因为宇宙并不是一个孤立封闭系统而是一个开放系统。同样，对地球上非封闭系统中的自发过程，如果简单用“熵增原理”来解释有序和无序，就会出现类似于水的沸腾和结晶这种“有序”和“无序”的矛盾。真正化解了“有序”和“无序”这对矛盾的人是普利高津，能够与孤立封闭系统演化对应的是耗散结构系统的自组织演化。尽管耗散结构系统完全不同于孤立封闭系统，但普利高津在建构理论时仍然采用了“熵”概念，他通过局域平衡假定，找到了贯通平衡态热力学和非平衡态热力学的桥梁，把“熵”概念推广到远离平衡态热力学。[37]这种方法类似于L. V. 德布罗意（de Broglie，L. V.）在建立“物质波”时，对辐射波概念进行的推广。

关于“序”的内涵一直存在疑义，只是当耗散结构理论建立之后才有了突破。L. 冯·贝塔朗菲（von Bertalanffy, L.）说：“‘有序’概念是什么意思呢？在物理学里找不到答案。”为了定义和解释它，需要考察像生命那样的开放系统。“根据热力学第二定律，物理过程一般趋势是增大熵，即增大可几性、减少有序的状态。生命系统把自身维持在高度有序和不可几的状态，甚至可能朝着增强分化和组织性的方向演化，有机体的发育和演化就是这样。”[38] 于是，在两类演化中“序”的内涵便可以得到统一解释，所谓“序”就是要素之间的差异。在孤立封闭系统中，自发过程的演化趋势是差异减少。在耗散结构系统中，由非平衡会引起要素差异增大的演化，自发的差异增大型演化就是自组织。前者概率大，后者概率小；前者熵增，后者熵减。而开放系统的演化，则服从自由能规律。[39] 要素之间的差异增大，意味着信息增加。虽然不好用信息来直接度量“序”，但可以用信息来表征“序”。原始地球的演化是一个典型的自组织过程，人类利用资源的本质是利用自然物的有序结构，表征自组织结构的信息随社会的发展呈不可逆转的衰减。

从本体论上看，信息是物料和能量在时空中的展布方式，**所谓财富，就是有利于人类生存和发展的信息负载实体**。它们可以分为两类：第一，只负载纯粹自然信息的自然物，即天生自然物；第二，负载自然信息和人工信息的自然物，即人化自然和人工自然物。其中，第一类财富是稳定性财富，第二类财富是流变性财富。关于社会的富裕，生态学重视的是前者，经济学重视的是后者。在世俗社会眼中，富裕就是支配较多的生活资料，但在具有战略眼光的统治者看来，自然资源从来就是第一财富，而且其价值随工业社会的推进正在不断上升。“信息社会”和“信息财富”论者曾经宣扬说，资源在经济中的意义已经成为历史，但这种神话很快就在争夺资源的战火中湮灭。反过来看,“信息财富”论的最大作用倒是揭示了自然资源的潜在价值,因为有较高知识水平的人,对国土意义显然有更远的预见。2007 年俄罗斯在北冰洋底插上了一面钛合金俄罗斯国旗,表明俄罗斯对北极拥有无可置疑的主权。西方国家在对金融危机进行反思后,已经提出了“再工业化”的目标,随着这个目标的确立,各种自然资源的争夺都会进一步白热化。社会要实现可持续发展,关键在于提高自然资源的利用水平。

只有确立财富的意义,才能对实体经济有深刻的认识。所以笔者在博士论文中根据自然资源的利用方式,以“生态产业社会”取代“信息社会”概念,命名工业社会之后的技术社会形态。

三、“内在价值”问难

(一)“内在价值”争论缘起

虽然我们确立了财富的第一性意义,但对财富的价值还有追究的必要,价值概念不清楚,财富的意义就还是没有最后确立。

1988 年 H. 罗尔斯顿(Rolston,H.)在《环境伦理学》一书中提出一个观点。他说:“我们现代人在开发利用自然方面变得越来越有能耐,但对大自然自身的价值和意义却越来越麻木无知。”“在任何一个共同体中,不受伦理限制的力量都是粗鄙的、破坏性的。”“很少有人认识到,人类对大自然的那种不受伦理约束的变本加厉的利用,是如何地阻止了我们去体认我们栖息于其中的这个地球的价值。”在西方环境伦理学兴起之初,环境伦理学家们主张把权利涵盖范围扩大到非人类存在物,但罗尔斯顿认为,权利概念只在文化习俗的范围内才有作用、才是真实存在的。权利扩大的目标无非是要使“非人类存在物应该获得道德关怀”,其实这一目标完全可以用“非人类存在物具有天赋价值”来替代,因为环境破坏的有关问题都起于以人为中心的价值论。从根本上说,凡存在自发创造的地方,就存在价值。大自然创造了包括人在内的万物,不能把它的价值只视为工具价值,应当看到它具有内在价值(intrinsic value)。这种价值不是人投射给它的,自然系统的创造性就是价值之母。[40]

按照罗尔斯顿的说法,自然价值是“层创进化(emcrgcnt)”现象,所谓层创进化,就是由低层次向高层次逐渐演化的自我创造现象。对此,他绘出了一幅“创生万物的自然的价值层面图”来加以说明,这是一张自下而上、按照“宇宙自然系统—地壳自然系统—地球自然系统—有机自然系统—动物自然系统—人类自然系统—人类文化系统”顺序排列的金字塔图表。他认为,工具价值和内在价值不是均匀地分布在生态系统中的,非生物体拥有最少的内在价值,但在它们所生存于其中的共同体中,它们却拥有极大的工具价值。在生物体中就个体而言,随着等级的升高,内在价值逐渐增大而工具价值则逐渐减小,人具有最大的内在价值,但对于生物共同体只具有最小的工具价值。[41] 人作为大自然创造的最有内在价值的作品,有护佑大自然创造性的道德义务,只有当大自然的内在价值存在时,才存在人的内在价值。

罗尔斯顿的内在价值论在环境伦理学界激起了强烈的反响,但也带来了新的问题。“层创进化”论最早由 G. E. 摩尔(Moore,G. E.)提出,罗尔斯顿之所以再次强调价值的层创进化性是要说明:并非所有的价值都是在人类(或高等动物)层面发生的、不可逆的现象,价值在层创进化的顶端急剧增加,但它也绵延不绝地存在于那些在此之前的进化事件中。事物的内在价值如何体现呢?罗尔斯顿认为,事物并不拥有自在自为的孤立的生存环境,它们总要面对并适应外部的更大的生存环境。自在价值(value in itself)总是转变为共在价值(value in togetherness),我们根本不可能只把个体视为价值的聚集地。对种群、物种、基因库和栖息地的关注需要一种合作意识,这种意识把价值理解为"共同体中的善"。生态系统是一个由多种成分组成的完整的整体,在其中,内在价值和工具价值彼此交换。每一个物种不是极力抗拒成为别的物种的资源,就是尽其所能地把别的物种变成自己的资源。个体的死亡虽然导致了由其所承载的价值的瓦解,但它却对那些由其他个体所维护的价值做出了贡献。生态系统通过无数个体的生死来使自己得到提高。因此可以说,价值是这样一种东西,它能够创造出有利于有机体的差异,使生态系统丰富起来,变得更加美丽、多样、和谐、复杂。罗尔斯顿还说,关于大自然的这幅残酷无情的图画并不意味着荒野中不存在着评价者,岩石不会对它的环境做出评价,但是需要吃食物才能生存的郊狼却会对它的环境做出评价。意思是说,生命体对外界物的需要就是一种评价能力。至于人,罗尔斯顿认为,创生万物的生态系统是宇宙中最有价值的现象,尽管人类是这个系统最有价值的作品。对此他诠释道:"'有价值的'一词的浅层含义是,人(当他出现后)是**能够赞赏**那个进化出了他的生态系统的;较深层的含义是,**生态系统是能够创造出众多价值的**,人只是这些价值中的一种。"[42]

到此我们可以说,罗尔斯顿关于生态系统中各种组分间相互关系的描述是正确的,然而这些描述究竟是事实,还是价值?按照罗尔斯顿的说法,事物的价值就是事物本身的属性,即事实,但是这里就有两个问题:第一,生态系统的"属性"是如何体现的,在非人的生命物那里能否可能有这些体现,如果有体现,作者是如何知道的?第二,如果说,人能够赞赏那个进化出了他的生态系统的话,那么,不同的人是否有不同的感受?如果不以人为主体来观察，上述两个问题就无法回答。毫无疑问，在天然生态系统中，环境与生物的关系是一种盲目自然力驱使与被驱使的关系，是自然界的事实，而不是价值。从生物学角度看，人的价值评判和其他生命对环境的选择之间有承继性关系，但这不是“内在价值”的层创进化关系。人首先应当承认，人的价值评判中有生物性需要与满足的关系，但这不是本质的方面。

人的需要可以分为由低到高的三个层次：基本需要—享受需要—发展需要，构成基本需要中的因素主要是生物性的，就是享受型需要中也有相当部分的生物性因素，然而发展型需要就完全是社会性的，这种需要就是创造性的需要，即实现自我价值的需要。人的内在价值就是通常所说的主体价值，人的个人价值最终并不取决于单个人和小群体的评价，而是取决于其活动的社会效益，即通过普遍的工具价值才能实现和表现出他的内在价值。社会效益与生态效益有着本质上的一致，人不仅要赋予对象以价值，而且要护佑其价值。只有实现社会的协调发展和社会与自然的共存共荣，才能真正实现人的价值。说人有最大的内在价值却只有最小的工具价值并不正确，而且人的工具价值的实现是自觉的、能动的行为，所以，内在价值的“层创进化”论难以成立。

按照罗尔斯顿的说法，凡是具有足够复杂的神经系统的生物，都和人一样具有苦乐感受，因而没有理由不把人所具有的内在价值赋予这类生命，它们都应该像人一样把自己理解为一种“好”的存在物，把自己理解为一种目的。既然如此，评价者就应从内在价值而不是从工具价值来对它进行评价。人区别于其他生物的最大的特征在于人具有改造自然物的能动性，具有抽象思维能力，能把万物作为自己活动的对象，最大限度地避害趋利。在这一点上，就是神经系统最发达的灵长类也不可企及。对动物的生命追求，人并非没有设身处地去理解。

早在古希腊时代，亚里士多德（Aristotle）就说过："既然快乐为一切生物之所趋，那么它对这一切当然是最高的善（每一生物都为自己寻求善，正如寻求食物一样）。"[43]中国《庄子》记载："庄子与惠子游于濠梁之上。庄子曰，鯈鱼出游从容，是鱼之乐也。惠子曰，子非鱼，安知鱼之乐。庄子曰，子非我，安知我不知鱼之乐。惠子曰，我非子，固不知子矣；子固非鱼矣，子之不知鱼之乐，全矣。"[44]佛教的典籍《金刚经》中说："所有一切众生之类，若卵生，若胎生，若湿生，若化生，若有色，若无色，若有想，若无想，若非有想，非无想，我皆令入无余涅槃而灭度之。"[45]这就是"普渡众生"的思想，为此，佛教把杀生作为十恶之首。到20世纪80年代，全世界信奉佛教者竟达3亿之众，而且现在数量还在继续增长，然而，社会仍然没有把完全素食作为一种可以普遍接受的生活方式。基本原因在于，肉食是人的正当需要。即使在佛教中，藏传佛教还是允许荤食的，只是必须遵守"三净"原则：非为己杀、非亲见杀、非亲自杀。这是因为当地的主要食物来源只能是牲畜，而且气候寒冷，没有动物性食品难以生存。

当然，罗尔斯顿也提出了这样一种划界：自然中的感觉与文化中的感觉确实不同，尽管它们有共同的生物学基础和共同的来源。就是说，对待野生动物和家养动物的态度应该有严格区别。但是，这里就有一个逻辑上是否周延的问题，因为家养动物也具有足够复杂的神经系统，也和人一样具有苦乐感受，它们应该也有内在价值，于是就会引发矛盾。例如，西方民族对东方民族食用犬肉的餐饮文化就特别反感，因为犬在西方被认为是颇具灵性的动物，而东方民族却认为肉犬和其他家畜没有任何差异。即使是对野生动物，在谈论其内在价值的时候，也不可能完全没有区别，像害鼠这种可以主动与人共生的强适应性野生动物，如果从内在价值看，它们当然有其完善自身的目的，然而如果尊重其内在价值，对人来说意味着什么？这是不可能不考虑的。它们不同于猛禽猛兽这样一些不能主动与人共生的弱适应性野生动物，对后者只采取被动的防卫措施即可。

从根本上说，“内在价值”论要解决非人自然物的权利，但这里有一点是不容忽视的，这就是人和自然之间的关系是不是一种对立统一关系？人走出动物界的标志是对自然的能动改造。人的活动特点在于：一方面，他不安于与动物为伍，要过比动物更为舒适的生活，这就不能不触动自然界原先的秩序；另一方面，他要依赖于自然，要在一定的生态系统中才能生存，这就必须尽可能维护自然界原先的秩序。采猎业社会自不必说，在那个阶段，人对自然的关系肯定是掠夺与被掠夺的关系。就是在人与自然相对和谐的农业社会，自然界的秩序也与原生自然相差甚远。传统的定居型农业系统可以说是一个物料高度循环利用、能量高度集约利用的生态系统，但农田的扩张也带来了森林和草原的毁灭。农田即使百分之百地被作物覆盖，也不具有天然生态系统那种功能。

有人曾把农田生态系统和天然生态系统进行了比较，结果是：农田生态系统的渗入率、树冠、落叶层、碎屑、岩石、土壤水分蒸发、土壤胶质、植物内部循环、植物和微生物间的相互作用、生物活动的多样性、植物结构的多样性、遗传的多样性、生殖的潜力诸指标的水平，均低于天然生态系统；而流量、淋溶、浸淋损失、土壤温度，则高于天然生态系统。天然生态系统的植物和微生物间的活性平衡等于1，而农田生态系统则小于1。[46]还有一个更细微的观察：在一般的未垦地草原内，地上器官和地下器官的生物量之比约为1:4，人们大约可得干草3.5吨/公顷，根为14吨/公顷。每经一次割草之后，叶的产量便大增，而根的生长则衰减，在经过3次割草的草原内，根的生物量可能超过7吨/公顷；在进行了20次收割的同一草原内，根的生物量仅有3吨/

公顷。[47]

然而,人也是能动的存在物,他们可以通过对自然规律的把握,把人和自然的张力控制在一定范围之内。近 3000 年来,由于地球公转轨道的变化和地质结构的变迁加上过度农垦,使得不少地方大片土地沦为沙漠。到 20 世纪下半叶,地处典型干旱地带的以色列人巧妙地利用珍贵的地下水发展了节水型农业,把内格夫沙漠变成了一个高效的人工生态系统,沙漠农产品不仅满足了自己需要,而且还大量向欧洲出口。如果要完全不造成环境影响、完全尊重自然物的"权利",人只有退回动物界,接受盲目自然力的摆布。这显然是荒唐的。

(二)"价值"概念历史考证

所谓内在价值(Interinsic value),按罗尔斯顿的解释,指一事物与他事物相区别的内在性质。它的提出不仅完全否定了价值本性的"关系说",而且完全否定了价值本性的"功能说"。所以不少人认为,内在价值概念的提出是对传统哲学价值观的颠覆,是哲学价值论的转折点。这些问题的存在说明,哲学价值论的研究,还有相当大的开拓空间。对于马克思主义哲学的研究来说,经典著作的理解是一个基础工作,所以问题的解决还得由此开始,**为此不得不较多地引用原著**。在"左"倾思想泛滥时期,中国理论界大量采用经典著作的语言来说话。在当时背景下,大多数文献是作者为表白自己政治立场的违心之作。拨乱反正之后,这种教条主义的思想束缚和表述方式已经遭到唾弃,但不等于不能引用经典著作。两者的区别在于,首先要看文献的基本思想是否属于作者的创见,其次在具体论述的引证中有两个界限:**第一,是否必要;第二,是否恰当**。

价值问题在哲学界已讨论多年。作为哲学概念的价值属性界定,不少学者常以马克思在《评阿·瓦格纳的"政治经济学教科书"》中的一句话为依据,马克思说:"'价值'这个普遍的概念是从人们对待满足他们需要的外界物的关系中产生的,因而,这也是'价值'的种概念,而价值的其他一切形态,如化学元素的原子价,只不过是这个概念的属概念。"[48]这段话出自1879—1880年马克思针对德国经济学家A. 瓦格纳(Wagner,A.)所撰政治经济学教科书写的一篇文献,该教科书对《资本论》中所阐述的价值理论进行了歪曲。哲学界对这段话有两种理解:一种意见认为,联系马克思的下文,这段话代表着马克思对哲学范畴的价值概念的看法。按照马克思的原意,价值应该属于关系范畴。第二种意见则相反,认为这段话表述的观点并不是马克思的观点,而是马克思以否定态度转述的瓦格纳的观点。马克思在这里只谈到价值概念的产生根源,并没有对价值概念加以界定。

持后一种观点的论者引用了马克思在《资本论》中对价值概念的考证:价值一词,英文是value,法文是valeur,德文是wert,这些词的含义都是力量、优点、优秀的品质。马克思接着说:"的确,它们最初无非是表示物对于人的使用价值,表示物的对人有用或使人愉快等等的属性。"[49]就此可以认为,物的价值实际上也就是它的能够满足主体需要的功能或属性而不是人与外界物的关系。以上两种观点在20世纪80年代后期曾经有过激烈的争论,最后没有得到一致的看法。到20世纪90年代后期,随着西方生态伦理学著作、尤其是美国学者罗尔斯顿的著作在中国影响的扩大,关于自然界的"内在价值"的问题引起了越来越多人的关注,从而使得一度消退下来的关于价值哲学问题的讨论又重新热烈起来。

马克思的《资本论》和《评阿·瓦格纳的"政治经济学教科书"》是政治经济学文献。马克思在有关经济学问题的论述中,包含着丰富的哲学思想,这是学界公认的,但就他所解决的主要问题来看,是要揭示资本主义社会的经济运动规律,尤其是要揭示资本增殖的真相,因而所使用的概念理所当然地主要是经济学领域的概念。生产商品的劳动二重性的发现是马克思一生的两大发现之一,为了证明这一点,他在《资本论》中对价值进行了特殊的界定。

资产阶级古典经济学也承认劳动价值理论,并把生产商品的劳动看做价值的源泉,然而始终未能说明价值的实质和生产商品的劳动的性质。马克思指出:“物的有用性使物成为使用价值。但这种有用性不是悬在空中的。它决定于商品体的属性,离开了商品体就不存在。”[50] 在我们所要考察的社会形式中,使用价值同时又是交换价值的物质承担者。作为使用价值,商品首先有质的区别;作为交换价值,商品只能有量的区别,因而不包含任何一个使用价值的原子。在商品交换关系中,只要比例适当,一种使用价值就和其他任何一种使用价值完全相等。如果我们把劳动产品的使用价值抽去,也就是把那些使劳动产品成为使用价值的物质的组成部分和形式抽去,那么各种劳动将不再有什么差别,全都化为相同的人类劳动、抽象的人类劳动,在劳动产品上只剩下无差别的人类劳动的单纯凝结。这些物,作为它们共有的这个社会实体的结晶就是价值——商品价值。具体劳动创造使用价值,抽象劳动创造价值。一个物可以是使用价值而不是价值,在这个物并不是通过劳动而对人有用的情况下就是这样。例如,空气、处女地、天然草地、野生林等。一个物可以有用,而且是人类劳动产品,但不一定是商品。谁用自己的产品来满足自己的需要,他生产的就只是使用价值,而不是商品。要生产商品,他不仅要生产使用价值,而且要为别人生产使用价值,即生产社会的使用价值。最后,没有一个物可以有价值而不是使用物品。如果物没有用,那么其中包含的劳动也就没有用,不能算做劳动,因此不形成价值。马克思郑重声明:

“起初我们看到，商品是一种二重性的东西，即使用价值和交换价值。后来表明，劳动就它表现为价值而论，也不再具有它作为使用价值的创造者所具有的那些特征。商品中包含的劳动的这种二重性，是首先由我批判地证明的。这一点是理解政治经济学的枢纽，因此，在这里要较详细地加以说明。”[51]

瓦格纳在《政治经济学教科书》中讨论的问题显然是政治经济学问题，马克思与瓦格纳的关于价值的辩论也应该是关于经济学中的价值概念的辩论。瓦格纳引证另一位德国经济学家K. H. 劳(Rau,K. H.)的话说：“为了避免误解，必须确定，**价值一般**指的是什么，**按照德语的用法**，这应该是指**使用价值**。”他还说：“人的**自然**愿望，是要**清楚地认识和了解**内部和外部的**财物**对他的**需要**的**关系**。这是通过**估价(价值的估价)**来进行的，通过这种估价，财物或外界物**被赋予价值**，而价值是计量的。一切用来满足需要的资料，都叫做**财物**。”在马克思看来，瓦格纳的问题首先在于，他认为：“人对自然的关系首先并不是**实践的**即以活动为基础的关系，而是理论的关系。”对此，马克思作了如下分析：“人们决不是首先‘处在这种对**外界物**的**理论**关系中’。正如任何动物一样，他们首先是要**吃、喝**等等，也就是说，并不‘处在’某一关系中，而是**积极地活动**，通过活动来取得一定的外界物，从而满足自己的需要。(因而，他们是从生产开始的。)由于这一过程的重复，这些物能使人们‘满足需要’这一属性，就铭记在他们的头脑中了，人和野兽也就学会‘从理论上’把能够满足他们需要的外界物同一切其他的外界物区别开来。在进一步发展的一定水平上，在人们的需要和人们借以获得满足的活动形式增加了，同时又进一步发展了以后，人们就对这些根据经验已经同其他外界物区别开来的外界物，按照类别给以各个名称。”“这种语言上的名称，只是作为概念反映出通过不断重复的活动变成经验的东西，也就是反映出，一定的外界物是为了满足已经生活在一定的社会联系中的人{这是从存在语言这一点必然得出的假设}的需要服务的。人们只是给予这些物以专门的(种类的)名称,因为他们已经知道,这些物能用来满足自己的需要,因为他们努力通过多多少少时常重复的活动来握有它们,从而也保持对它们的占有;他们可能把这些物叫做'财物',或者叫做别的什么,用来表明,他们在实际地利用这些产品,这些产品对他们有用;他们赋予物以有用的性质,好像这种有用性是物本身所固有的,虽然羊未必想得到,它的'有用'性之一,是可作人的食物。""可见,人们实际上首先是占有外界物作为满足自己本身需要的资料,如此等等;然后人们**也在语言上把它们**叫做它们在实际经验中对人们来说已经是这样的东西,即**满足自己需要的资料**,使人们得到'满足'的物。如果说,人们不仅在实践中把这类物当做满足自己需要的资料,而且在观念上和语言上把它们叫做'满足'自己需要的物,从而也是**'满足'自己本身**的物{当一个人的需要得不到满足时,他就对自己的需要、因而也是对自己本身,处于一种**不满意的状态**},——如果说,'按照德语的用法',这就是指物被'赋予价值',那就证明:**'价值'**这个普遍的概念是从人们对待满足他们需要的外界物的关系中产生的,因而,这也是**'价值'的种概念**,而价值的其他一切形态,如化学元素的原子价,只不过是这个概念的属概念。"在此以下,马克思才明确点出:"一位德国的政治经济学教授的'自然愿望'是,从某一个**'概念'**中得出'价值'这一经济学范畴,他采取的办法是,把政治经济学中俗语叫做'使用价值'的东西,'按照德语的用法'改称为**'价值'**。而一经用这种办法找到'价值'一般后,又利用它从'价值一般'中**得出'使用价值'**。"马克思稍后更明确指出:"现在我们可以(尤其是在我们感觉到,教授的"自然愿望"是要得出**价值概念一般**时)把赋予'外界物'以财物属性,称为**'赋予价值'**。也许还可以说：人在把满足他的需要的外界物当做‘财物’来对待时，对他们进行‘估价’，赋予它们以‘**价格**’，这样从‘**人**’的活动方式中就得出‘**价格**一般’的概念，并且 ready cut［现成地］给了德国教授。”[52]

如果我们仔细地对以上文字进行阅读的话，不难发现，马克思对价值的普遍概念和经济学中的价值概念是作了严格区分的，而且对价值的普遍概念所作的推导是严肃的、认真的。在他看来，价值的普遍概念相当于政治经济学中的使用价值概念，但瓦格纳对政治经济学中的使用价值概念是从纯主观的角度去理解的，然后他又把他所理解的使用价值概念，调换成了政治经济学中的价值概念，以此来否定劳动价值的客观存在。这是瓦格纳《政治经济教科书》的要害所在。正因为如此，马克思才在严肃的推导以后使用了迥然不同的反讽笔法。

如前所述，马克思在《资本论》中对 value，valeur，wert 等词有一考证：“的确，它们最初无非是表示物对于人的使用价值，表示物的对人有用或使人愉快等等的属性。”“这些词在词源学上不可能有其他的来源。使用价值表示物和人之间的自然关系，实际上是表示物为人而存在。”[53]如果把这两段话联系起来看，有两点是明白的：第一，马克思在这里表述了对价值的普遍概念的理解；第二，这里表述的意思与在《评阿·瓦格纳的“政治经济学教科书”》中关于价值的普遍概念表述完全一致，他认为，价值的普遍概念所属的范畴就是关系范畴。

（三）“内在价值”现实困惑

要研究价值的普遍概念的本质，经典著作的考证是一个方面，另一方面，还应当根据实际情况进行考查，从某种意义上说，这可能是更加重要的一个方面。而如果我们要考查价值是不是属于关系范畴，则有必要考查与此对立的意见：价值概念不属于关系范畴。

从总体上看,哲学界关于价值本质的观点共有五种:(1)极端的主体价值论;(2)极端的客体价值论;(3)侧重主体性的关系价值论;(4)侧重客体性的关系价值论;(5)彻底的关系价值论。极端的主体价值论认为,宇宙中的任何事物和所有事件都没有意义色彩,没有价值特征,人周围世界似乎具有以那些价值都是观察者的心灵送给世界的礼物。侧重主体性的关系价值论认为,价值是主客体关系的体现,是主体在对象化活动中所形成的客体对于增强和提高人的主体性所具有的意义,主体的偏好在价值形成过程中具有重要作用。侧重客体性的关系价值论认为,虽然价值的具体表现形式总是以主体及其需要的不同而不同,但是任何已经纳入人类的认识和实践范围内的客体,又总是有着由它本身所决定的本来的真正社会性价值,因此价值是已经纳入人类认识和实践范围内的客体的那些能够满足作为主体的多数人的一般需要的功能或属性。彻底的关系价值论认为,价值始终是由主客体双方所决定的,价值是客体功能对主体需要的满足关系,根据满足的情况又分为正价值和负价值,由满足的程度决定价值的大小。

罗尔斯顿则认为,价值只分为两类:内在价值和工具价值,内在价值是指主体的心理兴趣的满足,这种满足本身就是可欲的,是某种自在地完善的快乐。而工具价值则是某种有利于主体兴趣得到满足的东西。他说,在占统治地位的理论范式看来,没有体验主体的评价者就没有价值,正如没有思想家就没有思想,没有感知者就没有感知,没有行为者就没有需求,没有追求者就没有目标一样。评价过程是一种被意识到的偏好选择过程,价值是这个过程的产物。他列举了几个典型的传统价值论者的言论。D. 普拉(Prall, D.)总结道:"客体身上那种被喜欢或被讨厌的特性,就是它的价值……某种类型的主体的存在,是价值得以产生的前提。”W. 文德尔班(Windelband,W.)附和道:“价值……决不是作为客体自身的某种特性而被发现的。它存在于某个欣赏它的心灵的关系之中,这种关系满足了心灵的某种意愿,或在心灵受到环境刺激时,它能激起心灵的某种愉悦的情感。离开了意志与情感,就不存在价值这类东西。”他说,与上述观点相反,我们认为:在大自然的客观的格式塔结构中,某些价值是客观地存在于没有感觉的有机体和那些遵循某种行为模式的有评价能力的存在物身上的,它们先于那些伴随感觉而产生的更丰富的价值而存在。[54]这就是所谓自然界的内在价值论。

按照上述划分,极端的主体价值论、侧重主体性的价值论、侧重客体性的价值论和彻底的关系价值论都属于同一类的传统理论,因为其共同的特点是价值的构成都离不开作为主体的人的需要,而内在价值论则完全否定了这一点。**内在价值论就是极端的客体价值论**,在这种理论面前,可以说其他价值论都是关系价值论,它们之间的争论属于另一个层次的争论。在价值论领域,当前应当首先澄清的是关于内在价值的是非。

内在价值的思想可以追溯到亚里士多德,他有一种万物自我完善的思想。黑格尔说过:“亚里士多德的主要思想是:他把自然理解为生命,把某物的自然[或本性]理解为这样一种东西,其自身即是目的,是与自身的统一,是它自己的活动性的原理,不转化为别物,而是按照它自己特有的内容,规定变化以适合它自己,并在变化中保持自己;在这里他是注意那存在于事物本身里面的内在目的性,并把必然性视为这种目的性的一种外在的条件。”[55]到20世纪,经过摩尔和A. 马斯洛(Maslow,A.)等人的工作,内在价值的概念逐渐明朗。在摩尔看来,内在价值就是事物的内在性质。马斯洛从人本主义心理学角度出发,把内在价值定义为人的自我实现的需要。罗尔斯顿则从生态哲学的角度出发，阐述了关于自然界内在价值的思想。他提出内在价值是指主体的心理兴趣的满足，是某种自在地完善的快乐，是一种自我完善的目标。

罗尔斯顿接受了人本主义心理学关于人的内在价值的定义，在这个定义之后，他紧接着就把这个概念延伸到一切生命体。他认为，客观生命是主观生命的必不可少的支撑者，当客观生命发展到了具有足够复杂性的神经系统水平时，它通常也就变成了主观生命，因此没有理由只把价值赋予自然界进化过程的主观方面，而不高度评价进化出了所有有机体的整个过程。如果严格使用内在价值这个词，就应当知道，进入人们视野的那些自然属性（attribute），是在人类出现之前就已客观地存在于大自然中的，尽管属性的确认过程（attribution）是主观的，但价值的功用并不取决于人的偏好，在这个意义上，价值只属于价值的承载者，也就是说，价值与其载体不可分割，价值只能按其原样来加以接受、认识和欣赏，是人的意识使存在于有机体身上的这种价值得到实现。如果再进一步说，可以把欣赏价值的主体理解为价值的“翻译者”，然而并不认为价值的呈现必须以翻译者的存在为前提。例如，如果没有观察者，树就可能不是彩色的，但树本身依然存在着。那么，树的价值是像它们的颜色那样属于第二性的呢，还是像它们的存在那样属于第一性的呢？树有自己的行为模式、需求、防御机能、生长程序，这些是它的存在要素，但其价值与其颜色并不完全相同。树的确显得好像是绿色的，但我们大概并不想把实际上存在于树身上的电磁波叫做绿色。树本身也是有价值的，能够评价它自己，它们为自己而存在，有它们自己极力想实现的生命计划。我们认为这样的树是有价值的，而不管它们对我们“显得”是什么。某些价值是早已存在于大自然中的，评价者只是发现它们，而不是创造它们。大自然首先创造的是实实在在的自然客体，它的主要目标是要使它的创造物形成一个整体。与此相比,人对价值的显现只是一个副现象。[56]

从内在价值论者所持的观点看,所谓的内在价值首先是排除人的主观色彩的事实,然而这里有一个根本问题是没有解决的,就是内在价值如何找到?

L. A. 费尔巴哈(Feuerbach, L. A.)曾经从唯物主义立场论述了"对象化"的思想,他说:"一个实体是什么,只有从它的对象中去认识。"[57]马克思对费尔巴哈的对象化思想的基本内核进行了吸收和改造,他在《1844 年经济学哲学手稿》中指出:"说一个东西**是**对象性的、自然的、感性的,又说,在这个东西自身之外有对象、自然界、感觉,或者说,它自身对于第三者来说是对象、自然界、感觉,这都是同一个意思。""太阳是植物的**对象**,是植物所不可缺少的、确证它的生命的对象,正像植物是太阳的对象,是太阳的唤醒生命的力量的**表现**,是太阳的**对象性**的本质力量的**表现**一样。""一个存在物如果在自身之外没有自己的自然界,就不是**自然**存在物。就不能参加自然界的生活。""**非对象性的**存在物是一种非现实的、非感性的、只是思想上的即只是想象出来的存在物,是抽象的东西。"[58]

一切事物都处于运动变化之中,事物在运动变化中都要与他事物相互作用,一事物与他事物发生作用的根据是事物自身固有的本质,其本质也只有在与他事物的相互作用中才能表现出来。一事物同另一事物发生某种特定的作用,后一事物就是前一事物发生作用的对象;反之亦然。在不同的事物之间,有不同的对象性关系,其作用的特点不同,事物本质的表现程度也就不同。非生命的自然物之间相互作用是盲目进行的,其作用虽受到机械运动、物理运动、化学运动规律的制约,但作用很不确定,在这种情况下,很难说某一事物有确定的对象,自然物性质在暴露和不暴露时是没有区别的。生物体与非生命自然物体、生物体与生物体之间的对象化活动有了一定的选择性，植物能被动地与它的对象发生随机的作用，动物能够主动地从自身本质出发，主动地寻找有利于自身生存和繁衍的对象，然而这种对象性活动只限于生物的生理范围，因而客体的对象性的本质力量的确证是十分有限的。只有在人与其他自然物的相互作用中，对象性活动才发生了质的改变。

和一般生物的对象性活动不同，人一般不是以自然物的现存形态作为自己的对象，而是通过对现存形态的改变将自然物作为自己的对象，这就突破了天然条件的限制，可以把任何一种自然物作为自己的对象。普通生物和它的生命活动是直接同一的，它们不能把自己同自己的生命活动区别开来，它们直接就是这种生命活动。生物的对象性活动是在直接的生理需要的支配下进行的，而人甚至不受直接生理需要的支配也进行对象性活动。最典型的活动是科学活动，科学活动的基本动力是求知，为了探索隐藏在自然现象背后的自然规律，往往需要把研究对象置于人为创造的条件下，排除自然过程中各种偶然的和次要的因素干扰，使事物的属性以比较纯粹的形态呈现出来，或者是将对象置于某种极限状态之中，使物质的运动过程向指定方向强化，从而获取常规条件下所不能得到的发现。这时，客体的对象性本质力量才得到全面的确证，同时，人在对象中也显示地复现了自己，确证了自己的本质力量。可以说，人在自己的物质实践活动中自己创造了属于自己的对象性世界，所以马克思说："人不仅仅是自然存在物，而且是**人的**自然存在物，就是说，是自为地存在着的存在物，因而是**类存在物**。他必须既在自己的存在中也在自己的知识中确证并表现自身。""被抽象地理解的、自为的、被确定为与人分隔开来的**自然界**，对人来说也是无。"[59]

"内在价值"本质上还是"价值"，把事物的性质改为事物的价值，表面上是强调了事物性质的先在性和恒定性，实际上是把事物的固有性质降低为对他物的意义，结果反而削弱了事物性质的先在性和恒定性。“内在价值”论者的初衷是要让人尊重自然界的秩序，但由于“价值”一词是有特定含义的概念，所以“内在价值”容易被解读为“潜在功利”，招致深入的破坏性开发。对此，《庄子·应帝王》中一则寓言颇有启示意义：“南海之帝为儵，北海之帝为忽，中央之帝为浑沌。儵与忽时相遇于浑沌之地，浑沌待之甚善。儵与忽谋报浑沌之德，曰：‘人皆有七窍以视听食息，此独无有。尝试凿之。’日凿一窍，七日而浑沌死。”[60]

四、“人类中心”审察

（一）主客关系反思

内在价值论是在资源环境问题爆发的背景下产生的。但是，内在价值论的提出并没有为资源环境问题的解决提供思想武器，反而引起了新的思想混乱。为了澄清思想混乱，不能不首先对内在价值论的批判对象——人类中心主义作一剖析；为了剖析人类中心主义，又不能不首先对人在自然界的位置作一探讨；为了探讨人在自然界中的位置，还不能不回到主客体关系这个古老的问题上来。这个看似早已解决而实际上并未解决的问题，至今仍然困扰着人们，今日的争论实际上是当年争论的回响。看来，哲学基本问题的讨论，并不是像人们通常所认为的那样，是一些学究用以自慰的无聊活动，而是切切实实地影响到经济生活和社会生活的必要工作。

“主体”一词，在一般意义上可理解为“载体”或“承担者”，具有“实体”、“本体”的意义。除此之外，“主体”也常在“主导者”或“依靠者”的意义上被使用。马克思主义哲学诞生以前，自然科学的各个命题、特别是力学的各个命题，都成为所有旧唯物主义的基础,它们的主要缺点是:对对象、现实、感性,只是从客体的或者直观的形式去理解,而不是把它们当做感性的人的活动,当做实践去理解。与此相反,马克思的唯物主义在物质和精神关系问题的理解上完全摒弃了神秘主义。在他看来,不是物质的抽象性、而是社会实践的具体性才是唯物主义理论的真正对象和出发点。如果唯物主义只是作为一种抽象的世界观的表白的话,那么这种表白就和那种低劣的唯心主义别无二致。

这样说,并不意味着就否认自然界对人的先在地位,对此,最精辟的回答就是在《德意志意识形态》和《资本论》中被反复强调的一个观点:**如同一切自然被社会所中介一样,社会作为整个现实的构成要素,也被自然所中介,只要有人存在,自然史和人类史就彼此相互制约**。那种排除历史过程的、抽象的自然科学的唯物主义的缺点,每当它的代表人物越出自己的专业范围时,就在他们的抽象的和唯心主义的观念中立即显露出来。我们面对的世界,是由人的活动高度参与的世界,哲学的任务就是要从总体上去研究人和人以外的一切客观存在的事物之间的关系,因此,哲学上讲的主体和客体表达了对人类活动进行整体反思的理论性质,与通常使用这两个概念的意义相比,具有更为普遍的意义。在人和物的关系中,首先应当说,人是自然的一个现实部分,人作为自然的产物,在人身上存在着的一切特性都有着自然的根据。

有人说,人的存在依赖于自然生态,而自然生态的存在却不依赖于人类。这个命题当然是没有疑义的,然而如果完全抛开人类的能动性去研究自然生态,那么,这里就会出现两个问题:第一,这样的生态系统概念是否还存在?第二,这样的研究有何意义?应当看到,当我们肯定“主体是人,客体是自然”的时候,也并没有否定物质的运动是最终的本原。自然界按照自身固有的规律创造了自然的一切存在物,也创造了人。只是当自然产生出人以后，人就把自己连同已产生的其他产生物置于客体的位置，使它们成为被认识和被改造的对象。这种情况归根结底是自然界能动性的特殊表现。自然界在运动中能够产生具有能动性的人，说明自然界本身就具有能动性，这种能动性在人身上得到了强烈体现。所以，人作为主体从自然界中分化出来，是自然界发展的结果，是物质运动的必然。在一切存在物中，只有人与其他存在物之间具有主体与客体的关系，从这个意义上说，人类就是自然界的中心，这是没有什么错误的。

人作为主体具有多种不同的含义，从认识角度看，人是认识主体；从实践角度看，人是实践主体；从价值角度看，人是价值主体。回到前面的话题，现在可以看到，价值就是主体与客体之间的一种关系，在这个关系中，作为主体的人是价值关系中的主要方面。**所谓价值，指的是客体对于主体生存和发展的积极意义。**意义这个范畴是仅仅属于人的范畴，这是因为：

第一，把握客体对主体的意义不仅要凭感官直觉，更重要的是要借助理论思维，只有借助理论思维才能揭示对象的本质及其运动规律，从而真正了解客体对主体的意义。例如，食物是动物和人共同需要的对象，但只有人（即使是原始人）才懂得食物的间接机理，从而赋予越来越多的自然物以可食的意义。随着主体认识和改造世界进程的发展，客体的本质和规律不断得到揭示，客体对主体的意义也在不断得到深化。在这一点上，动物和人之间不仅有量的差别，而且有质的界限。不管眼下有多少误区，客体真正意义的不断凸显是大势所趋。

第二，客体对于主体的意义是社会性的，它要受到人与人之间关系的影响。人对外部世界意义的把握从根本上说并不是单纯的个人思维活动，任何个人都处在一定的社会关系之中，社会的政治因素、经济因素、文化传统都会对意义取向产生影响，甚至人把握事物意义的词语符号都是社会的产物。例如，野生动物对人的意义是什么？这个问题的回答并不完全取决于个人的独立思考，目前在一些地方食用野生动物之风之所以屡禁不止，并不是因为人们完全没有生态学知识，而是富豪的道德水平、商家的利润追求、世俗的养生理念在发挥导向作用。

同一事物的状况即使有客观的标准，但人们赋予它的意义在不同背景下往往并不一致，在这一点上，人类社会与动物世界是完全不同的。因此，价值虽然与客体的性质有关，但它又不单纯是由客体的本来性质来决定的，它是只在对主体的关系中、而且是只在对主体需要的关系中才能存在并表现出来的客体属性。客体的价值从根本上说体现的是人的创造性本质，事物的属性只是价值表现的客观依据，因此客体的价值会随着主体创造能力的增长而不断变化。物的价值在于它作为客体所具有的能够满足人的需要的工具性价值，而人的价值则在于赋予物以价值的主体性价值。人和外界物之间的这种关系与动物和外界物的关系有本质性的区别，自然物的所谓“内在价值”实际上是不存在的。把人所特有的内在价值赋予自然物，表面上看是把物提升到与人平齐的高度，实际上是把人群拉回兽群。这不是前进而是向机械唯物主义倒退，可以说已经退到 I. 康德（Kant，I.）以前。

康德说“理性为自然立法”，黑格尔认为自然是“绝对理念”的外化，其合理成分是他看到了世界只是由于人类的活动才有了特定的意义。马克思认为，唯心主义看到了世界以主体为中介，这是正确的观点，但是他认为，只有弄清了从康德到黑格尔等哲学家之所以会“产生（Erzeugen）”的独特的激情（Pathos）之后，我们才能深刻地理解客观世界的创造者是人类历史的生活过程这一思想的全部意义。正因为如此，他才没有像费尔巴哈那样抽象地责难黑格尔的唯心主义，而是清醒地指出：“黑格尔的辩证法是一切辩证法的基本形式，但是，只有在剥去它的神秘的形式之后才是这样。”[61] 恩格斯在《反杜林论》中就直截了当地指出：“在我们的视野的范围之外，存在甚至完全是一个悬而未决的问题。”[62] 世界的存在为社会所终结，这是辩证唯物主义的一个基本观点，从现在的实际来看，这个观点仍然是正确的观点，如果离开这一思想轨道，我们就不能对现实问题作出合理的回答，甚至会提出一些难以为社会接受的见解。

“内在价值”概念虽然起源很早，但是它能在当代社会中得到系统论证而且在国际上能产生相当影响，这绝不是该理论按其固有逻辑自我发展的结果，它的出现有特殊的社会背景。

在漫长的古代社会中，人虽然脱离了动物界，但由于对自然规律的认识水平低下，对原生自然有相当大的依赖性，他们把自己同自然视为一体，慑服于自然界的威力，对大自然抱有深深的敬畏之情，然而又无时无刻不在希望摆脱自然界的束缚，企图借助超自然的力量趋利避害，这就有了神的崇拜，无论兽形神、半人半兽神，还是人形神，都是人按照自己的生活方式和需要想象出来的，都是人本身的相当模糊的和歪曲了的反映，这种力量不可能使人获得自由。

文艺复兴运动的精神实质在于唤起人对自身力量的认识，把人从神的桎梏中解放出来，这是当时新兴的资本主义生产方式的客观要求，也是社会进步的推动力量，自然科学也在这场大变革中挣脱了神学婢女的地位而开始大踏步地前进。近代科学的强大力量在于，将自然界的运动规律以逻辑性推理和受控性实验相结合的方式，无可辩驳地“揭”露在世人面前，而且人们通过对它的运用获得了对自然的驾驭，从而带来了自然资源的大规模开发。

不少人认为，正是这种对自然界胜利的心态，带来了人类中心主义的滋生和蔓延。对此，人们常常引用恩格斯在《自然辩证法》中的一段话来加以佐证：“我们不要过分陶醉于我们人类对自然界的胜利。对于每一次这样的胜利,自然界都对我们进行报复。每一次胜利,起初确实取得了我们预期的结果,但是往后和再往后却发生完全不同的、出乎预料的影响,常常把最初的结果又消除了。”[63]紧接着,恩格斯分析了问题的成因,同时这也是常常被人们忽视的地方。在他看来,成因一方面有认识上的盲目,消除这种盲目性需要长期的努力,然而更困难的问题在于消除经济成因。

他说:“到目前为止的一切生产方式,都仅仅以取得劳动的最近的、最直接的效益为目的。那些只是在晚些时候才显现出来的、通过逐渐的重复和积累才产生效应的较远的结果,则完全被忽视了。”“在各个资本家都是为了直接的利润而从事生产和交换的地方,他们首先考虑的只能是最近的最直接的结果。当一个厂主卖出他所制造的商品或者一个商人卖出他所买进的商品时,只要获得普通的利润,他就满意了,至于商品和买主以后会怎么样,他并不关心。关于这些行为在自然方面的影响,情况也是这样。西班牙的种植场主曾在古巴焚烧山坡上的森林,以为木灰作为肥料足够最能赢利的咖啡树利用一个世代之久,至于后来热带的倾盆大雨竟冲毁毫无保护的沃土而只留下赤裸裸的岩石,这同他们又有什么相干呢?在今天的生产方式中,面对自然界和社会,人们注意的主要只是最初的最明显的成果,可是后来人们又感到惊讶的是:取得上述成果的行为所产生的较远的后果,竟完全是另外一回事,在大多数情况下甚至是完全相反的”。[64]

离开生产方式的演变孤立地看待人和自然的关系,对生态危机不可能有深刻的理解和卓越的预见。无论谴责的声音如何强烈,也只是一些相当空泛的呼号而已。当空洞的呼号无济于事时,极端性的言论和举措就会由悲愤油然而生。这是当前生态哲学研究领域的通病。

（二）“动物权利”争鸣

在传统东方社会中，早有把动物生命与人类生命等同看待的意识。佛经有偈言说：假使百千劫，所作业不亡，因缘会遇时，果报还自受。佛教从轮回报应的角度出发，把不杀生作为基本戒律。近代以后，面对日益严重的生态破坏，一些有强烈保护意识的人士开始把“权利”概念从人类向所有动物延伸，提出了包括家养动物的“动物权利”问题。权利意识比起宗教信仰来，显然已经大进了一步，所以至少在知识界引起了共鸣和深思。由于他们在这个问题上持更加偏激的见解，所以有必要专门展开讨论。

20世纪初，A. 利奥波德（Leopold，A.）在一个非常古老的概念——“天赋权利”上为生态学揭示了新的内涵。天赋权利是18世纪法国唯物主义哲学家在反封建的革命斗争中提出的战斗口号，其含义是，没有一个人从自然得到了支配别人的权利，自由是天赋的东西，每一个同类的个体，只要享有理性，就有享受自由的权利。利奥波德认为，先前的道德标准一直只涉及人对其他同类的职责，而今他要强调的是，人自身存在所要求的那种合作的公有关系的范围，要扩大到一切物种甚至地球自身，天赋权利应当属于所有生命。他说，把确定其自身行为的判决权利授予统治阶层，向来都是一种信念所为，而且就因为这个道理，自然的权利就必然总是处在危难之中。人只有意识到整个地球家族的权利，他才可能遭到环境崩溃的威胁。

1975年P. 辛格（Singer，P.）推出了一本名为《动物解放》的专著，他称“试图采取彻底、谨慎和始终一贯的态度，来思考我们应当如何对待非人动物”[65]。这里所说的动物包括野生动物和家养动物。他认为，一个生命只要能够感受苦乐，就有权益。人类平等所依据的伦理原则，要求我们把平等也推广到动物身上，任何种族、性别或物种遭受的痛苦都应当防止或减少。他细致描述了动物作为受体和作为食物所遭受的剧烈痛苦，抨击了动物实验的残暴性和集约养殖的悲惨性。能够免于伤害的行动就是立法严格控制动物实验，用素食替代肉食以减少动物饲养和停止宰杀。动物解放要求人类具有真正的利他主义精神，能使人们生活得更加舒适和健康，所以动物解放实际上也是人的解放。辛格的这本书被称为“动物保护运动的圣经”、“素食主义的宣言”，一推出就在国际上引起轰动。

1981 年 T. 雷根（Regan，T.）在他的专著《动物权利研究》中，进一步从理论上完成了对动物解放的完整阐述。他经过探讨认为哺乳动物和人一样具有信念和欲望，所以也具有生物学的、社会的以及心理的利益。着重论证了“诉诸直觉”对道德原则进行合理判断的作用，认为特定存在者具有权利的根据与功利主义或其他后果主义考虑无关。任何一种伦理理论，如果没能说明不伤害道德主体和道德病人（意识低下者和动物）的初始义务，就无法成为通盘考虑后的恰当理论。对正义的解释是个体的平等，它认为特定个体自身就具有价值，这种价值不同于被赋以其体验（如快乐或偏好）的“内在价值（intrinsic value）”，雷根称其为“固有价值（inherent value）”。所有道德主体和道德病人都应当以其平等的固有价值而获得尊重，权利观点拒斥在所有场合中对动物进行伤害性使用。

关于动物权利，雷根比辛格更加彻底，后者被斥为“与功利主义联系的平等主义”，而不是与“固有价值相联系的平等主义”，所以给动物产业留下生存余地。他声称：“不全面废止我们所知的动物产业，权利观点就不会满意。”[66] 即使在西方“深生态学”哲理追求运动中，这也是非常极端的言论。真正的情况是，随着生态伦理学的进一步发展，人们逐渐感到把权利概念作为环境伦理学的基础是有困难的，P. 泰勒（Taylor，P.）和罗尔斯顿都持这样的一类观点。如前所述，罗尔斯顿指出，权利这个概念只有在文化习俗的范围内，在主体性的和社会学的意义上才真实存在，它的功能是保护那些与人格不可分割地相联系的价值，我们只能在类比的意义上把权利这一概念用于自然界，但实际上它在自然界不起作用。他们主张在自然界用“天赋价值”取代“天赋权利”。

动物权利理论对社会进步确有正面作用。《动物权利研究》说，尊重动物权利的文化，已使西方人均肉食消费降低，但这些理论是否能够为社会全面接受，大有可以质疑之处。特别是雷根把人拥有的道德权利都赋予哺乳动物，这就意味着从哺乳动物身上获取所有物质的行为都属于侵权，该主张会引起更大的争辩。

笔者早在半个多世纪前的少年时代，自第一次在故乡山村目睹了屠宰的惨烈后，至今每当食用哺乳动物时都心有余悸，因为这些牲畜确有似人的悲痛，为此在关于肉食的合理性问题上一直都陷入深深的纠结。然而现实和科学都充分显示，适当的动物食品对人们特别是某些特殊群体并非可有可无。婴幼儿及弱病者需要依赖乳品补充营养，体力劳动者需要通过肉食增强体力。青年时期从事过沉重劳务的笔者，对此有切身感受。在不宜农耕的草原，如果放弃牧业生产，人类便只能逃亡或者灭亡。从社会安全角度看，军人没有动物食品就缺乏体力，中国历代边防屡屡失利，与士兵的膳食结构不无关系。对普通民众而言，素食对健康的影响因人而异。长期坚持素食结果因营养不良而罹病者不在少数，对此医学已有明证。这些不是享受需要，而是基本需要。

动物用于实验的问题，首先要区分目的。为了救死扶伤，圣人甚至以身试药。中国有神农尝百草：“古者，民茹草饮水，采树木之实，食蠃蛖之肉，时多疾病毒伤之害。于是神农乃始教民播植五谷，相土地宜燥湿肥墝高下，尝百草之滋味，水泉之甘苦，令民知所避就。当次之时，一日而遇七十毒。”[67]近现代以来，为科学进步而献身实验者更是数不胜数。动物受试痛苦确有尽量减轻之必要，特别要禁止把动物用于奢靡性物品的开发，但如果连低等动物用于正当实验也要根据其权利来否定，否定的起码就是人获得生存的权利。即使人要与动物平权，动物也不会与人平权，且不论动物对人的直接伤害，就是疾病的传染，也可能致人于灭绝，历史上带疫动物造成的社会灾难，至今听来仍然毛骨悚然。因此，就算按平权的主张，把一些明显有害的动物用于实验，也没有什么可以指责之处。

雷根强调“诉诸直觉”对道德原则进行合理判断的作用，这对近代科学漠视情感世界的机械观是一个反动，表现出自然科学和社会科学走向整体化是一个大趋势，但凭直觉进行的道德判断也容易进入误区。当代人类面临的生存问题是一个系统问题，各种行为都会危害生命，如果单凭直觉判断，那么所有产业都应当废止。历史上不少地区基本上是靠素食为生的，植物产业过分开发造成的荒漠至今还在扩展。放弃动物食品可能会节约饲料粮食，但当人类食品全面转向植物之后，土地的压力可能不减反增，这就难免进一步侵占荒野，把保护家养动物变为危害野生动物。工业生产带来的生命危害更是举世公认，这种产业是否也需要全面废止？当各种产业都全面废止之后，人类恐怕只能重新学习丛林生活。这应该就是《动物权利研究》所期待之“辉煌的一天”：世界变成动物的安全天堂。[68]

《动物权利研究》的核心问题出在“固有价值（inherent value）”，雷根把它解释为“容器”，而体验性的“内在价值（intrinsic value）”则相当于“容器”中的“物品”。道德个体的固有价值是恒定的，而内在价值则是流变的。固有价值的存亡不由道德个体的行为来决定，大小不随对他人的效用而涨落，独立于作为他人利益对象的地位。只要道德个体拥有固有价值,那么他们的固有价值就是平等的,都具有根本的道德权利。这种"固有价值",实际上就是罗尔斯顿所说的"内在价值(intrinsic value)"。应该说,罗尔斯顿对"内在价值"概念的界定比雷根清晰,而且他把"内在价值"赋予了整个生态系统,因而更有普遍性,同时罗尔斯顿还强调"权利"只能在类比意义上使用。关于"内在价值"问题前面已经辨析,所以这里对雷根的理论根据也就无需再作赘述。

动物权利主张者的初衷是善良的,但设想并不切合实际。正确的生态文明观应该是充分认识自然资源的价值,最大限度吝惜不可再生资源的使用价值,最大限度保护可再生资源的再生能力。善待动物是生态文明的重要组分,对野生动物不能破坏其生存秩序,对畜养动物首先要保证其种质的延续。宰杀牲畜不宜使其在挣扎中死亡,因为一则动物在痛苦中会释放对人体有害的物质,二则动物的痛苦状态会对人的心理产生强烈刺激甚至令人变态。对于为人役用的动物,就更加应当善意对待。印度耕牛年老之后都被放归自然,这是一种可普遍操作的文明。越来越多人知道,减少肉食特别是哺乳动物肉质食用有利健康,散养动物越来越受青睐,说明理性力量会推动社会进步。动物解放论和动物权利论有一定的惊醒作用,但由于它们过于极端,到头来反而会激起另一种极端言论。

1981 年 J. L. 西蒙(Simon, J. L.)在《最后的资源》中写道:"有一个保护动物还是保护人的问题。有人说,人类应当稳定,甚至减少人口,因为现在已经威胁到某些物种的生存。这就提出了一个很有意思的问题:如果我们假设在更多的人口与更多的物种之间存在着一种互相取代的关系,那么,我们应当要哪一个呢?是野牛或金鹰而不是人类吗?如果是这样,那么这一逻辑对于老鼠或蟑螂也适用吗?我们愿意用多少人去换更多的野牛呢？是要把整个美洲中西部划为野牛保护区，还是仅仅为了从消亡的边缘保留这一物种呢？如果是后者，那为什么不把它送进一些大动物园呢？还有，难道我们愿意保护传染疟疾的蚊子吗？”“有人反对宰杀动物来提供肉食和衣着，但是没有人类的消费，可供宰杀的鸡、水貂等也就会减少。从动物繁衍的观点看，我们应当选择哪一条呢？”[69]

以上看法总体上反映了一种狂放情绪，有相当的蛊惑性。它说明，如果不去认真清理问题发生的深层社会原因，只是提出一些极端性的言论，那么将不仅无助于生态问题的解决，反而会为来自生态无视者的非难提供口实，使环境保护事业的形象被抹黑。动物解放和动物权利的主张有一个直接恶果，那就是推动把大批野生动物化为宠物，直接破坏生态平衡。野生动物的处境容易被遮掩，而宠养动物的处境则容易被张扬，这样就会使真正需要关注的荒野保护问题被冲淡甚至被转移。宠物的大量繁衍还会带来资源浪费和疫病蔓延，一旦发生危害，非理性因素会妨碍对过剩动物和带疫动物的理性处置。畸形的宠物豢养属于富豪的过分享用，而过分享用本身就是灭绝物种的基本动力，同时还会激起穷人的极端仇视。由是，**宜以“动物善待”替代“动物权利”**，这样不仅合理，而且有效。

（三）人类地位研究

20 世纪 90 年代，在中国哲学界出现了“走出人类中心主义”和“走入人类中心主义”的争论。

前者认为：人类中心主义是一种以人为世界中心的观点，它要求万物为自己的利益服务。这种观念指导人类取得了一定程度的成功，但是它又助长了人类的盲动，使人损害了自己发展的根基，造成了严重的生态危机。因此，人类要想继续生存和发展，就必须要走出人类中心主义。

后者认为:生态危机并不是人类中心主义的产物,而是“个体中心主义”和“群体中心主义”的产物,人类中心主义所说的“人类”是“类主体”。人类中心主义是兼顾当代和后代类主体的理论或理念。因此,不仅不应当“走出人类中心主义”,而且应当重建和走入具有更坚实科学基础的人类中心主义。

这两种见解的争论在当时就引起了人们的注意,后来又不断有学者就此发表意见。一种比较普遍的意见是,在人与自然当中,也许根本就不应当有什么“中心”之说,它们之间的关系完全是一种平等的关系,然而这好像并未切中争论的要害。从现在看来,争论的关键是对“人类中心主义”概念的理解。

在中国传统文化中,似无“人类中心”之说。从殷商开始,就有“东、西、南、北、中”的“五方”观念。“中原”、“中国”的“中”字,含有世界中心的观念,然而这仅仅是一种观察事物的坐标。中国哲学思想历来是敬“天”的,《周易》讲“天、地、人一体”,儒家讲“天人合一”,中国的皇帝称“天子”。《老子》说:“人法地,地法天,天法道,道法自然。”[70]这话集中反映了中国的天人观,它所谓的“天”不是西方所称的上帝,而是大自然。

真正意义上的“人类中心主义”起于西方。公元前5世纪,普罗泰戈拉(Protagoras)就说过:“人是万物的尺度,是存在者存在的尺度,也是不存在者不存在的尺度。”[71]《旧约全书·创世纪》载,神对诺亚和他的儿子说:“你们要生养众多,遍满了地。凡地上的走兽和空中的飞鸟,都必惊恐、惧怕你们;连地上一切的昆虫并海里一切的鱼,都交付你们的手。凡活着的动物,都可以做你们的食物,这一切我都赐给你们,如同菜蔬一样。”[72]可以说,这就是最早的“人类中心主义”言论。

文艺复兴运动中,代表新兴资产阶级要求的一批学者,赞颂人的力量,推崇现世享乐、提倡个性解放,重视创新思维,甚至提出“想做什么做什么”的口号,这是一场反抗封建束缚、解放社会生产的伟大革命，然而以此为开端，也引发了普遍性的人类中心主义思潮，生态开始全面深度恶化。人类中心主义在哲学上的反映是唯意志主义，它的代表人物 A. 叔本华（Schopenhauer, A.）认为，生命意志是世界的基础，意志不受理性的制约，生命意志通过不同等级的理念表现为世界万物，现象世界是由主体所决定的。F. W. 尼采（Nietzsche, F. W.）更进一步提出，生命的目的和意义就是攫取权力，权力是生命意志的最高目标，世界万物的区别是权力意志的区别，它们之间的关系是御强凌弱的关系，生命过程就是有机体发挥其权力去剥削外界环境，驱使环境为其服务的过程。20 世纪 60—80 年代，西方学术界发生的技术悲观主义和技术乐观主义的论争中，西蒙的代表作《最后的资源》就是人类中心主义的完整论述。

任何辩论都有一个公认的游戏规则，这就是辩论主题和中心概念的明确性与不变性。在辩论中任意对中心概念做出新的诠释，既不利于说服对手，也不利于澄清思想。人类中心主义显然是既有理念又有理论的，无论在历史上还是在现实中它都有明显的指向，那就是完全无视人对其他生命的依赖性，完全不考虑环境承受能力的生存观和发展观。提出走入人类中心主义，无论对人类中心主义做出什么界定，都可能带来新的困惑。

B. G. 诺顿（Norton, B. G.）提出了两种人类中心主义理论：一种是以个人感性意愿为价值导向的人类中心主义，它以个人的直接需要的满足为行动准则，不考虑伴生的后果，这就是所谓的"强式人类中心主义"；另一种是以理性意愿为价值导向的人类中心主义，它要让人的行为得到一种合理的世界观、价值观、审美观和道德观的支持，这就是所谓的"弱式人类中心主义"。诺顿认为，强式人类中心主义策动对自然的掠夺，因而应当反对；而弱式人类中心主义则既能使人的合理意愿得到满足，同时又能防止人对自然界的随意破坏，因而应当推崇。[73]

诺顿这种区分，似乎能使人类中心主义的争论得到一定的平息，但并没有从根本上解决问题。这是因为：其一，诺顿提出区别两种人类中心主义的前提，显然是对人类中心主义这个称谓已经有所顾忌，既然人类中心主义这个名称并不光彩，那么就没有必要刻意给它留下生存空间，正如已经明知种族主义的内涵，难道还要去区分“强式种族主义”和“弱式种族主义”吗？其二，它对世界观、价值观、审美观和道德观的“合理性”并没有给出一个准则，如果不做出必要的界定，那么即使是“强式人类中心主义”也可以找到为其合理性辩护的世界观、价值观、审美观和道德观，于是两种人类中心主义的区分就失去了意义。

W. H. 墨迪(Murdy, W. H.)提出了“现代人类中心主义”，其观点如下：第一，人类对自身的评价高于对其他事物的评价，这是自然的；第二，人有特殊的创造能力，这只能表示人对自然负有更大的责任；第三，完善人类中心主义，需要揭示自然事物的内在价值；第四，认识人类行为自由的有限性。[74]应当指出，墨迪在人类中心主义问题的讨论上和诺顿一样，提出了一些有益的见解，例如人对自然的责任认识就值得肯定。但是他仍然没有摆脱“人类中心主义”的纠缠，“现代人类中心主义”还是承认人类是自然界的中心，这就为人类中心主义留下了借尸还魂的躯壳。而且“内在价值”是一个难以成立的概念，它把价值的客体性绝对化，否认了价值的主客体合一性，价值无论如何属于关系范畴。所以，“现代人类中心主义”对问题的解决没有实质性的意义。

“人类中心主义”这个概念与对技术力量的认识有关，就是说要弄清楚技术的作用到底能达到哪一步。深推一步又与人对自然规律的认识有关，人对自然规律的认识有一个从低层次向高层次推进的过程。任何技术成果都是至少符合低层次运动规律的，否则就不会成功，但技术成果的运用又不一定都符合高层次运动规律。任何规律在被违背之后,都会强行为自己开辟道路,但是像生态规律这样的高层次规律,其作用有隐蔽性和累积性,一旦作用显化又有难以逆转性,所以通常不为人关注。人这个特殊物种与其他物种的不同点在于,其生存和发展不可能不触动原生自然。人的主观能动性有多大的自由空间,这个问题是长期没有解决的。历史上也曾出现过大量的环境破坏,但许多困难后来又似乎一再为技术进步所解决,这就使得生态学家的预言常常落到十分尴尬的境地。

笔者在《最后的消费》一书中曾经提出一个观点:"没有理由认为技术进步会有极限,但任何无限总是通过无数有限来体现的。一旦对世界的破坏超过彼时修复所能达到的力度,很难保证不会出现历史的断层。"[75]现在看来,是否可以对人改造自然的行为给出一个阈值,这就是:**不能毁灭可再生资源的再生条件**。资源的可再生能力是地球在漫长的进化过程中形成的一种自我调节能力,是与其他无生命星球的根本区别。尽管目前还不好对这个极限进行精确把握,但只要有这个极限存在,人类就不可能为所欲为,也就是说,人不可能成为真正意义上的自然界中心。**人类追求的存在应该是在其他物种不致灭绝前提下的存在,这种存在,是一种特殊的存在,马克思称为"人的类存在"**。

如前所述,按照马克思的观点,人之所以为人,是因为他有改造自然的能力,人不仅仅是自然存在物,而且是人的自然存在物,是自为地存在着的自然物,因而是类存在物。人的类存在是一个内涵十分丰富的概念,类存在是超越了动物界的存在。"吃、喝、生殖等等,固然也是真正的人的机能。但是,如果加以抽象,使这些机能脱离人的其他活动领域并成为最后的和唯一的终极目的,那它们就是动物的机能。"[76]作为类存在物,人与动物的最大区别在于创造而不在于消费。从广义上说,动物也从事生产,但是,"动物的生产是片面的,而人的生产是全面的;

动物只是在直接的肉体需要的支配下生产,而人甚至不受肉体需要的影响也进行生产,并且只有不受这种需要的影响才进行真正的生产;动物只生产自身,而人再生产整个自然界;动物的产品直接属于它的肉体,而人则自由地面对自己的产品。动物只是按照它所属的那个种的尺度和需要来构造,而人却懂得按照任何一个种的尺度来进行生产,并且懂得处处都把固有的尺度运用于对象;因此,人也按照美的规律来构造”。[77] 这就是人**作为类存在物的意义,其实质是以一种创造性的负责任态度开发自然。**

成熟时期的马克思,在他的主要著作《资本论》中进一步提出了由必然王国进入自由王国的思想,他说:“自由王国只是在必要性和外在目的规定要做的劳动终止的地方才开始;因而按照事物的本性来说,它存在于真正物质生产领域的彼岸。”[78] 在这里他把人类真正的生产即不受肉体需要支配的生产,也即人的类存在作为自由王国的领域。所谓自由的含义是:“社会化的人,联合起来的生产者,将合理地调节他们和自然之间的物质变换,把它置于他们的共同控制之下,而不让它作为一种盲目的力量来统治自己;靠消耗最小的力量,在最无愧于和最适合于他们的人类本性的条件下来进行这种物质变换。但是,这个领域始终是一个必然王国。在这个必然王国的彼岸,作为目的本身的人类能力的发挥,真正的自由王国,就开始了。但是,这个自由王国只有建立在必然王国的基础上,才能繁荣起来。”[79] 也就是说,人的自由,即人的类存在作为人的本质规定,只能在一定条件下逐步实现,人类的历史,就是一个不断从必然王国走向自由王国的历史。

实现自然中的自由是人活动的最终目标,其表现有三:一是摆脱自然灾害的侵袭;二是消除生活资料的匮乏;三是避免活动结果的报复。为了在自然中实现自由,作为手段必须消除人与人关系的束缚，实现社会中的自由。而在自然和社会中实现自由的前提，则是摆脱思想的盲目性，实现意识中的自由。随着人的活动能力和异化问题的同步推进，人的意识也在觉醒，目前出现的“走出”和“走人”之争，其实就是一种理性觉悟的表达，但是无论从理论和实践的角度来看，再给“人类中心主义”留下生存的空间都是无益甚至是有害的。因此，可用“**人的类存在主义**”，作为人在自然面前的正确态度取而代之。

提出人的类存在主义这个概念的意义在于，首先，它包容了以往关于人与自然关系的正确意见，同时又有更丰富的内涵；其次，放弃了人与自然之间孰为“中心”的提法，有利于形成一种正确的价值导向，避免了在“人类中心主义”这个名称上产生的纠缠和不必要的思想混乱；最后，在称呼形式上照顾了思维惯性，因而容易上口，有利于先进思想的传播。

第二章 节约认识论

能够落实可持续发展战略的举措，只能是顺应自然的开发。在具体模式选择上，“循环经济”有悖自然规律，“低碳经济”掩盖全局矛盾，符合科学发展的模式应该是“节约型经济”。生态问题首先是人与自然的关系问题，历史和未来的物质文明可以分为“农业文明—工业文明—生态文明”。资源节约是社会文明的基础，是生态文明的中轴。富裕的基本内涵是具有不危害自身和社会的物质享受选择自由。节约型经济是责任经济，其核心观念不是反对物质享受，而是主张理性开发和消费以使物尽其利，物质享受应包括舒适的生态享受和明智的技术享受。节约型经济的运行方式在一定程度上包含着资源循环，但又不完全等同于循环，基点是追求人的价值实现。节约型经济的运行遵循“循序渐进原则”、“效益综合原则”、“危害防止原则”。政府消费得到有效控制，是经济系统达到节约的必要条件；生产资料得到高效利用、公众消费得到理性引导，是经济系统达到节约的充分条件。

一、节约与发展

（一）“发展”概念追溯

第一章所提“人的类存在主义”概念与“发展”概念紧密相关。在1992年博士论文《生态化——第三次产业革命的实质与方向》发表之后，笔者主张慎用“发展”二字。“发展”这个概念有深刻的哲学内涵，它不单纯指事物变化在量上的增加，而更重要之点在质的跃升。

在历史上，关于“发展”的认识经历了一个曲折的过程。“发展”一词，最早在西方生物学中使用。1651 年 W. 哈维（Harvey，W.）在《动物生育学》中，支持亚里士多德关于胚胎的各种组织是逐渐形成的说法，并创“渐成说”一词，后人认为，其中蕴含着发展的意义。“发展”概念在 19 世纪开始得到深入讨论。1828 年，K. E. 冯·贝尔（von Baer，K. E.）发表《论动物的发育》，概述及丰富了有关脊椎动物发育的知识，提出了生物的发育是由同质到异质的思想。A. 孔德（Comte，A.）以冯·贝尔的思想为基础，认为进步就是发展，这是生物学赋予历史的基本规律。他还认为，“发展”这一术语对于直接确定人类究竟在什么地方实现真正的至善，有着难以估量的好处。H. 斯宾塞（Spencer，H.）将冯·贝尔的观点应用于太阳系、生物物种、人类社会、工业、艺术、语言和科学，早于达尔文提出“进化”观点。1851 年他把进化论引入社会学，认为社会通过劳动分工而进化，从无分化的游牧部落演变到复杂的文明社会，多样、发展的社会优于单调、静止的社会。

马克思主义经典作家在汲取了包括达尔文在内的 19 世纪进化论思想的基础上，对社会的发展和自然的发展作了整体性研究。马克思在《1844 年经济学哲学手稿》中提出：“全部历史是为了使‘**人**’成为**感性**意识的对象和使‘人作为人’的需要成为需要而作准备的历史（发展的历史）。历史本身是**自然史**的一个**现实**部分，即自然界生成为人这一过程的一个**现实**部分。自然科学往后将包括关于人的科学，正像关于人的科学包括自然科学一样：这将是**一门**科学。”[1] 在关于发展问题的研究上，这是一个前所未有的观察基点。

从以上基点出发，马克思按照人的异化和复归这条线索探讨了社会发展问题。他说:“一个种的整体特性、种的类特性就在于生命活动的性质,而自由的有意识的活动恰恰就是人的类特性。”“通过实践创造**对象世界**,**改造**无机界,人证明自己是有意识的类存在物,就是说是这样一种存在物,它把类看做自己的本质,或者说把自身看做类存在物。”“正是在改造对象世界的过程中,人才真正地证明自己是**类存在物**。这种生产是人的能动的类生活。通过这种生产,自然界才表现为**他的**作品和他的现实。”[2]“对象化”是马克思提出的一个重要概念。他把实践活动中的客体都视为人的对象,实践活动就是人把自己的本质力量外化到客体中,使自己高于动物的类特征得到确证。

但是,“异化劳动从人那里夺去了他的生产的对象,也就从人那里夺去了他的**类生活**”。“异化劳动把自主活动、自由活动贬低为手段,也就把人的类生活变成维持人的肉体生存的手段。”“异化劳动使人自己的身体同人相异化,同样也使在人之外的自然界同人相异化,使他的精神本质、他的**人的**本质同人相异化。”“人同自己的劳动产品、自己的生命活动、自己的类本质相异化的直接结果就是**人同人相异化**。”[3]劳动产品本来是劳动者本质力量的表现,但结果却作为一种异己的存在物、作为不依赖生产者的力量,同劳动相对立,这就意味着劳动成为外部的存在,成为外化劳动。“尽管私有财产表现为外化劳动的根据和原因,但确切地说,它是外化劳动的后果,正像神**原先**不是人类理智迷误的原因,而是人类理智迷误的结果一样。后来,这种关系就变成相互作用的关系。”[4]

劳动的异化使得生命过程表现为生命的牺牲,对象的生产表现为对象的丧失,因而共产主义就成为社会发展的必然方向。“**共产主义**是对**私有财产**即**人的自我异化**的**积极的**扬弃,因而是通过人并且为了人而对人的本质的真正占有;因此,它是人向自身、也就是向**社会的**即合乎人性的人的复归,这种复归是完全的复归,是自觉实现并在以往发展的全部财富的范围内实现的复归。这种共产主义,作为完成了的自然主义,等于人道主义,而作为完成了的人道主义,等于自然主义,它是人和自然界之间、人和人之间的矛盾的**真正**解决,是存在和本质、对象化和自我确证、自由和必然、个体和类之间的斗争的真正解决。”[5]之所以使用“扬弃”和“复归”,是因为马克思认为劳动的异化在社会发展过程中有不可避免性。

在《经济学手稿(1857—1858)》中,马克思进一步提出了人的个体发展三阶段论:“人的依赖关系(起初完全是自然发生的),是最初的社会形式,在这种形式下,人的生产能力只是在狭小的范围内和孤立的地点上发展着。以**物的**依赖性为基础的人的独立性,是第二大形式,在这种形式下,才形成普遍的社会物质变换、全面的关系、多方面的需要以及全面的能力的体系。建立在个人全面发展和他们共同的、社会的生产能力成为从属于他们的社会财富这一基础上的自由个性,是第三个阶段。第二个阶段为第三个阶段创造条件。”[6]

他对第二个阶段的作用予以了特别强调,他说:“毫无疑问,这种物的联系比单个人之间没有联系要好,或者比只是以自然血缘关系和统治从属关系为基础的地方性联系要好。”“全面发展的个人——他们的社会关系作为他们自己的共同的关系,也是服从于他们自己的共同的控制的——不是自然的产物,而是历史的产物。要使**这种**个性成为可能,能力的发展就要达到一定的程度和全面性,这正是以建立在交换价值基础上的生产为前提的,这种生产才在产生出个人同自己和同别人相异化的普遍性的同时,也产生出个人关系和个人能力的普遍性和全面性。在发展的早期阶段,单个人显得比较全面,那正是因为他还没有造成自己丰富的关系,并且还没有使这种关系作为独立于他自身之外的社会权力和社会关系同他自己相对立。留恋那种原始的丰富，是可笑的，相信必须停留在那种完全的空虚化之中，也是可笑的。”[7]这就摒弃了空想色彩，把发展理论建立在完全科学的基础之上。

出于意识形态的隔阂，马克思关于发展的理论在西方国家受到强烈抵制，就是在20世纪建立的社会主义国家中，这个理论一开始也没有得到充分理解。总的来说，在第二次世界大战以前，发展问题主要还停留在理论家的书本上。该问题在国际上凸显是在第二次世界大战以后，凸显的原因有三：第一，战争的结束使得一大批国家获得了独立或相对独立，与资本主义发达国家的差距促使大批国家考虑自己的走向；第二，联合国的建立，使得国际社会有专门机构谋划世界的整体性问题；第三，基于两大阵营的对峙，一批西方学者竭力把资本主义发达国家的模式推向世界以争取落后国家。但是，这个时期对发展的理解就是经济增长。F. 佩鲁（Perroux，F.）认为，之所以如此是因为："经济学家读的东西非常之少，令人惊异，阅读了大量书籍的熊彼特如是说。有些人，其中还有专家们，正在仓促地炮制就事论事的实际方案。另一些人，即御用文人，则在故意或不自觉地发展使现存制度正统化的理论。""除了早期的经典作家，除了少数享有崇高荣誉者之外，经济学家很少有人受过哲学训练，即使有这种经历，他们也讳莫如深，因为这会使其同事不以为然。""在第二次世界大战后的欧洲，根本没有可能把任何一种经济体系同任何一种哲学体系联系起来。"[8]

应该说，佩鲁看到了问题产生的一个原因，但这不是唯一的原因，甚至不是主要原因。真正的原因有三：第一，任何社会的发展必须要以经济增长为基础，特别是在落后国家，如果没有经济增长，那么就连国家安全和社会稳定都得不到保障，更遑论发展，于是一开始便不能不把经济增长等同于发展。不到一定时候不会对发展道路进行反思，这里有一种客观规律性在起作用。

第二,西方国家利用这种客观规律性的作用,把自己发展的阶段片面模式化,扩大在落后国家的影响。例如,美国学者 W. W. 罗斯托(Rostow, W. W.)在《经济增长的阶段》一书中就提出,任何社会的现代化都有五个基本阶段:传统社会阶段——为起飞创造前提条件阶段——起飞阶段——走向成熟期阶段——大众高消费阶段,而且书的副标题就叫“非共产党宣言”[9],其用心可见。第三,进入 20 世纪以后,自然科学和社会科学都出现了既高度分化又高度整合的趋势,但在社会生活中比较容易把握和容易接受的是科学的分化,这是工具性思维在起作用。对科学整合的把握需要哲理性思维,包括大量学者在内的一般人,都陷入专业知识分割的深巷而相互隔绝,这种隔绝在经济学家身上特别严重,从而出现了佩鲁所说的情态。

1951 年联合国发表了题为《欠发达国家经济发展应采取的措施》的报告。这个由 W. A. 刘易斯(Lewis, W. A.)等经济学家参与起草的报告认为,只要取得投资和资本,就能解决发展的主要问题。接着,一批西方经济学家关于经济发展的著述相继问世。从 1960 年起,联合国实施了几个“发展的十年计划”,试图从经济角度入手解决欠发达国家的发展问题。结果是虽然欠发达国家的经济有了一些增长,但国际经济的不平衡还在加剧,欠发达国家内部的社会不公现象严重存在,不少国家深陷战争和动乱之苦,而且在经济增长中还付出了沉重的环境代价。

第二次世界大战之后在资本主义发达国家由于新技术革命的推动,出现了一个经济增长的“小阳春”,以致人们普遍认为凭借技术的力量可以无所不能。然而没有想到,到 20 世纪 60—70 年代资源环境问题开始爆发,给人们极度的增长热忱蒙上了阴霾。实际上,资源环境问题早在工业革命初期已经发生。恩格斯在 19 世纪就指出:“蒸汽机的第一需要和大工业中差不多一切生产部门的主要需要,就是比较干净的水。但是工厂城市把所有的水都变成臭气熏天的污水。因此,虽然向城市集中是资本主义生产的基本条件,但是每个工业资本家又总是力图离开资本主义生产所必然造成的大城市,而迁移到农村地区去经营。”“资本主义大工业不断地从城市迁往农村,因而不断地造成新的大城市。”他称这是一种恶性循环。[10] 到20世纪下半叶,这种问题以公害形式陆续在资本主义发达国家大规模爆发,而且人们很快就发现资源、环境、人口、食物是一个环环紧扣的全球性问题。

在这种背景下,一些研究者提出了“恶性发展”的概念。所谓“恶性发展”表现在两个方面:第一,资源利用不合理;第二,消费方式不合理。造成两个不合理的根源不仅是经济性的,而且是社会性的,甚至更重要的是社会性的。在这种背景下,国际社会开始对发展概念进行深入反思。

(二)悲观主义回味

1968年,应A. 佩西(Peccei,A.)邀请,一批科学家、经济学家、教育家、人文主义者、工业企业家,以及国家和国际的文职公务员聚集罗马,讨论了人类目前和未来的困难处境,并产生了一个非正式的国际组织——罗马俱乐部。1972年,罗马俱乐部推出了第一个报告《增长的极限》,这个报告选取人口、按人口计算的工业生产、按人口计算的粮食、资源和污染五项指标建立了一个世界模型,通过对五项指标各自的变动和互动来研究世界经济的变化。这个模型预言:如果维持现有的人口增长率和资源消耗速度不变,那么,由于世界粮食短缺,或者由于资源耗竭,或者由于污染严重,世界人口和工业生产能力将会发生非常突然和无法控制的崩溃,以致早在公元2100年来到之前,经济增长就会停止。要避免崩溃前景,唯一的办法是在1975年停止人口的增长,到1990年停止工业投资的增长,从而达到一种全球性平衡状态。全球性平衡状态的定义是:人口和资本基本上稳定,同时有一些力量会在一种精心控制的平衡中增多或者减少人口和资本。报告把长的平均寿命作为社会的发展目标,并为平衡状态得出了一套最低限度的必要条件。许多技术发展如果和有计划的控制增长结合起来,会产生种种发现来提高稳定状态社会的运转情况。全球平衡的状态可能使得世界上每个人的基本物质需要得到满足,并获得普及和无限制的教育以及用于创造和发明的闲暇时间。报告最后认为:人类拥有有史以来最有力量的知识、工具和资源的结合体,可以创立一个完全新式的人类社会——可以世世代代维系的社会。这是可持续发展思想的雏形。

《增长的极限》以其作者的名望和模型的完美在国际社会产生了振聋发聩的作用,同时也引发了许多批评乃至抨击。抨击最猛烈、最全面者,当数西蒙所著《最后的资源》一书。在西蒙看来,因为技术总是在不断进步,所以资源的供应在任何一种经济意义上说都是无限的。资源的短缺导致补救办法,供应和使用的这种相辅相成的进程,贯穿整个历史。一项公开的资源保护政策等于是说,原材料或其他需要节约的产品的"真正"价值,大于向消费者出售的价格。但在正常周转的自由市场上,一种商品的价格反映了它的全部社会价值。市场的力量和现行价格,已经考虑到了可以预见的未来的发展,因而能够自动地"节约"短缺的资源以备将来使用。关于人口,西蒙认为事实与T. R. 马尔萨斯(Malthus,T. R.)的观点相反,人口并没有以几何级数持续增长。应该说,经济和保健的大幅度改善,可能造成人口突然增长。当这种生产的进步和保健的改善被社会吸收之后,人口的增长便逐步减慢,一直到下一个高潮来临。从长远观点看,人口增长对经济最重要的影响,是新增人口的知识积累。在收入水平相等的国家里,科学成果与人口数量成正比。人口较多可以带来规模经济性,较大规模的生产具有更高的生产效率。西蒙相信,污染与人口短期增长关系很小,而与生产总量和劳动力总量有关,但解决污染不存在不可克服的技术问题。历史表明,在工业化初期污染曾一度严重,随着经济发展、社会富裕和支付能力提高,人们对清洁环境的要求也会相应提高,污染状况就会不断改善。只有经济发展才是解决污染的根本出路。

当时人们把罗马俱乐部的观点称之为"技术悲观主义",把对立的观点称为"技术乐观主义"。一开始,罗马俱乐部的观点很是令人瞩目,但当对立意见起来以后,其光芒很快就黯淡了下来。原因在于:第一,资源环境问题有宏观性、渐变性和隐蔽性,正如《增长的极限》一开始就指出的那样,和一个问题有关的空间越大、时间越长,真正关心这个问题如何解决的人数就越少,特别是在受教育程度低下的国家更是如此。第二,《增长的极限》所谈的问题带有明显的哲理性,尽管思想新颖、洞察深邃,但由于它对人的道德水准有相当的要求,也就是说要求节制,而对立面的意见则主张放纵,在大多数人的需要还远未到自我实现层次时,很难被普遍认同。第三,世界是一个开放的复杂巨系统,其中的变量和关系都极其复杂,事实证明处理这种系统的唯一有效方法,是从定性到定量的综合集成方法。《增长的极限》过分依赖计算机建模进行定量处理,反而会造成预测的失误,从而影响到报告的可信程度。实际上,马克思主义经典文献中,关于经济生活应当得到理性调控的观点,已经在罗马俱乐部的报告当中有所显露。尽管它的世界观和方法论与马克思主义不同,但并不妨碍我们对其思想的取舍,正如当初马克思主义经典作家以科学态度对待 L. H. 摩尔根(Morgan, L. H.)的《古代社会》一书那样。基于社会对报告所持的"零增长"论的压力,罗马俱乐部此后又推出了一系列"救赎"式的报告,采取了较为和缓的态度,但这些后续报告比起《增长的极限》来,无论是观点的鲜明性还是语言的穿透性，都大为逊色。

今天反观《增长的极限》，至少有四点值得肯定：

第一，资源限度问题。罗马俱乐部指出："地壳含有巨大数量的原料，然而不管数量多么巨大，总不是无限的。""**根据现今的资源消耗速率以及预计这些消耗率的增高，目前重要的不能更新的资源大多数到一百年后将极其昂贵**。尽管关于尚未发现的蕴藏、技术进步、代用、或者回收利用等等有一些非常乐观的假设，只要对资源的需求继续指数地增长，上述这种说法仍然是确实的。"[11]

第二，技术力量问题。罗马俱乐部指出："认为技术能最后解决一切问题这一信念，能使我们的注意力偏离最根本的问题——一个有限系统中的增长问题——并阻碍我们采取有效行动来解决它。""我们强烈反对无理性的轻率地否定科学技术的利益，和我们在这里强烈反对无理性的轻率地承认这些利益一样。也许对我们的立场的最好的概括是塞拉俱乐部的格言：'不盲目反对发展，可是反对盲目的发展。'"[12]

第三，社会公正问题。罗马俱乐部指出："在我们的社会中，人们最通常接受的荒诞说法之一是我们现在这种增长的格局将导致人类的平等。我们在本书的各个部分已经说明，现今人口和资本增长的格局实际上在世界范围内扩大富人和穷人之间的鸿沟，继续按照现今这种格局增长的最后结果将是灾难性的衰退。"[13]

第四，发展目标问题。罗马俱乐部指出："从历史来说，人类有很多新发明的记录，而结果是拥挤、环境恶化，以及更大的社会不平等；因为生产力虽然提高，却被人口和资本的增长所吸收。没有理由不能使较高的生产力转化为较高的生活标准或者较多的闲暇时间或者更使人愉快的环境，让人人可以享受，如果这些目标代替增长作为社会的首要价值的话。"[14]

罗马俱乐部当时就认识到报告的悲观论调是一个可争论的问题，所以在报告的评注中强调："我们毫不含糊地支持这种说法：制止世界人口和经济增长的螺旋上升，切不可导致世界各国经济发展的现状受到冻结。"[15]尽管如此，人们还是只注意其具体结论的可信度问题，主要是模型的严密性问题。由于模型过于简化，所以人们当时就对许多预言抱有深深的疑惑。后来的事实也证明，不少预言并不完全准确。加上对"技术的力量是否有限"这样一个重大问题，报告并没有给出一个令人满意的解释。于是，人们在评价该报告产生的社会作用时，最多只肯定它产生过一种"振聋发聩"的效应而已。三十多年过去了，现在看来，这并非是一种可以等同于极端生态伦理的主张。如果抛弃了《增长的极限》中的基本精神，就相当于在倒洗澡水时，同时也倒掉了其中的小孩。

2000 年，笔者在《最后的消费》一书中，曾就"技术悲观主义"和"技术乐观主义"之间的争辩做过一次比较深入的讨论。笔者认为：经过一二十年的较量，事实证明，两种观点的矛盾已经不可能通过具体科学的探讨来化解。它们采用的方法，都是经验外推方法即归纳推理方法。K. R. 波普尔(Popper, K. R.)就完全否认归纳法的合理性，他认为，归纳法本质上是用一个自身尚待证明的论据来证明自身，这是一种循环论证。由经验的重复产生必然的信念，这是一个心理学问题，但归纳问题却属于逻辑问题，归纳主义者的错误是把逻辑问题和心理问题混淆了起来。波普尔的看法很有道理。对技术悲观论和技术乐观论的评说牵涉到哲学上对"有限和无限"的认识，没有理由认为技术进步会有极限，但任何无限都是通过无数有限来实现的。世界的发展存在着进化和退化即熵减和熵增两种趋势，由于人类行为的强烈冲击，目前整个地球系统的熵增已经大于熵减。**由于存在种种限制因素，在一定的历史阶段，技术的力量只能达到一**

定程度，如果世界的破坏程度超过当时技术的修复能力，那么就无法保证不会出现历史的断层。[16]

只要把上述问题厘清，《增长的极限》这份报告的意义就会大为清楚。与技术乐观主义相比，应该说技术悲观主义在思维基点上有更多的可取性。对人来说，最重要的问题是如何处理自己与周围世界的关系问题，即解决主观和客观或思维与存在的关系问题。人的行动是由认识指导的，而认识自始至终贯穿着主观和客观的矛盾，这种矛盾决定了主观认识和客观对象不可能直接同一、完全相符，因此，外部世界对人总是存在着巨大的不确定性。为了趋利避害，人就需要不断进行反省。从直接指向外界对象的直观认识到对自身进行反省，是人类认识史上的一个重大转折。随时反躬自省，保持一种忧患意识，可以使人掌握主动、防止被动，不为盲目力量左右。"居安思危"是古代中国人经过无数实践总结出的真理，对观察世界前景特别有借鉴意义。以当今人类的迷茫，一份多少有些缺陷的悲观性报告不仅不会唱衰全球经济，为了经济的健康成长，倒毋宁矫枉过正。

控制论指出，反馈是控制系统的一种方法。其操作过程是，把系统输出的信息（给定信息）作用于被控对象后产生的信息（真实信息）输送回来，对信息的再输出产生影响。其本质特点是，根据过去的操作情况去调整未来的行为。按照产生的效果，可以分为正反馈和负反馈两种。前者是给定信息和真实信息的差异增加系统偏离目标的运动，使系统趋向于失稳；后者是给定信息和真实信息的差异减少系统偏离目标的运动，使系统趋向稳定。如果要破坏系统，应该采用正反馈；如果要维护系统，应该采用负反馈。对于现代生态－经济复合系统来说，技术乐观主义产生的很显然是正反馈机制，而技术悲观主义产生的则是负反馈机制。为了可持续发展，必须在总体上建立负反馈机制。

在建立负反馈机制的总体目标下，在局部不排除发挥正反馈机制的积极作用。

（三）发展话语检点

自20世纪70年代末起，国际社会对发展的讨论进入系统化阶段，研究“另一种类型发展”和“新的发展”问题。

1979年联合国教科文组织在厄瓜多尔首都基多召开会议讨论以上主题，这次会议提出了总体的、内生的、综合的发展观念。以这次会议的思想为基础，佩鲁在80年代提出了“新发展观”。“新发展观”把增长、发展和进步置于一个能澄清其意义的领域内，这个领域就是被认为是科学的、以科学为方向的经济学。之所以要步入经济学领域，那是因为它能成为开明的决策和活动的舞台。这种概念的灵活性比纯粹的哲学更有效，其目标在于以理性的方式把握经济现象。佩鲁指出，任何经济社会发展决策不能只从单纯注重数量关系的经济观点出发，经济学必须从研究人与财富之间的关系，转向着重研究人与人之间以及人类群体之间的关系。在对发展的探究中，最重要的一点是内生性。其基本含义是要注重理应受到尊重的文化价值体系，而不仅仅是能够精确计算的价值体系。其意在指出，如果没有与发展相关的所有人参与，发展是不可能的，而且如果发展与他们的利益相抵触，在虚假承诺的掩饰下对他们进行剥夺，发展就不能出现。必须充分正确地依靠本国的力量和资源，特别是通常被忽视而得不到开发的人力资源。任何新技术都必须适应社会的需要和可能，适应人和生物圈的要求。他强调说：“必须牢牢记住，个人的发展、个人的自由，是所有发展形式的主要动力之一。这种个人的发展和自由能够在每个人所赞成的和在其各种活动中所感受到的各种价值范围内充分实现他们的潜力。”[17]

1987年联合国世界环境与发展委员会在东京会议上形成了一个报告《我们共同的未来》，报告中提出了"可持续发展"概念，这个概念有两个含义：第一，发展要以满足全体人民的正当需要为目标，尤其要优先考虑摆脱贫困的问题，因为经济贫困、环境退化和人口膨胀是密切相关的，这些问题不可能在隔绝状态中成功解决；第二，发展要以生物圈的承受能力为限度，通过技术进步和管理优化对发展进行协调和制约，以求得与生态环境的保护相适应。1992年在里约热内卢召开的"联合国环境与发展大会"上，可持续发展作为社会发展战略被写上了国际社会的旗帜。中国政府在里约热内卢大会之后很快把"可持续发展"和"科教兴国"列为国家发展战略。

然而，从全球范围来看，这个战略在并没有得到如愿的实施，不仅如此，就连可持续发展这个概念，也在岁月的流逝中不断地被冲淡。其原因在于：首先，可持续发展战略提出的主要背景是发达国家公害频发，随着制造业在全球化浪潮中向后发国家的转移，发达国家的环境压力减轻，相应的关注热度也随之下降；其次，"冷战"结束后国际社会出现了美国一家独大的局面，美国从容地利用全球资源实现了一个时期的持续经济增长，同时又把增长归功于信息技术，在全球推崇"知识经济"，直接冲击了可持续发展战略的实施；最后，出于可持续发展概念产生的背景，社会很容易对它仅从纯环境保护角度进行解读，当后发国家经济处于较低水平时，不太可能从心理上予以切实认同。

2003年中国高层提出了科学发展观，科学发展观的要点是坚持以人为本，全面、协调、持续地发展。以人为本，就是要把人民的利益作为一切工作的出发点和落脚点，不断满足人们的多方面需求和促进人的本质力量发挥。全面，就是要在不断完善社会主义市场经济体制、保持经济快速增长的同时，加快政治文明、精神文明的建设，形成物质文明、政治文明、精神文明彼此促进的格局；协调，就是兼顾城乡之间的发展、区域之间的发展、经济增长与社会发展、国内发展与对外开放，争取使其实现优势互补，从而达到良性互动；持续，就是要追求人与自然和谐共存，正确处理经济建设、人口生育、环境保护的关系，推动社会走上生产强劲、生活富裕、生态良好的发展道路。科学发展观的提出，使可持续发展概念得到了内质的提升和内容的充实，成为方向明确、步骤明晰的行动纲领。2007 年进一步提出把生态文明建设作为社会文明建设的一大任务，这就使得科学发展观的践行有了坚实的基础。生态文明是物质文化进步的最高形态，与农业文明和工业文明构成一个逻辑体系。它的建构首先需要调整生产技术，在人和自然之间的物质变换方式方面实现飞跃，争取在自然界中实现自由。但是，要在自然界中争取自由，又必须以社会中的自由为手段，以意识中的自由为前提，所以该建构必须得到高层次文明的响应。这与农业文明和工业文明的建构有一致性，但要比前两者深刻得多。

从生态文明建设角度来把握科学发展观有三个意义：

首先，生态文明建设任务的提出，使科学发展观的内涵可以得到更加明晰的表达。科学发展观是针对于违反客观规律的“发展”而提出的发展观，违反客观规律的思想和行为有许多表现，其中最基本的表现是违反自然规律的表现。自然规律有多个层次，最高层次是生态规律。违反自然规律当然会受到惩罚，但受到惩罚的时间、后果和受体并不相同。违反分支规律会在现期和浅层受到惩罚，受害一般在局部，这种影响容易引起关注；而违反生态规律会在长期和深层受到惩罚，受害往往在全局，但这种影响容易遭致掩盖。以生态文明角度来观察发展是否科学，能够把代表社会最根本利益的生态保护问题放到显著位置，防止科学发展观受到有意无意的曲解。

其次，生态文明建设任务是对科学发展的一个必要完善。

第二次世界大战以后关于发展的许多理论，都把从农业社会走向工业社会作为发展的核心。20 世纪 70 年代以后西方学者又推出了一个“农业社会—工业社会—信息社会”的三阶段论，尽管这个三阶段论无论从逻辑上看还是从实际上看都不能成立，但在国际社会上的影响难以估量。改革开放以后，盲目尾随西方的心态在中国社会相当普遍，这样就使得关于发展的理论从乏善走向误识。90 年代以后，建设生态文明的呼声在国际学界渐强，但人们并不清楚它到底是一时的策略还是根本的方向。在国家层面上把生态文明建设列为社会发展目标，这就在客观上确立了一个科学的发展序列：农业文明—工业文明—生态文明。

最后，文明是文化的进步状态，它与文化的发展并不完全同步。有人就有文化，但未必就有文明。在历史上，文化经历了“蒙昧—野蛮—文明”三个阶段，其后文明的内涵一直处于演变状态，总是与科学的开化和道德的进步息息相关，与蒙昧和野蛮相对。在当代社会，任何民族、任何群体、任何个人，要实现自己的价值，就必须体现自己的文明程度。走向生态文明是国际社会发展的大方向，没有生态文明就得不到尊重，就会被鄙视和抛弃，也就无从谈及地位。从生态文明高度来谈论发展有素质区分性和内在约束力，特别是对个人行为的内在约束力，因为人格品位和个人发展的关系越来越明显。把生态文明与发展性质结合，可以促使人们思考尽量远离蒙昧和野蛮，这就有利于让发展真正达到科学。

关于文化和文明，后文还将从生态学视角做进一步考察。

20 世纪下半叶以来，随着通信和交通的快速进步，全球思想出现了空前激烈的碰撞和交融，新概念和新命题频繁涌现和演替。在这种异彩纷呈的局面下，如果基本信念和逻辑思维不清，就很容易随波逐流，甚至被人误导。社会科学和自然科学虽然在研究对象上不同,但在研究方法上还是有通约之处的。19世纪下半叶以后,科学进入了高度分化又高度综合的整体化发展时期,其表现是:基础自然科学整体化,分支学科和交叉学科不断出现,诞生了横断科学;基础自然科学与工程技术整体化,诞生了高技术;自然科学与社会科学整体化,诞生了大型综合科学。科学理论要具有普遍指导意义,就必须对实证材料进行抽象,而抽象就要讲求逻辑、讲求体系。科学创新是继承与突破相结合的矛盾运动,创造性思维不能违背形式逻辑,但又不是形式逻辑的一般运用,是超常性运用。新理论的特征在于:第一,要能说明旧理论已经说明的现象,并说明旧理论不能说明的现象;第二,要能预见到现在还没有观察到,但通过实践一定能观察到的现象。纵观历史,无论在自然科学还是在社会科学中,凡是有生命力的新理论,其建立过程都没有违背以上规律。

概念是成果的单元、思想的结晶,一个新概念可以映射一大纲领。新概念的大量涌现首先是因为随着物质生活水平的提高,人们的需要层次在上升,主体性越来越高,对个人价值实现的愿望越来越强,但受商业广告的诱惑,急功近利的色彩也越来越浓厚,因此学术气息也越来越稀薄。早在1666年,I. 牛顿(Newton, I.)就大体上发现了向心力定律和引力平方反比定律,但三个问题一时没有解决:第一,未能根据这个定律证明行星沿椭圆轨道运动;第二,在讨论天体引力时能否把它们按质点处理;第三,月球向心加速度的值。所以,直到20年后才正式公布研究成果。D. 休谟(Hume, D.)说过:"一个真正的天才,他的作品历时越久,传播越广,他所得到的赞扬就越真诚。"[18] V. 雨果(Hugo, V.)坚持一点,如果自己要有与众不同的理由,自己的理由就应当十倍于人。许多名人的作品一直要修改到付梓前最后一刻,认为把草稿公诸于众是莫大的痛苦。而现今的许多概念,都是在不讲求逻辑与历史统一的情况下粉墨登场的,盲目抄用国外话语成为一大捷径,目标是尽快产生轰动效应。尽管它们很快成为明日黄花,但由于往往有政界或商界背景,所以批判的声音实在无法与之匹敌,于是公众就一再被愚弄。《红楼梦》中一副对联“**假作真时真亦假,无为有处有还无**”,得到生生应验。

假语村言之所以得以畅行,还与西方国家对软实力的滥用有关。软实力集中体现在话语权上,话语权是国际舆论的主导权,也就是资源利用的主导权。软实力是以硬实力为后盾的,但软实力的运用,可以把主导话语变为游戏规则,对硬实力起到增强作用。硬软实力交互运用,是西方国家支配世界的基本战略。它们通常采取的一种做法是:把自己的优势片面夸张,形成弱国无法抗御并因而可压制其行动的话语;另一种做法是:把国际社会的共识片面解读,形成似乎便于公众操作而实际利己的话语。“可持续发展”这个概念,是包括发达国家学者在内的学界经历若干年讨论形成的共识,并在 1992 年联合国环境与发展大会上庄重地写入了著名的《21 世纪议程》。这个概念之所以后来很快被淡化,不是因为这个概念错误或者艰涩,而是因为它不符合发达国家支配世界的需要,所以几年就被“知识经济”的话语浪潮淹没,其后又被一系列不断翻版的话语覆盖。所以要想真正实现发展,就必须保持思考独立。

二、节约与循环

(一)顺应式开发选择

生态问题具有高度的系统复杂性和利益相关性,虽然技术悲观主义的思想有明显的深刻性,但由于在其合理部分的表述上没有找到适当的方式,加上他们所持的一些言论不切实际,所以在技术乐观主义的猛烈攻击之下往往显得相当被动。分析两派较量的焦点,表面看来是对待自然的态度,实际上是对待自然规律的态度。两派都声称自己掌握了自然规律,但就是无法找到共同语言。

自然界是分层次的,不同层次有不同的运动形式,也就有不同的运动规律。按照传统观点,自然界的运动可以由低到高分为:机械运动—物理运动—化学运动—生命运动。其实,在生命运动之上,还应当有生态系统的运动,生态系统是包括生命界和非生命界的复杂系统,其运动与生命运动相比,层次必然更高一级。现在看来,自然界的运动序列应当是:机械运动—物理运动—化学运动—生命运动—生态运动。人对自然规律的认识顺序,是从简单到复杂,从较低层次到较高层次。

在生态层次以下,运动形式大多带有直观易辨的特点,这种直观,包括使用仪器的直观,因为仪器归根结底不过是感觉器官的延伸而已,这类规律的把握只需要解析性思维则可,因而容易被人理解。而生态系统具有整体性、大尺度的特点,其运动具有非加和性、非还原性的特点,把握它们需要综合性思维,因而很难被人理解。

低层次规律容易被人理解的另一个原因是,应用它们所得到的技术发明,能直接影响个人的生活领域,带来直接的福利。一般情况是,个人利益左右基本态度。一个人看到的时空范围,决定于他的文化、以往的经历和在各个水平上他面临的各种问题的迫切性,同时人的需要也有一个“基本需要—享受需要—发展需要”的演化过程。

低层次规律容易被人理解的第三个原因在于,违反较低层次的运动规律,负面结果会立即显露;违反生态学规律,负面结果不会完全立即显露。这是因为生态环境作为一种资源,其价值具有整体性,使用具有公共性,影响具有累积性。在很多情况下,负面后果是由全社会甚至整个后代人来承担的。

人具有自然和社会两种属性，其中自然属性是基本属性。J. J. 卢梭(Rousseau，J. J.)说过："人生下来是自由的，可是处处受到束缚。"[19]虽然卢梭说的是人在社会中的情况，但这句话可以借用到自然。马克思说："人作为自然存在物，而且作为有生命的自然存在物，一方面具有**自然力、生命力**，是**能动的**自然存在物；这些力量作为天赋和才能、作为欲望存在于人身上；另一方面，人作为自然的、肉体的、感性的、对象性的存在物，同动植物一样，是受动的、受制约的和受限制的存在物。"[20]就是说，人在自然面前既有能动的一面，又有被动的一面，这才是真实状况。基于此，人类对自然规律的态度应该是"顺应"。

过去很长时间内，一直把"顺应"一词按"适应"意义来理解，认为这种主张是对人的主观能动性的忽视，其实这完全是一种误解。在农业社会以前，虽然人类适应新环境的能力远远超越了动物界可称顺应，但毕竟还只能被动地顺应。正如马克思和恩格斯所说："自然界起初是作为一种完全异己的、有无限威力的和不可制服的力量与人们对立的，人们同自然界的关系完全像动物同自然界的关系一样，人们就像牲畜一样慑服于自然界，因而，这是对自然界的一种纯粹动物式的意识(自然宗教)。"[21]采集和狩猎的强度一旦超过生物再生能力，人能采取的对策就是迁徙。到了农业社会，这种被动状况开始改观。

历史上第一个完整论述人与自然关系的是中国学者荀况，任继愈主编的《中国哲学史》称：荀子在《天论》中"提出了光辉的'制天命而用之'、人定胜天的思想"[22]。就是说，荀子应该是典型的强调人的主观能动性的思想家，但荀子的制天命而用之的思想是以顺应自然规律为基础的。《天论》说："天行有常，不为尧存，不为桀亡。""顺其类者谓之福，逆其类者谓之祸，夫是之谓天政。"在这个基础上，荀子才提出："大天而思之，孰与物畜而制之；从天而颂之，孰与制天命而用之。"[23]"制天命"的意义应理解为顺应自然规律。只有顺应规律、因势利导，才能真正实现主动。

中国战国末年李冰组织兴建的都江堰水利工程，就是顺应规律获取成功的典范，其思想到今天仍然闪耀着哲理的光辉。都江堰渠首位置选在岷江由川西北高原流向成都平原的出山口，海拔700多米，可以最大限度地保护成都平原和最大限度地实现自流灌溉。同时，这里河床落差仍然较大，泥沙随水运动，可以实现自动排沙。都江堰渠首由“鱼嘴分水堤”、“飞沙堰”、“宝瓶口节水渠”三大主体工程构成。三大工程布置在岷江的一段弯道上，形成一个相互协调的系统。

“鱼嘴分水堤”是在江心顺流筑成的一个人工岛，其构造思想与西方拦河坝的思想完全不同，它的功能是“疏”而不是“堵”。鱼嘴把江水一分为二，靠弯道内侧的是“内江”，外侧的是“外江”。河流弯道处的水流规律是：表层水往凹岸流，底层水往凸岸流；清流总是靠凹岸，携带沙石的浊流总是靠凸岸。秋冬季节岷江水量减少，主流进入内江，内外江引水比例为6:4；春夏季节水量增加，内外江引水比例为4:6。江水进入弯道时，由于弯道环流作用，大部分沙石随底层水进入外江。

进入内江的江水到达下游时，同样由于弯道环流作用，剩余沙石在飞沙堰进行二次排放。二次排放未尽的沙石，大部分堆积在飞沙堰对岸的“凤栖窝”，极少部分随江水进入更下游的“宝瓶口节水渠”。“宝瓶口”是在玉垒山南沿山体上人工开凿的一段较为狭窄的引水通道，是灌区引水的总进水口。它的作用是把进入灌区的水量约束在一个恰当的水平上，过量江水在宝瓶口以上涌堵到一定程度后，便由比宝瓶口宽10倍的飞沙堰溢入外江。这种功能相当于现代水利工程的节流阀和溢洪道的功能，但它是自动发挥的。

为了保证凤栖窝有足够的沙石容量，每年冬季都要进行疏淘。李冰当年建堰时，在凤栖窝的石滩下埋有石羊马，并制定了“深淘滩，低作堰”的六字诀。明确每年淘滩的深度都要以见到石羊马为限，如此既保证了凤栖窝堆积沙石容量的深度，又不会深到影响对岸飞沙堰的排沙功能。石羊马以后虽被卧铁代替，但基本原则不变。都江堰这种天工加人工的方式，虽然从现代西方水利工程的角度来看表现古拙，但它却巧妙地避免了对河床的粗暴切割。后者已经造成水质下降、生物消亡、生态恶化的严重后果。两相比较，其优势越来越明显。

从采猎业社会到农业社会，人类经历了一个从被动顺应过渡到摸索顺应的过程；而从农业社会到工业社会，又从摸索顺应过渡到盲目改造。当人类在相当领域实现自由时，发现又在相当领域越来越不自由。如果说自然资源的紧缺、环境污染的危害还不足以引起人们警觉的话，那么，面对严重瘟疫的频频发生就不应该不惊醒了。

有史以来，疫病就是如影随形般地伴随着人类社会存在和发展的。20 世纪中叶以后，由于医学技术的飞速发展，尤其是抗生素的发现，使一大批长期对人类的生存构成严重威胁的传染病仿佛完全成为了历史，然而到 20 世纪末，越来越多的事实证明这完全是一种错觉。新兴病毒的特点是攻击能力有不断强化的趋势、适应能力有不断提高的趋势、病毒的发现有突变的趋势。

病毒虽然是一种构造十分简单的微生物，但也是生态系统中必不可少的一个组分。病毒和病菌一样，其存在是生态系统自组织行为的体现，其功能就是发挥一种内源性调节作用，它使得各个生物种群的比例保持在一个适当的水平上。这是自然界长期进化、整合的结果，是自然界的节律在生态系统上打下的深深印记。

作为构造十分简单的微生物，病毒只能依靠对寄主细胞的物料和能量的消耗来实现复制，从而使生物机体产生各种症状。与此同时，寄主生物体的免疫系统一旦识别了入侵病毒，也会立即进行攻杀。对于病毒来说，最适宜的状态是既在细胞中复制，又不使细胞死亡，该状态取决于病毒与细胞的相容特性。

病毒的入侵不是任意的，只有当病毒表面构造的一部分与细胞构造的一部分有契合关系时，病毒才能入侵细胞进行自我增殖，所以在一般情况下，病毒的自然宿主是相对稳定的。然而，越是低等的生物，其适应能力就越强，一旦受到干扰，病毒就会适应新的宿主，同时其致病能力在新的机体上也会发生变化。

虽然现在还没有确凿的证据说明新兴病毒来自野生动物，但生态环境的大规模破坏肯定会改变自然界的平衡，使得病毒转移和变异的可能性大大增加。应该相信，微生物本身是不可能被杀灭的，一旦原有宿主密度下降、其他种群密度上升，新平衡的建立可能就会通过病毒的转移和变异来实现。

荒野本是病菌和病毒最稳定的生存场合，因为它们在这里可能与某些高等生物形成相容关系，同时荒野的存在还可以发挥消解废物、净化环境的功能，增强人的免疫能力。然而人们为了获得尽可能多的木材、矿物和土地，正在不断向荒野的纵深进取，于是以前难得与人遭遇的微生物有了与人密切接触的机会。环境的破坏让病菌和病毒的繁衍传播有了适当的载体，同时还使人体的免疫能力下降，人体遭受病菌和病毒攻击的概率从而增加。

乡村城市化和经济全球化使得人口密度和人际交往频率空前提高，而养殖集约化则使畜养动物密度也空前提高，不健康的消费方式例如食用野味、豢养宠物等行为使人和动物的接触达到了前所未有的密切程度，再加上吸毒、淫乱活动的泛滥，病菌和病毒便迅速蔓延开来。频繁出现的违规生产活动则直接导致疫病。

在人类历史上曾经有过多次疫病爆发的事件，每一次都由于医疗技术的进步得到了控制，因而人们就很自然地产生这样的心理：有疫病爆发就会有技术控制。很容易被忽视的问题在于：为什么现在的疫情不是随着技术的快速进步而下降却反倒是在急剧上升，大有道高一尺、魔高一丈的发展态势？

从目前情况看，疫病爆发的成因主要是社会性的。人类抗御疾病的最终依靠是自己的免疫系统，但人一方面在提高自己的防治能力，另一方面又在摧毁自己的疾病防线，这个矛盾的产生来自物质欲望的无休止膨胀。面对自然界的强大压力，人类除了体面地顺应规律以外，几乎别无选择。

庄子说："通于天地者德也，行于万物者道也，上治人者事也，能有所艺者技也。技兼于事，事兼于义，义兼于德，德兼于道，道兼于天。"[24]今天人类的强大，应该在于掌握了强大的自然力而又自觉地顺应自然规律。这需要充分吸收农业社会顺应自然的智慧，但又比农业社会的顺应层次更高。

（二）"循环型经济"商榷

转变增长方式的任务提出以后，产生了一些经济模式，其中影响最大的是"循环型经济"（俗称"循环经济"）。循环经济这个提法，其实并不是中国人的创造，而是一个舶来品，1990 年 D. W. 皮尔斯（Pearce，D. W.）和 R. K. 特纳（Turner，R. K.）在其所著的《自然资源与环境的经济学》一书中，对这个概念进行了系统阐述。现在，这个概念在国内已经广泛流传，其意思是通过模仿自然生态系统中的物质循环过程来进行经济活动，人们试图通过这种模式的建构，从根本上解决资源环境问题。该概念虽然流传很广，但深究起来却是一个错误概念。

在生态系统中，各种物质通过植物的光合作用转化为生命物质，然后植物被草食动物食用，草食动物又被肉食动物食用，肉食动物之间还有食与被食的关系,生物的排泄物和死亡后的躯体被微生物分解,最后回到非生命环境,再被植物利用,这样就形成一个物质循环。人类的经济实质上也是物质的转化过程,即将资源转化为产品供自己消费,在生产活动中有部分资源成为废弃物,而在消费完结后,产品则基本上成为废弃物。于是便造成两个效应:一是资源消耗,二是环境污染。在人类利用的资源中,有一部分资源是可以再生的,例如植物、水、空气等,它们通过自然界自身的机制,可以实现自我更新,从而被再度利用,但相当部分资源(主要是矿物资源)是不可能再生的。

随着资源消耗速度的加快和环境污染状况的加剧,不仅不可再生资源出现了危机,就是对可再生资源来说,也出现了再生能力下降的问题。人们对生态危机的最初认识就是污染,解决办法是在污染物产生之后用技术手段将污染物进行无害化处理,这种方式被称为"末端治理"。但是,污染物的处理不仅牵涉到技术,而且牵涉到利益,其中,利益是技术处理的根本动力。由于单纯的无害化处理只有生态效益而无经济效益,污染治理者只有投入而无回报,所以无论社会施加多高的压力,末端治理也总是治不胜治。

经过一段曲折的经历后人们看到,污染的本质是自然资源的低效利用或无效利用,生产过程中产生的废弃物和消费完结后产生的废弃物,实际上是存放错误的资源。如果对生产全程进行技术改造,使得原料和能源在整个生产过程中得到多层次的、尽可能充分的利用;对于产品消费完结后转化而成的废弃物,进行有效分类,重新作为资源进入生产,那么就会有效地减少甚至完全杜绝污染物的排放,既能提高经济效益,也能取得生态效益。这种方式称为"清洁化生产",也叫"全程治理",所谓"循环型经济"采取的就是这种思路。

从废弃物资源化这个角度来看,发展循环性生产是应当大力推崇的,然而要建立一种循环型经济,就大有可以商讨之处了。所谓“经济”,在《辞海》中的相关解释有:经济活动,包括产品的生产、分配、交换或消费等活动;一个国家国民经济的总称,或指国民经济的各部门。[25]显然,这是一个整体活动的概念,而不是局部生产的概念。因此,“循环经济”的意思,应当是在全部经济活动中实行资源的循环利用。在全部经济活动中实现资源的循环利用,这是一种愿望、一种理想。应该说,其出发点是善良的,而且也确实比末端治理的思路大进了一步。从表面看,它是对自然界物质循环的一种模拟,所以赢得了一种生态型经济的美誉,也就是说这是一种以生态学为基础的经济,但只要略作推敲,就可以看到事实并非如此。

从理论上说,模拟方法属于一种类比方法。就本质而言,包括模拟方法在内的各种类型的类比方法,都是按照一定逻辑程序进行推理的猜测性方法。在科学发展史和技术发展史上,类比方法的使用曾经导致了不少杰出的发现和发明,特别是向生物界寻求设计思想的功能模拟法,把目的和行为的概念赋予机器,突破了生物与非生物的界限,在技术上获得了极大的成功。然而,类比推理毕竟是一种或然性推理,这是因为:(1)事物之间的同一性和差异性是类比的客观基础,同一性提供了类比的根据,差异性则限制了类比的结果;(2)类比推理的逻辑基础是不充分的,相似属性和推出属性之间不一定有必然联系。迄今为止,包括电脑在内的所有仿生模拟发明中,还没有哪一件的功能完全超过了原型。“循环型经济”的思想起源于 K. E. 鲍尔丁(Boulding, K. E.)的“宇宙飞船模型”,这个模型把地球生态系统喻为物料和能量完全内循环的宇宙飞船,实际上在地球生态系统中只有物料循环而无能量循环,所以把它作为“循环经济”的原型,这本身就是一个误识。

在自然界的运动中,生态系统的运动比起生物体的运动来,是层次更高的运动。高层次运动中包含着低层次的运动，而且低层次运动在高层次运动中依然有效，但这并不能保证用低层次运动模拟高层次运动的有效，特别是要用物理运动和化学运动来模拟生物体运动，目前显然面临巨大的障碍，更遑论模拟生态系统的运动。20 世纪 90 年代初，美国人曾经在亚利桑那沙漠中精心构建了一个名为“生物圈 2 号”的人工生态系统实验，让两批来自不同国家的实验人员在其中分别生活了 21 个月和 10 个月，两次实验中供氧都出现了问题，不得不由外界提供氧气来维持参试者的生存。

从实际来看，根据传统分类，自然资源大体上可以分为物料和能源。要构建“循环经济”，在物料方面有以下问题：

第一，一般来说，物料废弃后可以再生利用，但再生一定要消耗能量，其中不仅有生产过程中消耗的能量，而且还有运输过程中消耗的能量，也就是说，即使物料再生利用也要付出代价。在有的情况下，单就回收运输而言，所消耗的能量甚至会超过物料再生所需的能量。例如，污水净化要伴随大量能耗，塑料回收运输是耗能颇巨的工作。

第二，在物料利用过程中，由于受物料本身特性的限制，不可能百分之百地回收再生，其中总有一部分会散落到自然环境中，无法再生利用。例如，磷这种物料既是生命的重要组分，也是重要的工业原料，但磷的回收就十分困难，一般都会随地表径流汇入海洋，然后只有很少部分磷元素能以水产品和鸟粪为载体返回陆地。还有许多非金属原料，一旦在自然界中散落，就很难再生利用。

第三，即使是能够再生利用的物料，由于经济技术条件的限制，也不得不降格使用。例如，玻璃、塑料、纤维等，再生以后，使用价值就会显著变低。当然，技术水平并不是不可以提高，但必须付出极大的代价，这里有一个比较效益的问题。一般说来，不到资源十分紧缺的地步，人们不会在这方面加大投入，而一旦落到这种地步，资源环境问题恐怕也就积重难返了。

第四，有的物料循环利用，可能产生公害。例如，在农业生态系统中，如果人工食物链设计不当，将动物尸体和粪便随意作饲料使用，会造成病毒、病菌和重金属元素的二次污染，从而危害农业生产并最终危害人体。固体废弃物用于焚烧发电，必须面对严重污染物二恶英。带有放射性污染的废弃物，更不可能轻言循环利用。

能量方面，在整个宇宙水平上，能量的转化和守恒定律（热力学第一定律）是完全成立的，然而在地球这个相对孤立的系统内，能量传递还遵循着单向定律（即热力学第二定律）。所以，至少在地球生态圈范围内，能量的利用并不可循环。有人认为，热力学第二定律只是一个经验定律而已，不足以作为否定循环经济的证据。不可否认，不仅是热力学第二定律，就是已经得到公认的热力学第一定律以及热力学第三定律（绝对零度不能达到的定律），都是经验定律。尽管目前这些定律并未得到严格的证明，但是同样没有找到能够违背它们的例证。对此，我们只能持一种谨慎的态度。

目前人类利用的能源大体可分为：太阳能（包括直接利用的太阳能、风能、水能、生物质能、化石燃料能等）、地球和其他天体相互作用产生的能量（如潮汐能）、地球自身蕴藏的能量（如核能、地热能等）。矿物能源显然是不可再生能源，人们不会怀疑它的不可循环性。还有一部分能源，如直接利用的太阳能以及风能、水能、生物质能、潮汐能、地热能等，人们称之为“可再生能源”，在这里就有一个问题：它们是否属于可循环利用的能源？实际上，这里所说的“可再生”，是指它们被利用以后，在可见的历史时期内在自然界里不至于耗竭，这种情况与“可循环”有根本区别。地球上所有能量被利用以后，最终都会以热的形式向太空释放，至于释放到太空的能量是否会重新凝聚起来，现代天文学已经找到了一些相关的证据，但这并不等于说在可见的历史时期内就可以循环利用。

一般说来，可再生能源都是相对清洁的能源，但如果无度地开发，也会造成新的环境问题，如风轮机的过大规模安装，会破坏自然景观并有电池污染风险；在河流上大规模筑坝发电，会对生物多样性造成破坏；潮汐电站的大规模兴建，会侵害海洋鱼类的繁育场所；地热能的大规模开发，会有硫化物污染；等等。特别是当能源的开发变得更容易、能源的供给变得更充裕时，人们就会对其他资源进行更大规模的开发。在这种情况下，除了物料会加速消耗之外，另有一些环境要素，如土地环境、生物物种等，都有遭到毁灭性灾难的可能。这些要素是经济活动、甚至生理活动的必要条件，都应当被视为资源。它们是大自然在漫长的历史时期内进化的产物，其量具有绝对性，其质具有唯一性，一旦毁灭，就可能在地球上永远消失，因此其利用很难纳入“循环”。

从根本上说，地球生态系统和其他任何事物一样，都有一个产生、成长和消亡的过程。随着内外因素的作用，特别是外界输入的负熵不足以抵消系统内正熵的增加时，系统将无可挽回地呈衰落趋势，以至逐渐走向崩溃。当然，即使地球生态系统崩溃，也并不意味着自然界的活力就从此消失。恩格斯在《自然辩证法》中作过这样的预言：“物质虽然必将以铁的必然性在地球上再次毁灭物质的最高的精华——思维着的精神，但在另外的地方和另一个时候又一定会以同样的铁的必然性把它重新产生出来。”[26] 这固然是自然规律，但也没有必要提前自戕。

我们并不能绝对否认太空移民的可能性，只是“循环型经济”的问题在于把困难的克服完全寄托于技术，从而使人产生一种错觉，以为只要大力进行技术开发，就可以肆无忌惮地消耗资源。如果社会一旦被这种错觉误导，其后果将难以设想。实际上，技术进步导致了某些问题的解决，同时又带来了新的更大问题。人们总是相信“车到山前必有路”这样一个古老的格言。这个信念的危险在于：当问题严重到当时的技术难以解决时，历史是否会出现断层？这是个值得深思的问题。

（三）节约型经济设置

地球生态系统是一个典型的耗散结构，一方面它有自发地从有序走向无序的熵增趋势，另一方面，它又不断地从外界吸收能量（主要是太阳能）以抵消熵增（也可以说是吸收负熵），从无序走向有序。不管现代社会对经济概念如何界定，经济活动的核心都是人和自然之间的物质变换——物料、能量和信息的流动。作为原料和能源的物料被利用之后，从物料的组分来看，存在状态不灭，但组织状态变化、有序程度降低，同时周边物理环境和生物环境熵增，所以经济活动的本质就是消耗地球的负熵。

经济活动生态化，即建立一个与生态系统和谐共处的经济系统。物料循环和能量流动是生态系统的两大基本功能。根据耗散结构理论，任何生态系统都是一个远离平衡态的开放系统，它只有不断与周围环境进行物料和能量的交换，才能使总体的熵增为零甚至为负，即保持有序程度不变甚至使有序程度上升。任何经济系统都必须以一定的生态系统为支撑，人类生态系统是由天然生态系统与人类经济系统相互交织、耦合而形成的复合系统，技术是这两个系统的中介。在现代社会中，要让经济系统与生态系统完全和谐共处，可能是一种理想。

人类利用技术手段可以强化生态系统内物料和能量的流动，同时，还可创造出原生自然界中本不存在的物料流和能量流。这样一个复合系统的结构也是一个耗散结构,必须不断与外界进行物料和能量的交换,而且,由这种交换产生的负熵流要足以抵消系统内部熵的产生,才能维持或提高系统的有序状态。与天然生态系统不同的是,人类生态系统内部的熵增不仅受到物理学熵增原理的支配,而且还受到人的需求力量的驱动,所以熵增速度远大于天然生态系统,因而物料和能量的消耗也远大于天然生态系统。

元素在地球进化中形成的有序分布是地球的负熵。在自然界已经知道的100多种元素中,有30—40种是生物所需要的,其中有一些元素是大量需要的,但其余部分也不可或缺。人不仅在生理活动中需要40种基本元素,而且在复杂的文化活动中,几乎用遍了其他所有元素,还有一部分被利用的元素是人造元素。在天然生态系统中,存在着生物小循环和地球化学大循环,各种元素能沿着一些特定的路线周而复始地运动。在此运动中,不同的循环路线将各种元素引入生物体内,而后又由生物体引向环境。

对于人类生态系统来说,元素不仅有生物性利用,而且还有非生物性利用。由于自然资源大规模发掘、合成材料大规模产生,元素出现了从未有过的反常分布,产生了严重的循环障碍。从根本上说,无论是对天然生态系统还是人类生态系统而言,元素利用的本质不在于元素本身,而在于元素的组织形式,即依靠低熵的输入和高熵的输出来抵御系统的衰退及实现进化。在输出的高熵物料中,有一部分通过自然力的转化可以再度进入低熵状态,而有一部分在自然状态下则很难进入低熵状态。

当然,人们总会继续寻找解决新问题的技术,但技术进步总是滞后于问题的产生,单纯的技术进步不能解决一切问题。地球能满足人的正常需要,但不能填满人的欲壑。不加节制地消耗资源,是人类理性的迷茫,是社会发展的战略性误区,单纯的技术解决是试图用战术性措施消除战略性失误。其结果不仅不能消除战略性失误,反而可能加剧战略性失误。我们要希望较长时期生存,就必须调整理念,把对自然秩序的冲击尽量控制在一个容许的范围内。这样,在可见的历史时期内,社会的可持续发展是能够得到实现的。

比较明智而现实的做法是,积极开发太阳能和由太阳能衍生的各种可再生能源技术以及能源节约技术,推动物质材料最大限度地合理利用。这种经济可称为"**节约型经济**"[①],它含有生产的集约化即资源充分利用、再生利用的意义,同时还有适度地、明智地消费的意义;它在一定程度上包含着资源循环,但又不完全等同于循环。节约型经济的建立,必须以人口数量的控制和人口素质的提高尤其是人口素质的提高为基点,因为许多资源环境问题明显是人为因素所致,如果没有这一保障,再先进的技术恐怕也无济于事。

"循环型经济"与"节约型经济"的争论产生以后,一些学者认为,循环型经济是以生态学为基础的经济模式,节约型经济是以物理学为基础的经济模式,两者的依据不同,不能互代,但可以互补。这又是一个误区。

整个生态系统可以分为物理环境和生命有机体两大部分,生命有机体中又分为生产者、消费者和分解者三部分。物理环境(宇宙环境、大气环境、水环境、土地环境)制约着生命有机体的活动,生命活动同时也反作用于物理环境。物理环境的运动受物理学规律的支配,这是无疑的。生态运动是自然界中最高

① 在汉语、英语、俄语中,"节约的"和"经济的"都是同一个词。在当代社会,"经济"特指人类的生产和消费活动,"节约型经济"是按照资源利用方式来对经济类型进行的一种界定。

层次的运动,高层次的运动虽然不是低层次运动的简单叠加,但低层次的运动毕竟是高层次运动的基础,无论从自然界演化的顺序来看、还是从自然科学认识的历程来看,情况都应该如此。

今天人类所处的生态系统,实际上是一个比天然生态系统复杂得多的开放的复杂巨系统——人类生态系统,对于这个系统,目前所能采用的方法,只能是复杂性科学的综合集成法,它虽然不能归结于物理学方法的集合,但也不可能排除物理学方法,至少在能量流动方面,物理学定律还没有被推翻的证据,而能量流动是任何生态系统得以存在和发展的基础。所以,把生态学和物理学对立起来的说法完全不能成立。节约型经济的理论基点是对整个自然界承受能力进行充分考虑,从而为社会的可持续发展留下充分的余地,这与生态学的思想完全一致。而"循环型经济"的理论基础由于首先就违背了物理学,所以也就无法谈及符合生态学,因为任何生态学理论必须首先符合物理学规律。符合物理学规律的命题,不一定符合生态学规律;而违反物理学规律的命题,则必定违反生态学规律。

互补作为科学概念来源于 N. 玻尔(Bohr,N.),他在解决量子力学中关于微观客体的波粒二象性问题时提出了互补原理。其基本思想是:在量子力学框架内用经典物理学描述原子现象,不可能具有像经典物理学所要求的那种完备性,只有使用相互排斥又相互补充的经典物理学概念,对微观粒子的图景采用波动性和粒子性的互补解释,才能对现象的各个方面提出一个完备的描述。这就是互补原理的要义。玻尔最初是把互补原理作为一条物理学原理来阐述的,后来他把这条原理上升到哲学层次,并用它来解释各个领域的问题。

在社会领域,他关注的第一个方面是艺术。玻尔说,在作为一切真正艺术成就之特色的严肃性和幽默性之间的平衡中,我们会回想到一些互补的方面。玻尔认为科学和宗教也有一种互补关系，科学的目的在于用一种普遍的方法来整理普通的人类经验，宗教的根源在于推进社会见解和行为的和谐，两者虽然对立，但对于社会都是不可或缺的。在社会组织方面，公正和仁慈可能是相互冲突的，但要实现一切文化的共同目标却需要它们尽可能密切地结合。当比较不同的民族文化时，就会遇到依照一个民族的传统来评价另一个民族文化的特殊困难，在这种情况下，为了全人类的进步和幸福，很重要的一点就是要促进相互了解，即实行文化互补。

对于互补原理，可以作这样的一般把握：

(1)世界作为一个系统是层次递进的整体，不同层次之间有着质的区别，它们分别表现出各自特殊的运动规律，高层运动对低层运动有一定的还原性，但高层运动又不等于低层运动的简单叠加。人对物质运动的认识过程与自然界的发展过程有一种逻辑与历史的统一性，有一个从低级运动形式到高级运动形式的顺序。把高层运动还原到低层运动来认识，便于利用已有的知识储备揭露两种运动形式之间的联系，有利于克服直接把握高层运动的困难。同时，对低层运动的把握又必须以对高层运动的理解为指导，否则便会迷失方向。宏观描述与微观描述相互补充，有利于全面、深入地认识系统的本质。

(2)对系统的把握可以通过结构和功能这一对范畴进行，结构是系统内各要素的相互联系方式，功能则是系统与环境的相互联系机制。一般说来是结构决定功能，但由于环境条件的不同，也可能出现同构异功和同功异构的现象。如果通过系统的功能来追溯结构，则必然带来解释的多元性和竞争性，这对于那些复杂的、远离直观经验的研究对象尤其如此。只要不同的功能是同一结构在不同条件下的体现，那么各种解释就会有内在的联系，在这里，各种解释都是一些模型。相对于原型结构的真象来说，各种模型只能达到一定程度的逼真，所以只有让它们相互补充，才能获得比较全面的认识。

互补的意义除了以上两点之外，尚无其他理解。根据以上对“循环型经济”的分析，首先从学理上说，它是一种错误概念，从方法上说是把复杂巨系统降低为简单系统（最多是简单巨系统）的思想方法。虽然它具有简捷明了的特点，但不能为产生轰动效应而误导公众。“循环型经济”与节约型经济之间的关系，正如科学史上的“地心说”与“日心说”、“燃素说”与氧化理论、“热质说”与能量转化和守恒定律的关系一样，是假象与本质的关系，是被取代关系与取代的关系，而不是互补关系。

按照劳动价值论，社会财富是人类劳动时间的凝结。在商品生产存在的社会里，劳动时间的凝结形成商品的价值，价值是财富的存在形式；在商品生产消失的社会里，劳动时间也是创造财富实体费用的尺度。所以，马克思指出：“一切节约归根到底都归结为时间的节约。”[27]然而如前所述，进入现代社会以后，资源价值和劳动价值已经走向统一，所以资源节约和时间节约也应该走向统一。其统一的意义是，资源节约当中既包含生产活动中劳动时间的节约，又包括保护活动中劳动时间的节约，还延长了地球负熵对生命的支撑时间。

科学史上新理论对旧理论的取代，从来都是扬弃而不是抛弃，即既保留又突破。“日心说”是对“地心说”宇宙框架的坐标转换和简化，氧化理论使用了“燃素说”遵循的“物质守恒定律”，“热质说”的“热流动”观念纳入了能的转化和守恒定律。“循环型经济”关于物料循环利用的模式，如果把它改为“循环型生产”，完全可以在“节约型经济”的旗帜下进入广阔的发展空间。学理根基的稳定可以带来思路的畅通，同时说服力也将大为增强。如果这样看问题，就不必再设法固守旧范式而应该为新理论的诞生鼓与呼。

三、节约与文明

(一)生态文明定位

生态文明建设目标提出以后,出现了不少解读,其中有比较深入的见解,但也有不少需要澄清的观点,其中,关于生态文明的定位是一个关键问题。一种带有普遍性的观点认为,生态文明和过去依次所提到的物质文明、精神文明和政治文明,构成一个文明体系。当然,这样说并无原则不妥,但从理论的严密性来讲,总是感到还大有可以完善之处。除此之外,还有一个生态文明建设的操作问题,如果只是笼统谈一个体系,不作深入分析,就很难准确地找到工作的切入点。

谈到文明,必须涉及文化。由于历史唯物主义问世之后,西方学者总是以文化的冲突与融合来取代或掩盖生产力和生产关系、经济基础和上层建筑的矛盾运动,所以过去许多学者认为,文化是西方社会学的专有范畴,与历史唯物主义是不相容的。这种观点值得商榷。

文化有两种理解:一种是狭义理解,即所谓"小文化",包括文学艺术和教育科学技术等,指社会的精神活动及其成果;另一种是广义理解,即所谓"大文化",指人类的全部活动及其成果。在西方,文化一词来自拉丁文的"cultura",含有培养、驯化的意思,与"天然"一词相对。在中国,文化是与"武功"相对的一个概念,意指文治教化。19 世纪,E. B. 泰勒(Tylor,E. B.)第一次把文化作为社会学的一个中心概念提了出来。他认为,文化是"包括知识、信仰、艺术、道德、法律、习俗和任何人作为一名社会成员而获得的能力和习惯在内的复杂整体"[28]。

在西方社会学中,文化概念基本上是以 E. B. 泰勒这个界定为准则的,它与中国古代的那种界定已经有了很大差别。实际上，在马克思主义经典作家的著作中，文化一词出现过多次。其中最有代表性的，当数恩格斯在《反杜林论》中的一段话："最初的、从动物界分离出来的人，在一切本质方面是和动物本身一样不自由的；但是文化上的每一个进步，都是迈向自由的一步。"[29]在此实际上已经对文化做出了准确界定，这个界定远比于E. B. 泰勒的界定来得深刻。其最深刻之处在于，它把"文化"概念与"自由"概念联系了起来，"自由"概念在马克思主义哲学中有非常丰富的内涵。马克思主义经典作家创立了历史唯物主义，把社会整体分为由一定的生产力和与生产力相适应的生产关系构成的经济基础，以及在一定的经济基础之上形成的上层建筑。用这种观点去剖析社会，其力度是任何西方社会科学所不能企及的。但是，马克思主义经典作家并没有放弃对文化的关注，恩格斯的《家庭、私有制和国家的起源》就是一个杰出的成果，该书的第一章就叫"史前各文化阶段"，为什么在历史唯物主义创立的同时，还要从文化角度去审视社会？这可以在他们的一些书信中找到答案。

1846年，马克思在致П. В. 安年科夫（Анненков，П. В.）的信中说："生产力是人们应用能力的结果，但是这种能力本身决定于人们所处的条件，决定于先前已经获得的生产力，决定于在他们以前已经存在、不是由他们创立而是由前一代人创立的社会形式。""人们的社会历史始终只是他们的个体发展的历史，而不管他们是否意识到这一点。"[30]1890年，恩格斯在致J. 布洛赫（Bloch，J.）的信中说："我们自己创造着我们的历史，但是第一，我们是在十分确定的前提和条件下创造的。其中经济的前提和条件归根到底是决定性的。但是政治等的前提和条件，甚至那些萦回于人们头脑中的传统，也起着一定的作用，虽然不是决定性的作用。""但是第二，历史是这样创造的：最终的结果总是从许多单个的意志的相互冲突中产生出来的，而其中每一个意志，又是由于许多特殊的生活条件，才成为它所成为的那样。”[31]

个性、传统，本质是现状和历史的差异，文化的本性是特质性，所谓文化视角，就是从社会发展的特殊性来把握社会发展的一般性的视角。其意义在于：第一，体现了辩证性。社会个体的发展是社会总体发展的基础，社会的总体发展是社会个体发展的综合。通过一般性和特殊性的统一来考察社会发展，有利于坚持社会发展的自然物质性。第二，体现了多样性。由于各民族所处的地理环境的差异，所以即使在同一生产力水平上，社会的发展特色也各不相同，从文化视角来考察社会发展，有助于深化对民族问题的了解。第三，体现了传承性。社会意识尤其是社会心理具有相对稳定性，从文化角度考察社会，有利于对社会演化过程做出深入了解，从而准确把握社会发展的历史前提。

可以说，马克思主义不但不排斥文化研究，而且把文化研究作为历史唯物主义的必要补充。但是，重视文化研究，不等于可以放弃历史唯物主义的基本原理，如果放弃历史唯物主义从生产力和生产关系、经济基础和上层建筑的矛盾运动来观察社会的科学方法，就会迷失方向。在 E. B. 泰勒之后，不少西方学者都给文化下过定义，这些定义有历史性的、心理性的、遗传性的，都把 E. B. 泰勒的观念奉为圭臬。须知 E. B. 泰勒对文化的理解带有强烈的描述特征，理论概括性很差，如果仅仅停留在这个水平上，文化的研究就不能深入。

从历史唯物主义角度来观察，文化可以分为物质文化—行为文化—制度文化—精神文化四个层面。物质文化属于自然性活动层面，包括人化自然和人工自然的建构，与生产力对应；行为文化属于世俗性活动层面，包括生产方式和生活方式，其中融合着人与自然的交往和人与人的交往，生产方式主要与生产关系对应又与生产力联系并直接影响生活方式；制度文化属于政治性活动层面;精神文化属于意识性活动层面。这样便可以形成一个有内在联系的逻辑结构。这个逻辑结构是每一种具体文化形态所具有的共性,只有把握共性,才能理解个性。

文明是文化的进步状态,它的出现在文化之后。恩格斯在《家庭、私有制和国家的起源》一书中,根据摩尔根的研究,把早期文化分为“蒙昧阶段—野蛮阶段—文明阶段”来加以进一步考察,认为文明是伴随着社会分工、阶级分化的出现而出现的(按照恩格斯的考证,这个阶段的特点是从事养殖业和种植业的人群从野蛮人群中分离出来),这是恩格斯的一大贡献。总体来看,按照文化的四个层次横断划分,可以分别得到:物质文明—行为文明—政治文明—精神文明。按照历史线索综合划分,可以得到:奴隶社会文明—封建社会文明—资本主义社会文明—社会主义社会文明,这种文明形态可称为社会文明。物质文明是社会文明的基础,但它有相对独立性。

马克思在《资本论》中提出“劳动首先是人和自然之间的物质变换过程”,这是对劳动本质的深刻揭示。1992 年笔者建立生态产业革命理论时,根据这个思想提出了中心生产技术概念。在任何生产技术体系中都有一类生产技术处于中心位置,中心生产技术集中体现了人与自然之间的物质变换方式。以中心生产技术为基准,人类的物质生产进程可以分为“采猎业社会—农业社会—工业社会—生态产业社会”这样四种技术社会形态。技术社会形态的演替过程,也就是物质文化发展的演替过程。[32]按照《家庭、私有制和国家的起源》一书的思想脉络,采猎业社会是谈不上文明的,历史上已建构的物质文明可以分为农业文明和工业文明两个阶段。

“生态”一词,与生态学相关。“生态学(ecology)”一词源自希腊文“oikos(原意为房子、住处或家务)”和“logos(原意为学科或讨论)”,两者结合起来的意思是:研究生物住处的学科。

1866 年 E. 海克尔(Haeckel,E.)首次为生态学下了一个定义:生态学是研究生物与其环境相互关系的科学。可见,“生态”一词的原意就是“环境”,这里的环境指自然环境。生态学经过 19 世纪下半叶的萌芽阶段后,20 世纪上半叶进入经典生态学发展阶段,它是以生物学一个分支的面目出现的学科。这个时期,虽然一些学者例如 B. И. 维尔纳茨基(Вернадский,B. И.)和利奥波德等,已经看到生态破坏的社会根源,但总的来说,学术活动的基本特点是在排除人为因素的条件下,孤立研究天生自然中生物与环境之间的相互关系。到了 20 世纪下半叶,人们越来越多地看到,当今的自然已经是人为因素高度渗透的自然,要在排除人为因素的条件下研究生态问题,意义已经越来越小,社会需要促使生态学向第三阶段——人类生态学提升。人类生态学的内容是:把自然界和人类社会作为统一的复杂巨系统来看待,从人化自然的角度来研究自然界的演化。

生态文明是在生态危机日益严重的背景下,在对人的活动意义进行深刻反思之后提出的文化变革目标。一般说来,对生态文明的理解是:**用人与自然协调发展的观点去思考问题,并根据社会和自然的具体可能性,最优地处理人与自然的关系。** 1955 年 V. 卡特(Carter,V.)和 T. 戴尔(Dale,T.)在《表土与人类文明》一书中,抛出了一句惊世骇俗的名言:文明人跨过地表,身后一片荒漠。该书提出:“文明是人类在保持好环境平衡的前提下不断导致进步的一种状态。”[33] 1972 年 B. 沃德(Ward,B.)和 R. 杜博斯(Dubos,R.)在《只有一个地球》这份为“联合国人类环境会议(斯德哥尔摩会议)”准备的背景材料中,回顾了文明的发展历程,提出了未来文明如何与自然协调的问题。20 世纪 70—80 年代,池田大作在与 A. J. 汤因比(Toynbee,A. J.)、佩西、J. 狄尔鲍拉夫(Derbolov,J.)的谈话中,都强烈地呼吁要从文化变革的角度看待人与自然的关系,彻底转换价值观念。

由此可以得到两点启示:第一,生态问题首先是人与自然的关系问题,根据生态问题产生的实际领域,生态文化首先应当属于物质文化范畴,生态文明是物质文化的进步状态;第二,生态问题的解决有一个历史的演变过程,根据人与自然之间物质变换方式的逻辑推理,历史和未来的人类物质文明可以分为“农业文明—工业文明—生态文明”三个阶段,这是一个否定之否定的逻辑序列。建构生态文明,首先需要调整生产技术,在人和自然之间的物质变换方式方面实现飞跃,争取在自然界中实现自由。但是,要在自然界中实现自由,又必须以社会中的自由为手段,以意识中的自由为前提,所以它的建构必然要求在行为文化、制度文化和精神文化三个层面得到响应。这与农业文明和工业文明的建构有相似性,但要比前两者深刻得多。深刻之处在于,前两种文明的建构主要是由人的基本需要和享受需要直接推动的,而生态文明的建构,则主要由发展需要推动,这就要充分发挥精神文明、政治文明和交往文明对物质文明的反作用。

从农业文明到生态文明,必须通过工业文明的历练,工业文明阶段是自然界被大规模破坏的阶段,同时也是人对自然规律的认识空前深化的阶段。从农业文明到生态文明呈现出一种复归态势,这是否定之否定的螺旋式上升而不是倒退。它虽然是一种必然趋势,但不等于其间没有反复。如何避免出现历史断层,取决于人类的自主选择。

(二)节约文明透视

生态文明作为一种新的物质文明,它的建设在整个人类文明发展史上是一次飞跃。为了说明这一点,还需要对这个概念作深一步探讨。

一般说来,文明是文化的进步状态,但是何谓进步?却很难有共识。H. 马尔库塞(Marcuse,H.)在《爱欲与文明》一书中吸收了S. 弗洛伊德(Freud,S.)关于无意识理论的基本观点,认为文明就是爱欲的对立面。人的生命本能就是追求快乐和满足爱欲,但为了生存,人们不得不对这种本能加以压抑,以便从事劳动、改造自然。一切社会文明都是同爱欲本能相对立、并通过压抑本能欲望而发展起来的,人类文明史也就是人类爱欲受压抑的历史。高度文明就是对爱欲的高度压抑,所以要解放人类就必须首先消除这种压抑,解放爱欲。这就是所谓"性解放"的根据。

在这里,马尔库塞实际上指出,所谓文明就是有约束的文化,就是对生理行为的节制,这是一个有见地的观点,对理解文明有借鉴意义。然而他把人的本质归结为生理本能,不是从经济和政治方面而是从欲望特别是性欲角度去论述人的解放,这就陷入了误区,其错误在于把人的本质与动物的本质混为一谈。性欲和食欲一样,不是人特有的本能,是低级动物也具备的生理本能,所以马克思说:"把**妇女**当做共同淫欲的**虏获物**和婢女来对待,这表现了人在对待自身方面的无限的退化。"[34]这个论断对现代社会陷入文明误区的妇女同样适合。

人区别于动物的根本点在创造,创造的本质是探索规律和运用规律,使主观愿望与客观规律同一,只有这样才能摆脱盲目性,在自然面前实现自由,否则就只能被动地接受规律的惩戒。所谓进步就是主客体同一性的提高,**文明则是趋近客观规律的行为及其结果**。文明抑制的不是人类的本性,而是动物的本性。文明上升的核心意义应该在于盲目性即动物性不断减少、自觉性即创造性不断增加。羞耻是人类摆脱动物界的一大标志,性欲放纵的结果只能是向兽群倒退而谈不上什么解放。

在物质文明层次上,生态文明是资源利用方式的根本转变。衡量物质文明的进步状态通常有主观和客观两种标准:前者主张用人对生活的满意程度来量度;后者主张用产品数量和质量来量度。

从前者来看,人对生活的满意程度包括基本需要、享受需要和发展需要的满意程度。基本需要的满意是可以量度的,一旦进入享受追求,满意程度就因人而异,要用千差万别的主观感受来对物质文明进行整体衡量,很难得到相对统一的结论。更重要的是,在市场经济条件下,人的需要会被严重扭曲。马克思说:“正像工业利用需要的讲究来进行投机一样,工业也利用需要的**粗陋**,而且是人为地造成需要的粗陋来进行投机。因此,对于这种粗陋来说,**自我麻醉**,这种对需要的**虚假**满足,这种包容在需要的粗陋野蛮**之中**的文明,是一种真正的享受。”[35] 人对自己真实需要的认识有一个漫长的觉悟过程,需要的满足与文明的提升反差可能很大,所以用生活的满意程度来衡量会进入误区。

从后者来看,产品数量和质量固然是物质生产能力的一个标志,但生产能力与物质文明还不能直接画等号。文明是趋近规律的行为和结果,物质生产文明与不文明,区别不在是否遵守低层规律,因为这是一般生产都能做到的事情,否则生产就完全无法正常运行。而违反高层规律,对生产的影响不会即时显现,这就有认识上的深浅之分和远近之分,行为上的高低之分和粗细之分,归根结底是文野之分。所以物质文明的要义在于,在不破坏自然再生产能力的基础上,获取生活资料。荀子主张“制天命而用之”。《表土与人类文明》一书提出:“文明是人类在保持好环境平衡的前提下不断导致进步的一种状态。”这种思想就是生态文明思想,是一种稳定获取“**自然红利**”的思想,所谓稳定指自然和社会兼顾平衡。

如前所述,文明是伴随着社会分工、阶级分化的出现而出现的,这个阶段的特点是从事养殖业和种植业的人群从野蛮人群中分离出来。从历史与逻辑统一的高度看，社会文明始于物质文明，而物质文明则始于农业文明。农业文明之所以称为文明，是因为这种通过对动植物生理过程的干预来获取生活资料的谋生范式，结束了无法稳定获取自然红利的历史，从此才有了能动地探索规律的生产。传统农业从总体上说是一个物料循环利用、能量自然利用的系统，也就是一个能够平和地获取自然红利的系统。问题在于人们对客观规律的认识还不深入，所以局部地区由于过垦出现了环境退化，更主要的问题在于生产潜力挖掘不够，造成自然红利获取不足，外在表现是生活资料匮乏和粗陋，而且劳动强度很高。

工业文明之所以能够取代农业文明并能被称为文明的进步，这种进步甚至被称为飞跃，在于它能够提供数量足够多、品种足够全的产品，虽然相当部分食品质量和环境质量在不断下降，但其他产品的质量却在持续上升，生产条件和生活条件从总体上说明显改善，当然这是粗暴剥夺自然的结果，代价是环境恢复能力被严重损害。由于环境损害效应是一种累积性、渐变性、隐蔽性的效应，所以通常看到的，只是低层规律被空前深入认识和运用的一面，很难把违反高层规律的一面作为主流与农业文明相比较，往往把工业文明视为文明的终结。应当看到，正是由于工业文明带来危机，所以才激发了生态学的系统研究，如果从变革动力的角度来观察，这也算是一种潜在的文明因素。

生态文明的文明之点在于，其生产不仅符合低层规律而且符合高层规律，社会能够稳定获取自然红利。高层规律就是人类生态学规律，人类生态学的精髓在于生态哲学思想。生态哲学的核心是人的类存在主义（见本书第一章），它要求人在自然面前理性开发、节制消费。如果罔顾生态哲学，人类生态学就蜕化为低层科学。E. F. 舒马赫（Schummacher, E. F.）针对技术乐观主义者说过："新问题不是偶尔失败的结果，而是技术成功的结果。”“只有在科学的方向上有一个自觉的根本转变的情况下，他们才可能是正确的。过去一百年来，科学技术的发展已经达到危险的增长比有利机会的增长还要快的程度。”[36]我们可以无限开发多种“生态技术”，但只要不节制消费，世界就会依然无可救药地毁坏下去。

节约代表着一种自觉收敛的精神，代表着一种理性协调的追求，所以它不仅对物质文明而且对行为文明、制度文明和精神文明的提升会产生强劲的推力，中国古代思想家对此早有高见。老子说：“治人事天莫若啬。夫唯啬，是谓早服。早服谓之重积德，重积德则无不克。无不克则莫知其极，莫知其极可以有国。有国之母，可以长久。是谓深根固柢，长生久视之道。”[37][治国养生的原则莫过于节俭，因为节俭能尽早顺应规律。早顺叫做多积德，多积德就无障不克。无障不克就不知其能力的极限，不知其能力极限就有国家。有国家的根本，国家就可以永远存在。这就是根深柢固、长治久安的道理。]孟子说：“恭者不侮人，俭者不夺人。”[38][谦恭的人不欺侮他人，节俭的人不掠夺他人。]当然，节约不一定是人格完美的表征，宋高宗赵构（建炎、绍兴）、明思宗朱由检（崇祯）、清宣宗爱新觉罗旻宁（道光），都是在生活上罕见的节俭帝王，但在大节上都是低劣鄙陋之人。节约可能出于经济条件的限制，也可能出于特殊掩饰的需要，所以不能完全以节约来取人。但倒过来说，如果一个人暴殄天物，则肯定是一个品位低下之人。

M. K. 甘地（Gandhi, M. K.）把暴力分为“现实暴力”和“消极暴力”，他认为现实暴力是直接侵害他人的暴力，消极暴力则是间接侵害他人的暴力，浪费资源就是一种典型的消极暴力。有一次，甘地的孙子把一支快用完的铅笔扔到了垃圾堆里，指望祖父给他买一支漂亮的新铅笔，但没想到祖父一定要他说清楚铅笔是如何丢的。问明白后，又坚持要孙子在夜间花了近两个小时寻找。当这支铅笔在垃圾堆里找回后，祖父告诉孙子，即使是制作一支铅笔，也要消耗不少自然资源，如果不加爱惜，就是糟蹋大自然的恩惠，就是对大自然实施暴力，也实际上是在剥夺他人利用自然资源的权利，使别人不得不生活在贫困之中，这就如同对他们实施暴力一样。就笔者看来，直接暴力可称为刚性暴力，而间接暴力则可称为柔性暴力，它们之间是没有严格极限的，完全可以相互转化。

如前所述，价值虽然与客体的性质有关，但它又不单纯是由客体的本来性质所决定的，它是在对主体的关系中、而且是只在对主体需要的关系中才能存在并表现出来的客体属性。客体的价值从根本上说体现的是人的创造性本质，而事物的属性只是价值表现的客观依据，客体的价值是随着主体创造能力的增长而不断变化的。物的价值在于它作为客体所具有的能够满足人的需要的工具性价值，而人的价值则在于赋予物以价值的主体性价值。暴殄天物者之所以浪费资源，主要是在价值评判上出现了迷茫。一旦价值评判出现迷茫，就会丧失爱心，以致心灵麻木。心灵麻木者对任何价值都不会尊重，如果《尚书·大传》"爱屋及乌"之说得到人们认可的话，那么同样可以说"毁物及人"。所以很多国家在幼儿教育中，都主张从爱护身边的自然物开始，认为这是人格培养的起点。

瑞士是一个极富国家，也是一个极省国家。由于自然资源的贫乏和周边大国的包围，它在历史上就一直承受着重压，国民的自立意识很强。以独特地理环境投身工业化大潮，这种条件促使它选择了一条资源高度集约利用的发展道路。瑞士的可贵之处是从点滴节约做起，全国培训利用余温煮蛋，这在其他国家是完全不可想象的。由此可以透视整个社会对物质消费和废物处置的态度，节约态度又反过来作用于经济、环境和社会，使得它的产品、风光和民风在国际上享有盛望。这种意识是人类文明宝库中的共同财富，值得我们认真思考和借鉴。

中国社会在人才评价上历来有"大节"和"小节"的争论，

"吹毛求疵"者差不多等于另类。如果在资源节约这类看似细枝末节的问题上考究，是否会影响大局？回答是否定的。这是因为：第一，藐视小节的人情趣不会高雅、理智不会健全，往往不是正义缺乏就是行为草率。正义缺乏会导致大节缺失甚至叛变，行为草率会导致事业衰落甚至毁灭，所以历来有俭成奢败之说。第二，随着生态运动和民主建设的推进，资源节约这类生活小节对人物形象进而对软实力的影响越来越大，它不仅对个人、而且对团队甚至对国家成败具有举足轻重的作用。第三，应然与实然之间总有差距，所谓看大节不看小节，往往有不得已的因素在起作用。如果因此把无视小节按常态规范来使用，最后必然一败涂地。能见近而后能察远，能利狭而后能泽广。

总之，**资源节约是社会文明的基础，是生态文明的中轴。**

（三）贫富界限辨析

资源节约作为文明底线的最大障碍出在贫富观念，19 世纪牛津大学设立政治经济学教授职位时，有人就断言：追求财富对人类中的大多数来说，是提高道德的巨大源泉。这种言论至今还被人奉为经典，然而从现实看来，至少在生态问题上并非如此。不少地方靠透支自然基底实现了 GDP 的迅速上升，但很快就出现了基本生活条件的丧失和公害性疾病的激增。对这些地方人们避尤不及，更遑论仰慕。这到底是贫困还是富裕，是文明还是野蛮，无可争辩。所以对财富源泉论必须进行深入剖析。

亚里士多德在《尼各马科伦理学》中指出："很显然财富不是我们所追求的善，它只是有用的东西，以他物为目的。"[39]可以说，这是最早在本体论意义上对财富的界定。在认识论意义上，财富观念是随着文化的演进而更替的。当私有制产生以后，财富的意义就发生了嬗变。对于社会下层来说，财富的意义仍然是满足基本需要和些许享受需要，但对于社会上层来说，逐渐成为体现个人价值的需要。在掠夺高于生产的年代，财富主要体现为战利品，战利品不仅体现着胜方与负方的实力差异，而且体现着胜方成员之间的实力差异。在前资本主义社会中，由于开发手段和激励机制不足，所以自然资源的消耗数量相对较少。

当生产活动取代掠夺活动的主导地位（主要是资本主义生产方式占据主导地位）之后，财富就主要体现为以资源开发方式累积的产品。从文艺复兴开始，资产阶级斩断了形形色色的封建羁绊，突破了浑浑噩噩的神学禁欲，把人们对天国的向往，拉回到对现世的追求，推崇放纵，鼓吹享乐。它创造了完全不同于埃及金字塔、罗马水道和哥特式教堂的奇迹，同时也引发了大规模、深层次的资源消耗。从社会关系来看，这是一种进步，但从自然关系来看，却是一种退步，因为文化意义上的道德和生态意义上的道德并不一定相符。

近代以来西方经济学基本理念是以市场为中心的理念，财富的基本内涵是实物商品，即自然资源转化的交换物品，包括货币在内的其他形式财富则是实物商品的衍生物。斯密说："一个人是富有还是贫穷，是根据他所能享受得起的人类生活中的必需品、便宜品和娱乐品的品质和层次而定的。但是，一旦分工完全确定以后，一个人自己的劳动只能供应他所享受的上述物品中的很小一部分，其余绝大部分他必须从其他人的劳动中获得。这样，他是富有还是贫穷，必然根据他所能支配或购买得起的他人劳动的数量而定。"[40] 于是，一个人为了满足自己的需要，就必须首先满足他人的需要。为了满足自己的需要，就要善于发现他人的需要，甚至要设法唤起他人的需要，千方百计地进行满足，所以市场经济下的贫富是以个人对自然资源的消耗水平为评价准则的，货币储备量不过是自然资源的预消耗尺度而已。

诚然，早期资产阶级为了完成原始积累，曾经高度推崇节俭。M. 韦伯(Weber,M.)在他的名著《新教伦理与资本主义精神》中说过:"谋利、获取、赚钱、尽可能地赚钱,这类冲动本身与资本主义毫无关系。""可以说,凡是具备了或者曾经具备客观机会的地方,这种冲动对一切时代,地球上一切国家的一切人都普遍存在。""贪得无厌绝对不等于资本主义,更不等于资本主义精神。相反,资本主义倒是可以等同于节制,或至少可以等同于合理缓和这种不合理的冲动。""我们将资本主义经济定义为:以利用交易机会取得预期利润为基础的行动,却依赖(形式上)和平的营利机会而采取的行动。"[41]韦伯的这一判断并不确切。资本主义确实使市场交易走向了规范,按照韦伯的说法,这是一种"合理化"过程,然而这种过程的合理性是相当有限的。

首先,交易法则的普遍推广使现金支付成为人们之间唯一的纽带,把一切社会崇拜统统归结为金钱崇拜。当一个社会的追求完全沦落为物质追求之后,人的动物性就会普遍暴涨起来,表面上承认合理性而实际上非理性达到顶点。M. 吐温(Twain,M.)的小说《百万英镑》,描绘了英国两个富家兄弟给了一个小人物一张 100 万英镑的钞票,并以他在 30 天内能否不消耗这张钞票活下去而打赌。结果本来毫无地位的小人物从此受到社会的百般谄媚,他不仅一文不花地度过了 30 天,并且发了一笔横财。这是对现实生活的提炼。

其次,这种"合理性"最多只是交易本身的规范性,并不代表自然资源开发利用的合理性。与市场规范相适应的传统经济学,是从市场的角度出发来分析商品与劳务的。商品生产者只关心以最小的成本来获取最大的利润,商品购买者只关心以最低的付出来换取最高的价值,他们共同的特点是无须过问生产的环境代价,这部分代价由全社会在历史进程来共同承担。舒马赫写道:"从某种意义上说,市场是个人主义与不负责任的制度化。""使人感到奇怪的是:尽量利用无责任这个可乘之机居然被看成是道德行为。”[42]

再次,这种“合理性”只在一定范围有效。马克思在《资本论》中谈到资本的原始积累时,引用过《评论家季刊》的一段话:“资本害怕没有利润或利润太少,就像自然界害怕真空一样。一旦有适当的利润,资本就胆大起来。如果有10%的利润,它就保证到处被使用;有20%的利润,它就活跃起来;有50%的利润,它就铤而走险;为了100%的利润,它就敢践踏一切人间法律;有300%的利润,它就敢犯任何罪行,甚至冒绞首的危险。如果动乱和纷争能带来利润,它就会鼓励动乱和纷争。走私和贩卖奴隶就是证明”。[43]

在资本主义早期阶段,资产阶级政治经济学家曾经就奢侈和节约发生过争论,“一方(罗德戴尔、马尔萨斯等)推崇**奢侈**而咒骂节约;另一方(萨伊、李嘉图等)则推崇节约而咒骂奢侈”。[44]尽管表面分歧明显,但两者在推动发财致富这点上是一致的。由于当时生产能力相对不足,所以社会评判倾向于节约,但这种节约主要指的是资金节约,由于在理论上已阐明资金与劳动时间的内在联系,所以资金节约又归结于时间节约。然而时间节约带来的是资源浪费,资源浪费的实质是对社会可持续时间的透支,结果造成全球性生态危机。

随着生存条件的不断恶化,越来越多的人认识到,对“富裕”概念必须重新界定,否则不能制止贪婪。斯密按照支配或购买得起的他人劳动数量来区分贫富,这种量化界定的方式之所以有相当魅力而且魅力经久不衰,是因为解释量的差异比解释质的差异容易得多。以量代质已经成为我们时代灾难的根源,它使我们对世界的洞察能力式微,大批质与量严重不对称甚至有量无质的“怪胎”,在现实中不断被合理化。所以,必须对“质”进行探讨,尽管建立和运用“质”的理论无法用数字计算。

1998年诺贝尔经济学奖得主A. 森(Sen, A.)[阿马蒂亚·森]

主张以自由看待发展,这可以被看做是对量化富裕论的一个突破。他把贫困分为“收入低下”和“可行能力低下”两类,所谓可行能力,指获得教育、医疗等公共服务后提高收入的能力,相比之下,他认为后者更能准确衡量贫困,他称这种贫困为“真实的贫困”。[45]速水佑次郎和神门善久所著《发展经济学:从贫困到富裕》对此指出:“一个人发展其与生俱来能力(例如获得教育、医疗保健等公共服务)的机会被剥夺了,将该人所处的状态定义为贫困是完全合法的。然而,由于衡量这种机会剥夺的程度和范围难度极高,因此经济学家不得不在贫困实证研究的大部分情况下采用生活水平这种方式。”他们认为,被世界银行和其他多边机构广泛采用的绝对贫困线,即经购买力评价调整后的生活费用每人每日 1 美元(或 2 美元),虽然没有特别的理论论证,但它简单、方便,有很大吸引力。[46]

两种标准应该说都有根据,但要运用它们界定富裕还需进一步完善。富裕的前提是脱贫,脱贫不只是摆脱绝对贫困。在生活水平上摆脱绝对贫困,只是达到生物学意义上的生存标准,还不是基本需要得到满足的标准。虽然基本需要的满足程度是一个动态概念,但还是可以通过食物、被服、住房、婚配、教育、医疗这几个方面来表征的,这几个方面都可以找出基本指标。联合国 20 世纪 90 年代提出的人类发展指标(Human Development Index),突出了人类发展的三个基本要素:人均收入水平、人均预期寿命和教育状况,这是经济、社会、生态、政治的集成性产物,是发展的结果性状况而不是投入性状况,不能用它来取代基本指标。

在基本指标范围内,人的选择余地是很小甚至是无可选择的。当人在基本指标范围之外有所选择时,就可以说开始脱贫也就是步入富裕了。实际上,贫富的基本区别就在选择余地的大小,包括享受需要的选择和发展需要的选择。A. 森在以自由看待发展时,着重考虑的是国家层面的发展,所以主要力量集注于政治权利方面的讨论,这个层面的自由与个体层面物质生活选择的自由还不完全是一回事。追求物质享受是人的天性,马克思把享受视为人的一种能力。[47]没有享受追求就没有社会发展,但享受的满足是因人而异的。

《资源经济学》的作者 A. 兰德尔(Randall,A.)写道:“看来人类的经验还不足以证明,一个人的满足程度与他的实际收入(购买消费品和服务的能力)成正比这个经济学中最基本的假定。经济学家最多只能声称,这一假定虽然很难证明,但也很难驳倒。”[48]在享受领域可以这样看,高素质者和低素质者的差别在于,前者追求看重后果,后者追求过程。中国北宋哲学家邵雍把他在洛阳的居所称为“安乐窝”,在《安乐窝吟》中留下一句名言:“美酒饮教微醉后,好花看到半开时。”享受保持在有限范围内,可以获得最大愉悦,一旦过头就向相反方向转化,成为剥夺生命的杀伤力量,其危害所及包括家庭和社会。

《红楼梦》说:“金满箱,银满箱,转眼乞丐人皆谤。”财富聚敛不当就会化为贫困,转化原因既来自社会,也来自自然。人追求财富的目的,无非是拥有选择生活质量的自由,使自己获得尽可能多的身心愉悦,当手段高于目的之后,愉悦也就丧失了,所谓富裕的基本界定是**具有不危害自身和社会的物质享受选择自由**。自由空间的大小在很大程度上取决于主观感受。对幸福感而言,佛家所谓“境由心造”的断言,不完全是唯心主义的说教。按照中国哲学,“引而不发”、“不战屈人”才是真正有力度的表现,真正富裕的人,是有积蓄而不浪费。有道是:大成若缺,大勇若怯,大智若愚,大行若蹶。

中国智者甚至就直接以人的能力高低而不是财富的多寡来衡量人的价值,清代学者彭端淑所著《为学》中有一则寓言说:“蜀之鄙有二僧,其一贫,其一富。贫者语于富者曰:‘吾欲之南海,何如?'富者曰:'子何恃而往?'曰:'吾一瓶一钵足矣。'富者曰:'吾数年来欲买舟而下,犹未能也。子何恃而往!'越明年,贫者自南海还。以告富者,富者有惭色。"[49]

四、节约与责任

(一)节约型经济定性

创新是科学的灵魂,科学创新集中体现在新命题和新概念的诞生。概念是思想的精华,一个有穿透力的新概念,能够更换人们观察世界的目光、甚至带来世界图景的根本变革。要做到这一点是不容易的,P. 3. 吉江(Гжиджян,P. 3.)说过:"正确的答案要求研究者的精力高度集中,要求他有很强的素质和敏锐的直觉。由于这些品质,使一般为人忽视的关系才能变得明显,普通人眼睛看不出的踪迹才能变为可靠的大路,偶然的、转瞬即逝的联系才能变成猜出秘密的关键。"为了得到一点真理,需要冶炼上千吨思想的矿石[50]。要建立"节约型经济"理论,必须要对相关概念进行辨析,"生态经济"就是一个与之紧密相关的概念。

1966 年鲍尔丁在论文《即将到来的地球飞船经济学(The Economics of the Coming Spaceship Earth)》中,把地球比做一艘封闭的宇宙飞船,提出建立一个与外部进行能量交换而内部进行物料循环的经济系统。尽管比喻不当,但可以认为,这是第一个关于"生态经济"的设想。

1980 年,联合国环境规划署召开了以"人口、资源、环境和发展"为主题的会议,肯定了这四者之间密切相关、互相制约、彼此促进的关系,并确定将"环境经济(即生态经济)"作为 1981 年《环境状况报告》的第一项主题,由此生态经济学作为一门新兴的科学得以确立。

到20世纪90年代,公认的理解为:生态经济学(ecological economics)是研究生态系统、技术系统和经济系统所构成的复合系统的结构、功能、行为及其规律性的学科。而环境经济学(environmental economics)是研究经济发展与环境的相互作用的规律及管理理论和方法的学科。它们的研究内容和方法有一部分重叠交叉,但重点和角度不同。[51]

2001年,L. R. 布朗(Brown,L. R.)在名为《生态经济》的专著中,把"生态经济"定义为"能够满足我们的需求而又不会危及子孙后代满足其自身之需的前景,亦即不会危及布伦德兰委员会在差不多15年前所指出的那种未来前景的经济"[52]。所谓"布伦德兰委员会指出的经济",就是1987年世界环境与发展委员会在向联合国提交的报告《我们共同的未来》中提出的可持续发展的经济。

进入21世纪之后,尽管"生态经济"的理念逐渐深入人心,但类似"知识经济"、"循环经济"、"低碳经济"的概念也在不断出现,实际上已经对它进行了替代。这些提法虽然都有失严密,但在实际中都不断得到认可,从而使得"生态经济"的提法逐渐淡化。这就说明"生态经济"还是一个比较空洞的概念,需要从操作层面对它进行充实,但这种充实需要准确和全面,防止盲目追求形式翻新和被流行话语牵引。在软实力激烈较量的当代条件下,对任何论断都要独立思考和认真分析,决不能让自己的主体性被话语争夺战的浪潮淹没。眼下产生的一系列概念,都是针对传统经济模式的替代性概念,它们是否成立,只要看其是否真正切中要害即可,所谓切中要害,就是其对立面是否反映出传统经济弊病的本质。

"知识经济"的对立概念应该是"劳力经济"。如前所述,至少在发达国家,第二次世界大战以后由于信息技术引领的新技术革命快速推进,劳力密集型产业已经退出历史,而且知识的生产和积累已经到了“信息爆炸”的地步，然而人与自然的矛盾不但没有缓解，反而愈益尖锐，所以信息的掌握与否不是问题的症结。当这些国家坐吃山空之后，不知对当年气壮如牛的“知本家理论”作何解释？

“循环经济”的本质是“封闭经济”，所以其对立概念应该是“开放经济”即“耗散经济”。如前所述，任何经济系统都不可能违背热力学第二定律，能量利用方式无论如何都只能是耗散的；基于操作代价，物料在利用过程中无论如何也不可能避免耗散。循环作为一种技术手段应当积极推广，但建立“封闭经济”的设想是一种天方夜谭，要想经济持久延续，只能尽可能减少无效损耗。

“低碳经济”的对立概念是“高碳经济”。碳是自然界的一种主要元素，只要人口和经济不断膨胀，它的排放量上升就不可避免。碳的过量排放是环境破坏的一个重要原因，但不是全部原因。把生态这个复杂巨系统的调控，归结于一种元素的调控，显然是把复杂问题进行了过于简单的处理。如果用“高碳”来概括传统经济的弊病，可能会掩盖全局性的深层次矛盾。对此，后文还将进一步分析。

1972 年沃德和杜博斯在为联合国人类环境会议撰写的背景材料中写道：“这种付出环境代价的急速增长的高水平消费型式，决不能原封不动地搬进 21 世纪。这种消费型式曾经是五十年来大多数发达国家追求的目标，并且作为解决社会矛盾的唯一手段。”“除非他们对纯物质的需求采取比较节约的态度，除非他们创造出新的消费和享受方式，否则，发达国家中的二十五亿人口，将得不到足够的空气、水、空间和舒适生活。”在发达国家，“不管他们有多好的愿望，大多数人仍然受着‘目光短浅’的影响，他们总共不超过人类的三分之一，要他们关心与其共享生物圈的其余三分之二的人类，就显得特别困难。像一群大象围绕着一个水洞在饮水，它们不仅不会感到别的动物口渴，也不会想到水洞有被踩垮的可能”[53]。

20 世纪 70 年代初，汤因比与池田大作在《面向二十一世纪的对话》中说：“如今我们发现了污染威胁着人类的生存，也发现了如果不对贪欲加以制约，就不能根除污染。但是如果采取就事论事的权宜之计，那是不会有力促进污染问题的解决的。”[54]

20 世纪 80 年代，布朗在其专著《建设一个持续发展的社会》中，提出了“摒弃浪费型社会”的主张，他定义：“浪费型社会是靠一种由汽车工业提出的概念，即人为的商品废弃原则来维持其存在的。”所谓“持续发展的社会”是与“浪费型社会”对立的概念。

1992 年，D. H. 梅多斯（Meadows，D. H.）等为回答人们对 1975 年《增长的极限》中悲观主义的诘难，出版了一本名为《超越极限》的专著。把“增长”与“发展”进行了区分，坚持增长存在极限，发展没有极限，这可能是对批评声音的唯一回应。认为要实现持续发展，关键是要对资源浪费进行制止。以原材料使用为例，“大部分人都觉得这样的原材料流既不可能又没必要。说它不可能是因为地球的资源和归宿都有极限，而且从来源到归宿都有一个过程，涉及开采、加工、处理，原材料在使用过程中不可避免地会产生污染；说它不必要是因为每个发达国家在 20 世纪末的人均原材料产量，如食物、水、木材及能源产量都是非常浪费的。一种富裕的生活完全可以建立在对地球较少的破坏之上”[55]。

资源浪费切中了问题的要害，至少从目前看来还找不到其他概念可以对它进行替代。马克思当年说过：资本主义生产方式“它对人，对活劳动的浪费，却大大超过任何别的生产方式，它不仅浪费血和肉，而且也浪费神经和大脑。在这个直接处于人类社会实行自觉改造以前的历史时期,人类本身的发展实际上只是通过极大地浪费个人发展的办法来保证和实现的"[56]。劳动的本质首先是人和自然之间的物质变换,对活劳动的浪费,必然伴随对自然资源的浪费。传统经济特别是资本主义经济,是不考虑自然界的支撑能力的。西方有一个著名的"破窗理论"说:"小孩打破了窗户,对家庭来说是坏事,但对社会来说却是好事,因为它将导致玻璃更换,这样就会使安装和生产玻璃的人开工,从而推动社会就业。""破窗理论"的问题在于,它掩盖了自然条件承载社会能力的有限性质。当载体更新能力丧失以后,任何社会意识和社会活动都将毫无意义。舒马赫说:"经济学方法论的固有特点是**忽视人对自然界的依赖性**。""重视手段甚于目的,这是凯恩斯确认的现代经济学观念,它的弊病在于破坏了人们选择自己真正向往的目标的自由与权利。"[57]这段历史时期的经济,是一种**非责任经济**。

什么是责任?黑格尔在《法哲学原理》一书中,把"责任"与"后果"联系起来,他对责任的诠释是:"在意志面前摆着其行为所指向的定在。"[58]认为意志仅以所知道自己所做的事为限,才对所为负责。黑格尔在这里指法律上的惩治性行为约束,实际上"责任"也用于伦理上的谴责性行为约束。在中国,"责任"一词的广泛含义还包括义务。黑格尔在同一本书中指出:"关于义务的规定,除了下述以外暂时还没有别的说法:行法之所是,并关怀福利,——不仅自己的福利,而且普遍性质的福利,即他人的福利。"[59]在本书中,笔者取狭义的责任内涵,把它界定为:**行为人所明晰的行为后果对行为人所产生的意志约束。**

基本经济责任是经济学家的责任,传统经济学仅仅把经济活动的基本目标锁定为个体利益的获取,认为每个人在追逐自己最大利益的同时,社会也就实现了利益最大化。这个论断在一定意义上是对的,因为它以满足人的需要为宗旨,至于需要是否正当,它是从不回答的。一般说来,正当需要应该包括基本需要和合理的享受需要,合理的享受需要包括非危害性的感官愉悦需要和有尊严地生活的需要。尊严是对人价值的认识和人对自身价值的肯定。生活水平是否与社会公认的水平相符,是保持尊严的基本条件,但"社会公认的生活水平"其实是一个最可利用的因素,商家可以不负责任地把这个界限无限推高,让人通过浪费来体现尊严。这里指的浪费还不是为了体现地位而讲求的一般排场,而是糟践性即粗暴性的消费,粗暴的消费理念必然推动粗暴的开发,包括以绿色为掩护的粗暴开发。

虽然我们很难断定什么是正当的需要,但可以断定通过浪费来体现尊严,肯定不是正当需要。通过浪费体现尊严,不是富人独有的心态,只要社会具有推动这种扭曲性消费的价值取向,穷人一有条件也会通过浪费来体现尊严。生态经济与传统经济的本质区别不在技术层面,只要观念层面没有变革,一切技术手段的运用都只是扬汤止沸而已。所以,生态经济只能具体化为节约型经济,节约型经济不反对享受甚至不反对一般的排场,但坚决反对糟践。节约型经济是一种责任经济,也就是要让经济负载责任。汤因比与池田大作在《面向二十一世纪的对话》中说:"在经济方面,既需要平等,也需要限制贪婪。因此在这方面,我们需要全面统制。况且,为了保卫人类尊严,我们大概不得不默认,人类的经济活动要按社会主义方式进行。"[60]浪费的后果对经济学家来说不难理解,所以都有责任告诫社会并率先垂范。

资源节约的告诫对于以"在商言商"为宗旨的企业是否有效?事实证明:把社会责任的履行渗透到企业经营之中,不仅不会消减利润,反而会增加收入。由于生态灾难日益深重,所以公众对绿色生产和绿色消费的认识和追求都在与日俱增,对消费者有魅力的经营理念在于:不仅要满足消费者的生理需要,还要满足消费者的心理需要。绿色心理需要不仅体现在对产品本身的考察,还体现在从原料到产品销售的全程追踪,甚至体现在售后服务。如果真的达到了这一步,那么企业从技术到管理就都实现了脱胎换骨,整体素质从而得到跃升,企业形象大为改善。环境责任是最大的信誉,有远见的企业家已经看到这一点。

(二)节约型经济运行

节约型经济作为一种经济,应当遵循经济运行的一般规律——生产关系与生产力相适应规律和价值规律,同时作为一种特定的经济形态,还有自己的运行原则。之所以谈原则,这是因为节约型经济是一种有责任负载的经济,虽然资源节约是经济发展的大方向,但因势利导与放任自流的结果是大相径庭的。这里所说的原理,是资源节约客观要求的反映,而不是主观臆断的结果。

1. 循序渐进原则

1875年恩格斯在致 П. Л. 拉甫罗夫(Лавров, П. Л.)的信中,肯定了拉甫罗夫的论断:"人不仅为生存而斗争,而且为享受,**为增加自己的享受**而斗争……准备为取得高级的享受而放弃低级的享受。"并且进一步做出下面的结论:"人类的生产在一定的阶段上会达到这样的高度:能够不仅生产生活必需品,而且生产奢侈品,即使最初只是为少数人生产。这样,生存斗争——我们暂时假定这个范畴在这里是有效的——就变成为享受而斗争,不再是单纯为**生存**资料斗争,而是为**发展**资料,为**社会地生产出来的**发展资料而斗争,对于这个阶段,来自动物界的范畴就不再适用了。"[61] 享受是人和动物区分的一个界限,但不是根本界限,所以具有原发性。恩格斯在《自然辩证法》中谈到,人不仅要在物种关系方面完成从动物界的提升,而且要在社会关系方面完成从动物界的提升，才能成为完全意义上的人，这个历史时期的漫长性不能低估。

中国古代有“人之初性本善”和“人之初性本恶”的争论，前者看到了后天的社会环境作用而忽视了人先天的动物本能，后者则相反，不过两者实际上都承认人性在后天有作恶的一面。恶性就是动物性，而对享受的盲目追求则是动物性的放大。不少古代思想家早就看到动物性放大带来的恶果，把骄奢淫逸与国与家的兴亡紧密联系起来。中国道家主张消极出世，把清心寡欲作为行为准则。儒家虽然主张积极入世，但也为此需要塑造完善的人格，所以总体上也是推崇节俭的。佛家认为人有“生、老、病、死、爱别离、怨憎会、求不得、五阴炽”八种痛苦，要摆脱痛苦就要放弃感官刺激，压抑身、语、意三方面的社会活动，到达涅槃境界。尽管如此，人们对奢华的追求却从来没有停止过。以致吴承恩在《西游记》中，专门插入了唐三藏在西天取经时，遭遇佛祖索要“人事”的辛辣一笔。

社会主义事业的先行者们，曾经一度希望通过对人的改造来改造社会，而改造人的基点则是抑制人的物质欲望。Ф. И. 列宁（Ленин，Ф. И. ）强调了厉行节约是经济建设的一条重要方针，在最困难的岁月中，他坚持与群众一起过着艰苦的生活。毛泽东一直把生活的艰苦朴素作为衡量共产党人的基本标准，1936 年美国作家 E. 斯诺（Snow，E. ）采访延安时，从领袖到战士的艰苦奋斗中，发现了一种“不可征服的力量”。然而俄国十月革命后以及苏联后期发生的社会动荡以及中国“文化大革命”后期出现的群众运动证明，人民对改善生活的渴望是不可阻挡的历史潮流。从列宁当年推行新经济政策到邓小平推行改革开放政策，底蕴都是满足人民不断增长的物质文化生活需要，不仅追求基本需要的满足，更要追求享受需要的满足。

基本需要的满足是有阈值的，而享受需要则很难确定边界。

追求享受就不可避免地要讲究奢侈,追求奢侈不仅是生理需要而且是心理需要,心理需要包括获得精神慰藉的需要和维护社会尊严的需要。在有等级差异的社会中,人们往往以物质生活水平来取人,即使在艰苦的革命战争时期,刻意通过物质生活差异来体现身份的人也并非无存,王实味的《野百合花》和丁玲的《三八节有感》就是这一现实的反映。进入市场经济阶段后,商业竞争的需要又空前强化了以物取人的心理,这种社会环境迫使大批本不愿奢侈者也走向奢侈。由俭入奢易,由奢入俭难,在市场经济条件下的节约,更是一个既很难认知、又很难使认知与行动统一的问题,揠苗助长必然适得其反,**有必要把“奢侈”与“奢靡”适当区分,不排斥明智的奢侈享受。**

2. 效益综合原则

对人类活动效益的评价有三种:经济效益、生态效益和社会效益。经济效益指符合社会需要的物质财富产出与资源消耗和劳动投入之比;生态效益指使生态系统向平衡趋近以致对人类的社会生活产生的有益结果与资源消耗和劳动投入之比;社会效益指对社会发展产生的有益结果与资源消耗和劳动投入之比。社会效益有狭义和广义之分,狭义的社会效益指对人际友善的有益结果,广义的社会效益还包括经济效益和生态效益。当三者并用时,社会效益只在狭义上使用。

节约型经济首先是一种经济活动,从现阶段世界各国的实际情况来看,任何国家要想得到国内安定、国际平等,都必须把经济效益的追求放在首位。根据笔者 2000—2001 年在俄罗斯的追溯考察,苏联时期民众的物质生活,既不像当局宣扬的那样光彩,也不像西方宣传的那样窘迫,而是属于当时国际社会的中上水平。基本需要得到了充分满足,居住条件应该说位居前列。消费品从总体上说不算贫乏,如果说某些消费品供应时有紧张现象的话，那也是由于价格过于低廉而导致对较优产品的囤积所致。还有很重要的一点是，人民群众普遍享有比较优厚的教育、医疗和休闲等福利，生态环境一直保持优良，这些条件在绝大多数国家是难以想象的。

追求享受是人类的天性，对绝大多数人来说，它们可以在一定条件下弱化，但不能无限期弱化。当时苏联民众不满的焦点是，经济增长的质量特别是日用品质量不如西方，物质享受的欠缺使得人们不能保持尊严。官僚主义肯定是民众不满的重要原因，但如果只要进行有效的经济体制改革，加上俄罗斯根深蒂固的扩张意识和崇上意识，那么即使对特权有愤懑，国家还有完整更新的可能。问题的关键是，民众没有看到生活的希望，目睹的只是官员的轻慢，这就酿成了悲剧。人没有选择余地，你告诉他简朴如何对人和对环境有利，这是一种苍白的说教，因为这种简朴会被理解为简陋。苏联尚且如此，一般国家就更难设想。

马克思说过："忧心忡忡的、贫穷的人对最美丽的景色都没有什么感觉"。[62]环境质量当然属于基本需要和享受需要，但早期需要是一种被动性需要。经济效益和生态效益有内在一致性也有内在冲突性，技术性物质享受和生态性物质享受不可能同时充分获取。发达国家在支配世界的背景下似乎达到了两者平衡，但即使如此仍然危机四伏。在相当长时期内，主流民意的抉择肯定是首先追求前者，只有当技术性物质享受达到一定程度而且生态威胁日趋严重之后，民众才会开始出现降低技术性物质享受以换取生态性物质享受的意愿。不在顺从主流民意的前提下因势利导，再高尚的理想都会遭到失败。

为了经济增长，需要刺激消费；为了社会发展，需要节约资源。这本身就充满着矛盾。从国家层面来讲，只能在考虑经济效益的前提下尽量考虑生态效益，当两者发生不可避免的冲突时，尽可能减少资源损耗并为资源保护留下尽可能充分的回旋空间。主要途径就是帮助生产者把经济效益和资源节约的内在联系厘清,并提供政策优惠。经济效益和生态效益与社会效益有相当部分交集,但在社会运行受到战争和灾害冲击时,是会发生尖锐冲突的,一旦稳定社会的需要与资源节约发生矛盾,只能以社会稳定的大局为重,在保证需要的前提下尽量进行节约。所以,节约型经济追求的是综合效益,是一种高度依赖理性的经济。

3. 危害防止原则

北京同仁堂有一副著名的对联:"炮制虽繁必不敢省人工;品味虽贵必不敢减物力",同仁堂把它作为兴旺的根本。不适当的节约,反而会造成浪费甚至危害。为防危害,节约应该遵循几条规范:

(1)对象选取恰当规范。节约对象指节约行为指向的事物,对象选取恰当与否,对节约行为的意义带有决定性作用。对于对生态环境和社会发展都有明显的破坏作用的事物,例如毒品及其制售等犯罪物品和活动,无论材料和人工使用得如何节省,都改变不了其危害环境和危害社会的性质。这类事物不属于讨论范围。对于有两面性的事物,需要进行分析评价。毛泽东把战争称为人类互相残杀的怪物,而且相信人类社会的发展终究要把它消灭,但是消灭它的方法只有一个,那就是用正义战争消灭非正义战争。[63]不能以节约名义一概反对战争,当然正义战争也要争取用最小代价换取最大效用。除战争以外社会还有自然灾难和社会灾难,非常时期都有需要立即处理的全局性关键问题。这类处理时效性很强,往往很难顾及代价。在处理过程中,只能尽量考虑节约但不能苛求节约,否则只会招致公众反感,甚至造成次生灾难。高风险性技术(例如转基因技术和新材料在大型工程中的应用技术),可能有利于资源节约,但负面影响很难在短期内评估,宜谨慎推广。

(2)技术法式恪守规范。技术法式(包括条例和惯例)是由客观规律决定的行为约束,很多法式都是经验甚至教训的总结。法式更改必须要有充分依据,贸然违反或破除,表面会带来人力、物力、财力的某些节约,例如为某种社会需要而缩短工期,从而得到一些包括“省事”在内的暂时利益,但这类“节约”只能造成更大浪费甚至灾难。产品价值是随工序推进递增的,越是接近尾部的工序报废,前期工序的浪费越大,所以越到后期,越不能盲目进行“节约”。任何技术的成熟都有一个过程,如果轻易把未成熟技术投入批量生产,造成的后果可能是整个项目乃至整个企业的倾覆。有的技术法式属于为保证生产的安全和环保而附加的,例如炸药和雷管不能因节约费用而混装运输。这些法式表面不创造效益,但违反它们的“节省”,会带来直接和间接的严重危害。产品的经济效益和生态效益有时会有冲突,主要表现是环保产品在某些方面的使用价值会有所降低。应当恪守的技术法式在于使其基本使用价值得到保证,同时还要注意社会对使用价值降低的容忍程度,否则只能被废弃从而导致浪费。

(3)生命周期充裕规范。经济活动的效益有近期效益和远期效益之分,近期效益和远期效益有一个综合平衡问题,综合平衡的基点是产品的生命周期。在市场经济条件下,从生产者来看产品的生命周期越短,产品价值实现的机会就越多,获取利益的可能也就越大,所以,尽量缩短产品的生命周期,就往往成为生产者的一种经营理念。缩短产品生命周期的常见方式是削工减料以促使更新,结果必然是商品的使用价值下降。劣质商品在特定时空内有一定市场,因为它可以满足低收入者的需要,但这些商品毕竟有着内在缺陷甚至灾难隐患,随着社会收入和民众素质的提高,它们很快就会遭到冷遇或废弃。这是一种以生产者的信誉为代价的牟利方式，企业做出这种选择不啻自杀。削工减料的行为有可能以资源节约的名义出现，但它无论如何也不是资源节约而是更大的资源浪费。对于基本建设来说，在功能和地址定位正确的前提下，尽可能地超前设计和尽可能地保证投入，不是浪费而是节约。这类产品如果质量优异，那么使用的时间与节约的资金会有正向相关性。

（三）节约型经济评判

一个经济系统要具备哪些条件，才能称为节约型经济？2001 年布朗在《生态经济》一书中提出，走向持续发展的途径是：稳定人口规模、保护基础资源、使用再生能源、改造生活方式、调整国家政策、突破集团利益、变革价值观念。[64] 其后布朗又以两本专著分别提出了拯救地球、延续文明的“B 模式”和“B 模式 2.0”，两个模式的内容是：消除贫困控制人口、恢复地球本来面貌、让 90 亿人吃饱吃好、改变能源稳定气候、设计可持续的城市。[65] 布朗一以贯之的思想是节约资源、持续发展，总体方向是正确的，但其中有不少空想成分，方法也不甚严谨。分类方法是科学的基本方法，它要求根据共同点将事物归结为较大的类，根据差异点将事物划分为较小的类。无论按何种标准分类，都要遵循以下规则：（1）持同一标准；（2）按层次逐级进行；（3）各子项之和与母项正好相等。布朗分类方式的严谨性明显欠差，子项内容大量交叉，例如“恢复地球本来面貌”和“改变能源稳定气候”就充斥重复。主要问题出在分类标准的确立，联合国大量的相关文件也充斥着类似逻辑混乱。在定义节约型经济时，必须要进行哲理性的分析。

从哲学角度研究资源环境，一直遭到许多人的贬损，不少贬损来自与资源环境有关的经济技术领域。其实，关于生态危机的思想是哲学界最先提出的，早在 19 世纪，马克思就揭露了自然再生产能力被严重破坏的大量事实，认为人与自然的异化是人与人异化的前提，提出了合理调节人和自然之间进行物质变换的途径。恩格斯根据当时出现的生态破坏，提出了警惕自然界报复人类的告诫，做出了人类第二次提升的预言。经典生态学发轫的时间是20世纪上半叶，比上述预言晚了好几十年。回首考察罗马俱乐部报告《增长的极限》到今日还能影响世界之点，应该不是它的具体结论，而是理论思维。资源环境问题是一个涉及世界各个方面的多层次大综合问题，如果排除哲学研究，那么任何研究都会失去灵魂和魅力，不仅无法把握本质，而且连论述都会失去条理和力度。从根本上说，世界可归结为物料、能量和信息三个要素，所以节约型经济可从物料、能源和人口三个方面来评判。信息和人口的对应关系体现在：人口既是生态系统信息的接收者和生产者，也是生态系统信息的调控者。

能源是经济的动力，其快速消耗和环境破坏已经成为现代经济的深重危机，能源节约必然是节约型经济的基本特征。在可持续发展的实践中，继“循环经济”概念提出之后，西方国家又提出了“低碳经济”概念。这一概念最早产生于2003年的英国能源白皮书《我们能源的未来：创建低碳经济》。2006年，世界银行做出的《斯特恩报告》呼吁全球向低碳经济转型。2007年7月，美国参议院提出了《低碳经济法案》，表示低碳经济的发展道路有望成为美国未来的重要战略选择。“低碳经济”产生的背景，是大气中二氧化碳浓度升高带来全球气候变化，该理念提出的初衷是在能源利用中减少二氧化碳的排放以保护地球。

“低碳经济”概念一提出，各国就纷纷响应，以致该概念成为国际经济的一面旗帜。接着，又由它衍生出“低碳生活方式”、“低碳发展”、“低碳城市”、“低碳社会”、“低碳世界”等一系列新概念，有人甚至提出将来要建立“无碳经济”的说辞。作为能源改革的一个方向,降低碳排放是正确的,因为碳排放的降低有利于含碳能源的节制开发,并有利于大气环境的保护,这与节约型经济的方向完全一致,但是否能够把某种能源利用方式上升为一种“经济”,又是大可值得商讨的,何况关于全球变化趋势及其成因的理论还未得到确立。

能源大规模开发对环境的影响不仅有二氧化碳排放的作用,而且还有其他要素带来的影响。如果把“低碳”作为经济发展的大方向,那么就有可能使“整体控制”的大方向被“单因控制”转移,带来新的思想混乱,引导社会只关注能源结构的改变,忽视能源规模的影响。结果是:一方面碳排放量减少,另一方面热排放量增加。废热的大量排放,会破坏地球和太空的热平衡以及水环境的热平衡,使热岛效应日亟,造成制冷能耗提升,从而进一步推动能源开发,形成恶性循环。这是从“系统思维”向“线性思维”的历史性倒退。

可再生能源大都是低碳甚至无碳能源,但如前所述,它们开发的副作用绝对不可小视。许多可再生能源的开发都要使用光伏电池和蓄电池,其生产中和废弃后造成的污染,在一般情况下是被掩盖了的。有学者指出,水电开发带来的自然和社会影响,已经超过了火电。就是将来受控热核聚变技术突破,其原料氘的采取是否会破坏海洋生态平衡,还是一个未定之数。无论哪一种能源,其大规模开发都会推动物料形态的大规模改变。形态改变后的相当部分物料是不能循环使用的,即使是可循环使用的物料,也要节制利用才能使循环得以实现。

碳是一种在自然界广泛存在的元素,碳循环是主要的生物地球化学循环。所谓经济,是一个全面涉及人和自然之间进行物质变换的体系,至少在生物性生产领域,很难以“低碳”来进行要求。有机物的生产是衡量农业生态系统水平的基本标准,提高作物产量不可能不增加碳循环。这种情况当然不同于能源碳排放，但提出“低碳经济”这个概念显然可能造成思想混乱。至于“无碳经济”，这更是一个不能不令人错愕的概念。还有人主张以高蛋白食品取代谷物，理由是降低碳水化合物的摄取量，但生产高蛋白食品的碳排放是生产碳水化合物食品的数十倍。同时对人类健康来说，以肉食为主和以素食为主哪个更加合理，应该是十分清楚的。虽然“低碳经济”是与“节约型经济”最为接近的概念，但由于上述原因，笔者认为还是使用“节约型经济”概念比较准确。

能源的结构改变和规模控制要同时并举，如果只是强调前者，容易造成一种错觉：新能源可以肆无忌惮地使用。从根本上说，自然界的能源不会枯竭，太阳能的直接开发和间接开发，在可见的历史时期内几乎没有限制；地壳浅层燃气枯竭可以开发深层燃气，它们不一定是肮脏能源；地外燃气资源的运输，从长远来看技术障碍不是完全不可以克服；可控性热核聚变的技术突破，希望越来越大。所以，能源供应在量和质上应该说都没有问题，只是如果获得能源的途径更多样和更方便，同时使用又不加节制，那么破坏世界的动力就会更为猛烈。世界的有序性主要表现在元素的分布与组合上，元素本身是不灭的，但物料形态是可变的。对此，前文在辨析“循环经济”概念时已经详细论证。所以，评判一个经济系统是否达到节约，主要是看单位产值的自然资源消耗。自然资源的内涵是生物圈中所有要素的原初形态，只要对它的耗损进行计量，包括“低碳”在内的能源结构调整就是顺理成章之事。

单位产值的资源消耗只是对开发状态的评判，要全面评判经济系统，还要对消费进行评判，因为消费是开发的原动力，不评判消费就无法评判自然资源消耗的合理性，这就必须涉及人口。人既是消费主体又是生产主体，所以在人口的量上一直存在规模和结构的争论。在当前规模和结构的矛盾中，规模是矛盾的主要方面。结构主要涉及的是社会内部的关系,规模主要涉及的是人与自然的关系,人与自然的关系是社会存在的根本,结构调整必须以不超越环境承载规模为限。控制人口规模,会有社会供养问题产生,但如果超越环境承载能力,难道就没有社会供养问题产生?后者带来的问题可能无法逆转。而控制规模带来的问题,则可以通过人口素质的提高获得解决空间。人口素质包括健康控制、开发控制和消费控制,这三者都与对生态学的认同有关。生态学意义上的人口素质精华在自觉节约,它集中投射出人对自然和社会的认识以及人对自身价值的真正认识。

总体来看,**政府消费得到有效控制,是经济系统达到节约的必要条件;生产资料得到高效利用、公众消费得到理性引导,是经济系统达到节约的充分条件。**

追求福利最大化是人类活动的目标,按照节约型准则对经济系统进行评判,必然涉及资源消耗最小化和社会福利最大化是否有矛盾的问题。在"2005 年度 COE - ICCS 国际研讨会"上,日本学者曾经就笔者提出的节约型经济理论诘问:"建立节约型经济,是否意味着要倡导向中国计划经济时期的节衣缩食状况倒退?"笔者的回答是完全否定的,理由有三:第一,计划型经济的节衣缩食,背景是自然资源开发不足,带有被动性;节约型经济的消费节制,背景是自然资源消耗过量,带有主动性。第二,计划型经济的节衣缩食,生态学知识不起作用,带有盲目性;节约型经济的消费节制,生态学知识会起作用,带有自觉性。第三,计划型经济的节衣缩食,伴随的是生产资料严重浪费,经济效益和社会效益均低;节约型经济的消费节制,伴随的是生产资料充分利用,经济效益和社会效益均高。

消费是经济的原动力,没有强劲的消费,就没有强劲的增长。节约型经济所倡导的消费节制是否会引起经济衰退,这是很多人都会关心的问题。其实这个问题完全不必担心，因为节约资源不等于限制生产，相反是要保证高效持续生产。同时，经济繁荣的指标不仅有物质产品的数量和质量，还有社会服务的数量和质量。作为节约型经济，应当积极把社会消费向非物质性消费引导，这是既不影响经济繁荣也能减少环境危害的举措。

根据前文的论述，有人或许还会问：节约型经济是否有物质消费总量控制期望？这个问题涉及社会福利最大化问题。社会福利不仅由生产总量决定和分配机制决定，还由幸福感受决定。恩格斯说过："自从阶级对立产生以来，正是人的恶劣的情欲——贪欲和权势欲成了历史发展的杠杆。"[66]资本主义生产方式的发展历史证明：最多的生产不一定有最多的幸福，生产太多的有用东西，必定派生太多的无用人员——或者是寄生性人员，或者是边缘化人员。浪费与暴力总是相通的，极端性消费的后果只有两个：**一是本人极端堕落，二是外人极端仇视**。这种生活有何幸福可言？对消费总量不可能强迫控制，但对社会福利最大化，可以给出一个判据。

《德意志意识形态》中有一段名言："只要分工还不是出于自愿，而是自然形成的，那么人本身的活动对人来说就成为一种异己的、同他对立的力量，这种力量压迫着人，而不是人驾驭着这种力量。"在未来社会里，人有可能"随自己的兴趣今天干这事，明天干那事，上午打猎，下午捕鱼，傍晚从事畜牧，晚饭后从事批判"[67]。对这段名言，有些人认为是一种浪漫主义的空想。其实就是按照传统经济学，价值也是以时间来计算的，休闲是真正的社会福利。贫困者是不会有休闲时间的，虽然他们可能有空闲时间，但却无法休闲，因为一旦有了机会，就会将全部时间用于谋生。人们都拥有充裕的休闲时间并将其用于满足个人兴趣的创造，这就是社会福利最大化的期望。舒马赫说:“人的需要无穷尽,而无穷尽只能在精神王国里实现,在物质王国里永远不能实现。”[68]这样的福利追求,对资源的消耗应该是理性的。

第三章　节约方法论

马克思说："哲学家们只是用不同的方式**解释**世界，问题在于**改变**世界。"[1]黑格尔认为，哲学不应该纠缠具体事务，然而这并没有妨碍他在《历史哲学》中对各种"形而下"的事物加以细致解剖。生态哲学如果脱离生产和生活实际，那就完全是枯槁不堪的经院哲学。节约型经济的建立需要精巧的平衡，哲学思维不进入技术环节，美好愿望不过是海市蜃楼。作为一项紧贴自然的哲学研究，拟从四个层面——空间性技术层面、时间性技术层面、综合性技术层面、综合性社会层面——探索技术开发的一般原理。科学方法论认为，事物的本质分类不仅是资料的存取系统，而更重要的是对客观规律认识的总结系统。研究涉及的案例只是凤毛麟角，有的已经或者正在成为明日黄花，所以本系统不是一个技典，而是一个借鉴，希望它能为寻找资源节约方法提供思路引导和智慧启迪。资源节约方法是科学因素与道德因素的交织，是现代技术与传统技术的融合，核心思想是尽可能通过天然过程获取经济效益。

一、空间性技术层面节约

（一）适用性节约

适用性节约是正确选择资源投放位置的节约。生物和人一样都要依靠自然资源来生活，生物对资源有损毁的行为，但这种行为会很快由自然界自身的负反馈机制来得到制约。资源的用不当用是技术的放任,其中既有创造性,也有动物性。基于技术力量的发挥,自然界的反馈机制会延后作用,但并不意味着没有作用。因为人的能动性远远超过动物,所以承受的后果也会远远超过动物。如果人不愿意让自然规律强行为自己开辟道路,就要有意识地摆正资源的投放位置,进行适用性节约。资源投放错误可以分为主观和客观两类,主观错误要通过社会机制来避免,这个问题放在稍后讨论,这里只讨论客观方面即技术层面的问题。

1. 多样性利用

从生态经济学的视角来看,任何环境要素都是资源。无论是生物性资源还是非生物性资源,在自然界里都有一个分布问题。对于具备可移性的贫乏资源,现代社会一般是尽可能采取跨地域调剂的方式来解决,但资源的跨地域调剂不仅会造成经济成本的增加,而且会造成运输能源的浪费,同时还会助长人的惰性,一来加剧环境破坏,二来妨碍能力提升。气候和土地恶劣问题等属于地域性资源问题,对于这类问题,时下的方案一般是通过移民方式解决。关于移民方案的选择不能一概而论,因为随着经济全球化的发展,地域性资源问题将越来越多,如果全部问题的解决都要诉诸移民,很快就会面临山穷水尽的困局。实际上,许多资源并不是绝对的贫乏,通过对现有条件的多方深化利用可以就地解决。

以淡水为例,淡水的主要问题是分布不均的问题。目前解决水资源问题的目标陷入了一个误区:贫水地区水资源消耗要与富水地区拉平。于是,跨域调水便成为一个普遍选择。跨域调水往往要付出沉重的经济和环境代价,还要面对移民带来的社会问题。实际上,贫水地区也并非完全没有降水,如果把有限的降雨以多种方式蓄积起来实行集约化使用,在不少地区便可以就地缓解供水问题。在临海地区,可以利用工业余热提供动力,采取反渗透方式对海水进行淡化处理。在海岛上,可以开发风能和水能,把海能发电与海水淡化合为一体。农业是用水大户,在贫水地区要大力发展旱作农业。中国新疆"坎儿井"技术,利用地下水层天然坡度在防止蒸发的条件下实现了自流灌溉,这种思路在干旱地区可以普遍推广。在干旱地区,还可利用覆膜技术耕种,防止水分快速蒸发。

以土地为例,土地的主要问题是荒漠化与工业化侵吞问题,恢复植被是荒漠化治理的主要途径。应根据地形、地貌、土质、气候,在不同地方采取不同方案治理。通过石土压砂实现蓄水保墒,可以进行特色作物种植。在石漠化地区,适当移民后可通过梯级改造和植被恢复来涵养水源,发展适宜农业。曾经饱受战火毒物浸染的朝鲜半岛非军事区,1953 年隔离后到现在有1000 多种植物繁茂生长,数百种鸟类在此越冬,常年生活着 50余种野生哺乳动物,其中包括濒危珍稀物种。该现象说明,如果将人工恢复和自然恢复结合起来,工矿废弃土地应该可以再生。通过耐受性作物的选择,可以使盐碱地得到有效利用。例如,罗布麻在内陆和滨海重盐碱地上均生长良好,且有超常的耐高低温和耐干旱能力,是一种优良的药用植物和工业原料植物。

以能源为例,要重视高低品位可再生能源的协调开发。低品位可再生能源经济投入低、普及效率高、环境代价小,它的普遍使用能防止或降低高品位能源过度开发造成的环境破坏。沼气是一种对环境特别利好的可再生能源,发展沼气的效益不仅在能源解决本身,还在于利用沼气发展生态农业,提高经济效益,消减农业污染。由于它在技术系统中相对独立,当突发事件出现时还会彰显特殊的优势。无论哪一种电能开发都会带来副作用,即使是风能和太阳能的开发,也有蓄电池生产和处理的环境问题。农村推广电力如果挤压了沼气的开发空间,就会得不偿失。一方面会妨碍农村环境整治和生态农业开发,另一方面又会不断增加用电负荷从而加重环境负荷,更重要的是培养了依赖心理,对人的素质提高不利,造成社会性贫困。这是一种线性思维方式。

2. 梯次性利用

资源利用的本质是负熵消耗,在每一次具体的利用过程中,负熵往往不会完全消耗殆尽,因而可以设计一个负熵消耗链,使资源的使用价值发挥到最大。

从淡水来看,水的每种用途对水的洁净程度要求不同,可以根据不同的要求设计一个水链。以色列从沙漠地下数百英尺深的沙漠蓄水层中开采微咸水养殖温水鱼,养殖水中含有鱼所排放的有机质,养殖后用来灌溉大面积的作物,类似方法可以普遍推广。工厂把冷却用水用于清洗,再合理安排清洗顺序,不仅节水而且节能。家庭生活中最大的淡水消耗是洗浴和洁厕,如果对卫生间进行改造,将各种清洁用水分级串联利用,可大幅压低水耗。在海滨,中国山东鲁北集团构建了这样一个产业链:“初级卤水养殖、中级卤水提溴、饱和卤水制盐、苦卤提取钾镁、盐田废渣盐石膏制硫酸联产水泥,海水冷却热电装置、精制卤水制取烧碱和氯气”。海水价值在鲁北集团几乎全部实现。

从土地来看,资源的外延要扩大。中国在发掘有机农业传统的基础上构造出了一个立体种植养殖模式:让不同作物在地下、地面和地上生长,使所有空间都得到充分利用;把捕食性和栖息地不同的鱼类按比例放养在不同水层,形成一个充分互利的食物链。农村庭院是一个物质、能量和劳力高度密集的人居环境,中国农民在庭院中通过对闲散资源的多层次利用,创建了一个具有高度生产力的农业生态系统。为了解决因禁伐木材而造成的林业工人生活问题,中国林区创造了“林下经济”。许多由于驯化而价值下降的珍稀林产品，通过在禁伐林地的野化种植养殖提高了价值。古巴利用全国城市的闲散土地发展农业，日本城市利用屋顶面和地下室种植作物，这些措施不仅有效补充了城市的蔬菜和粮食供应，还有效处理了有机废物并增加了绿地。

从能量来看，实行梯次利用可在转换的每个环节减少散失。工矿企业的余热用于发电，可以在相当大程度上解决自身的供电问题，发电后的温水还可以用于生活。油—电混合汽车可以在燃油时充电，在油动力不足时换能。巴西推出的汽油—酒精双燃料汽车，在油箱内设计了“灵活燃料探测程序”，对注入燃料进行辨别并自动点火发动，可使用任意比例的混合燃料，从而减少了大量石油消耗。利用热电转换材料在微小温差存在时就能将热能直接转化为电能，这种能源适应范围广、体积小、重量轻、安全可靠、无环境污染。机动运输装置在驾驶过程中，适当利用惯性来驱动，可以明显节省燃料。在餐饮行业和家庭厨房中，如果恰当掌握火候，在最后环节利用炊具内部的余热，可以把食物烹熟。

从矿产来看，主要是枯竭和污染并存问题。矿床往往带有品种伴生性和品位多样性，而且矿山用地和农林用地相互交叉。为了充分利用资源，可按多种梯次对采矿技术进行改革：第一要使用多样、高效的采掘方法，如地表矿床采用露天采掘法，深部矿床采用分段崩落法、自然崩落法、分段采掘法等进行开采。第二要更新采矿设备、改善运输系统，充分利用矿石、顶板和围岩，广泛运用少尾矿和无尾矿工艺，尽可能减少开采损失率。第三要降低入选矿石的品位，合理开发中低品位矿石，实行选矿自动化控制，使伴生矿及岩石得到充分剥离以综合利用；如果运用诸如化学—细菌堆浸等先进工艺，还可使品位极低的贫矿得到开采。第四要将矿石、岩石、生土、熟土单独堆放，以便矿石采完复垦时,能顺利有序地将土地分层还原铺设保证农作物正常生长。

3. 精准性利用

资源在利用过程中由于主客观原因,有许多并没有发挥应有力量,最大限度减少无效消耗、增加有效使用,不但可以延长资源使用寿命,还可能带来意想不到的经济效益和社会效益。

从淡水来看,主要问题是改变用水方式。定期检修输水管道以防止渗漏是莫大的节约。在洗涤器具时,用纸巾吸污加微水冲洗方式取代大水清洗,可明显节水还少用洁剂。有的设施例如卫生间和洗衣机,通过技术改造可不用和少用水洗。在城市,用木本植物替代草本植物营造绿地,可避免频繁浇灌,还避免频繁修剪。农业用水占有社会用水的大部,但土地水分过多会影响作物的正常生长,使农产品质量下降。在蒸发量很高的地方,大水浇灌会造成土地盐碱化,过量浇灌还会使土地营养成分流失并污染河流湖泊。以色列人把有限的水资源纳入全国水网体系,有计划地收费用水,并根据土壤吸水能力、作物特点、作物生长阶段和气候变化等特点,在计算机控制下适时适量对作物供水。利用滴灌技术加上沙漠地区充裕的阳光,以色列构建了一个收益极其丰厚的沙漠农业体系。旱区要适当进行空中调水,充分发挥云雾资源的降雨作用。

从土地来看,主要问题是增加地均产值。农村民居集并是提高土地利用率的主要途径,民居集并不仅有利于生产的规模化,而且有利于废弃物的集中处理。但对民居集并不能片面理解为城市化,城市化容易被片面理解为农民进城。农村民居集并的产业导向是生态农业,农民进城的产业导向是第二、三产业。一般认为,农民向第二、三产业的转向可以节约土地,但事实证明,无论就地转向或进城转向,只要第二、三产业规模达到一定程度,都会由于附属设施的膨胀而导致更大规模的土地吞没。城市土地和农村土地都要推广立体利用,劣质土地应改造使用。优化产业结构是提高地均产值的根本途径,优化居所结构是提高地均载力的根本途径。

从能量来看,主要问题是减少无效散失,避免泄漏。加强油、气、电输运管理维护,不仅利于节约能源而且利于保护环境。使用高压电动机,在同等功率下可以减少热量损耗。在工业生产和家居生活中,优化加热和冷却程序,并对器具进行隔热保温,可明显提高效率。推广冬季分户计量的供暖方式,可促进燃料节约。对过期热机实行强制更换,但要有效解决回收处理。汽车采用控制汽化、确切换挡、减少刹车、力避并线、防止泄漏、免装外饰等措施,都可以节省燃油。化肥是能源的转化形态,大力开发沼气不仅可以解决农村生活乃至生产能源,而且可以减少化肥投入。作为藏量极其丰富的煤炭,在相当长时期内还是主要能源,以非燃烧方式(例如等离子反应)向二次能源转化是煤清洁高效利用的唯一出路。

从物品来看,主要问题是避免无效废弃。中国素有农产品及其副产品综合利用的传统,将现代技术与传统技术恰当结合,可使农林牧渔业的所有产出物通过深化加工实现价值。防腐储藏,至少是保值性节约;保鲜储藏,可达到升值性节约。在工业生产中,推广少无切削工艺特别是充分利用电子信息技术,使整个生产过程处于高度受控状态,实现各种生产要素的优化配置,可大幅度降低能耗物耗。引导物质消费,提倡健康生存。个人物质消费可分为“体内消费”和“体外消费”。前者以新鲜适量为宜,后者以质优精当为宜。在市场经济下,多数商品的购置具有难以可逆的性质,基于住房空间的价值,除藏品以外一般物品尽量避免闲置。要建立闲置物品交易市场和闲置物品施舍场所,以便减少物品废弃。

(二)替代性节约

人类利用资源并没有既定的模式,在资源的选择上,思考的角度最初仅仅是经济效益,根据对资源结构的认识与基本需要和享受需要的契合程度来进行纵向发掘。就物料而言,经过了天然材料—人工材料—合成材料三个阶段;就能量而言,按照物质层次的深入以三个数量级的梯度逐渐推进。但是,当资源利用的环境影响和资源本身的持续利用问题凸显之后,经济效益便不可能再是唯一的追求目标。从经济效益、生态效益、社会效益三个角度来综合考虑,对资源功能的认识就不仅要做纵向发掘,还要做横向开拓。这样,资源利用是可以而且应当进行功能替代的。

1. 再生替代

在物料领域,主要是用可再生物料替代不可再生物料。可再生物料主要指生物材料,这类材料没有废料污染问题,只要土地、水源、物种足够,也没有来源紧缺问题。工业革命以前,生物材料在材料领域占据着主导地位,但是天然生物材料的力学性能和化学性能都不够。天然生物材料作为结构材料在一定条件下是可用的,但作为功能材料就基本没有可能,所以当冶金工业和化学工业大规模兴起之后,它就基本上被推到了材料领域的边沿。现在当污染和原料两大问题尖锐起来之后,生物材料自然被重新关注。目前关注的焦点是结构性材料,而且在治污方面和开源方面的解决途径是分道扬镳,当两者不能兼顾时往往倒退,所以还有很大探索空间。

从治污方面来看,目前物料领域集中研究和开发的是可通过微生物降解的材料。开发的首选是以天然聚合物为基质的材料,主要是纸材。以纸代塑在材料领域存在争论。纸浆生产要消耗大量的竹木、净水和能源，并释放污染物到环境中，同时纸的水渗性很强，限制了它的应用，而且纤维素不能用热塑法加工，因此塑料和纸张相比都各有优劣。对于这种问题，只能按照“两利相权取其重，两害相权取其轻”的思路来解决。采用生物工程通过天然物质来生产的生物性材料（例如 PHB 等），在降解、强度、热塑几个方面都有优势，但在其经济性还未达到社会可普遍接受的时候，廉价的纸材还是一个适宜的选择。制作一般容器的纸材，是可以用草本植物来生产的，有的还可以用废纸和废旧纤维来制取，这样就可以避免森林采伐。只要纸厂达到一定规模，就可以对污水进行综合治理；如果用废纸制浆，就基本上没有废水问题。纸的浸渗问题，可以采用涂塑手段解决。如果将纸浆衍生，还可以得到适合热塑加工的材料，当然这需要用矿物进行合成反应，而且衍生物的可降解性比未经改性的纤维素低。尽管以上两种技术存在缺陷，但与塑料生产相比，后者不仅要耗费大量石油资源，而且回收困难，即使添加天然物质也很难做到无害化降解。综合观察，纸材的环境影响还是远小于塑料，目前的障碍主要出自石油部门的集团利益。

从开源方面来看，不仅要以可再生物料替代不可再生物料，而且要以来源相对丰富的可再生物料替代来源相对贫乏的可再生物料。木材是常用的可再生物料，但随着社会需要在量上和质上的激增，森林的经济功能和生态功能之间矛盾日显，所以已成相对贫乏资源。目前采取的应对措施有二：一是废料制材，二是低材改性。生物衍生材料是一种来源极其丰富的资源，密压制材有显著的经济效益和生态效益，但必须解决内部黏结和外表处理的毒害问题。低材改性主要是竹材深加工，竹材经过密压并经过防变防蛀处理，可以在很多场合替代木材。竹材经过防蛀处理，甚至可以直接充当建材。这类材料废弃后可化浆造纸。生物功能材料开发的重大领域是生物电子元件的开发。脱氧核糖核酸(DNA)处在不同的状态下,可产生类似于逻辑电路中的0与1、晶体管的通导或截止、电压的高或低、脉冲信号的有或无等效应,根据该原理制作的生物芯片具有天然独特的立体化结构,其密度要比平面型的硅集成电路高五个数量级,生物计算机的运算速度比当今最新一代的计算机快10万倍,能量消耗仅相当于普通计算机的十亿分之一,存储信息的空间仅占百亿亿分之一,并具有自愈能力。生物计算机具有生物活性,能够成为人脑的辅助装置或扩充部分,并能由人体细胞吸收营养补充能量,不需要外界能源。生物电子元件废弃后可以进行自然降解。

在能源领域,主要目标是以可再生能源替代不可再生能源。可再生能源一般被称为清洁能源,国际社会对它的开发寄予厚重的环保期望,其实这是一种奢望。可再生能源有保护环境的优势,也有破坏环境的潜能。如前所述,以目前这种筑坝方式粗暴开发的水电,甚至超过集约开发的火电对环境的冲击。除了直接开发的冲击之外,还有间接带来的影响,例如太阳能硅晶电池生产就是高污染、高能耗的项目。即使进行技术改革,也还有新问题出现。科学界对受控热核聚变的前景普遍看好,但任何人也没有对海洋生态环境在大规模提取氘后可能发生的变化作过评估。任何技术只要不加限制,都会走到反面。

水电开发的效益问题,在发展中国家是一个值得讨论的重大问题。发展中国家拥有的"技术可开发水能资源"和"经济可开发水能资源"都占世界总量的60%以上,开发水电能源对于减少碳排放和促进经济增长意义很大,但密集开发引起的生态问题已经产生严重后果。水电开发与其说是一门技术,不如说是一门艺术。如果不过分追求经济效益,降低电站的密集程度,使堤坝之间保持足够距离同时为河道留下足够的生态用水,由于拦蓄水量的减少,即使有环境质变也可能只是部分质变,这样就可以使经济效益和生态效益得到兼顾。中国古老的都江堰水利工程采取顺应自然、制天命用之的思想方法，可以对筑坝引水方式的改革提供启发，但必须以避免盲目尾随西方科学技术的理念为前提。

2. 降位替代

工业革命以后，物料的开发不断向物质结构的纵深层次推进。总体思路是，探明物料的性能和微观结构的关系，从化学键、结晶性、有序性、聚集态四个因素入手来进行开发。在新型金属材料上，采取复合化、非晶化、纯净化等手段，沿强度、耐温、耐腐、重量等结构特性的增强和记忆、动力等功能特性的方向努力。新型非金属材料有新型陶瓷、合成高分子材料、液晶材料和气凝胶材料四类，通过单晶、纤维、薄膜、粉末等形式的制备以及精研、复合等手段的采用，使其成为具有高强度、耐高温、耐腐蚀等特性的结构材料或具有声、电、光、磁、生等特性的功能材料。

当前材料技术的发展有三个方向：(1)纳米制备。在纳米尺度上对材料的微观结构进行人工处理，使材料的力学性质、表面活性、辐射吸收、磁性矫顽等特性由量变走向质变。(2)智能修复。仿照动物生理，寻找事故出现前可以预警的材料，或者预感到要失事时能自动加固或自动修补伤痕和裂纹的材料，防止灾难性后果。(3)环境利好。设法破坏或削弱高分子聚合材料的主链结合，有人进而设想通过生物工程生产“生物钢”，使其废弃后能在自然状态下无害化地降解。

几乎所有新材料中有一个增加材料的强度和稳定性的基点，而环境利好的本质却是减少材料的强度和稳定性，这两个方向是有矛盾的，所以环境利好只能在合成高分子材料研究中作为一个子项目出现。按照材料开发的这个趋势发展下去，产品的生命周期结束之后，越来越多的固体材料不仅不能再生使用，而且很难降格转化使用。所以在材料使用上，对强度和稳定性的提高只能采取有所为有所不为的态度，在合适部位，积极倡导使用改性低档材料。

用材正确的关键在于因地制宜、高低得当。2008 年汶川大地震后，管理人员在对都江堰灌区损毁状况的观测中发现，由卵石条石为材料进行浆砌的工程，以其固有的韧性对地震冲击波有显著的消减作用，抗震能力强于素砼（钢筋砼）工程，因此完全不能运行的情况少见。部分渠堤被震损后，基于不能停水处理，便立即采用盛装原石的竹笼加以保护，这种工程以特有的韧性对余震波有更加强劲的消减作用，而且可以就地取材，经济性和应急性都十分优越。

以混凝土为基底的建筑消耗大量能源和原料，而且建筑垃圾的处理成为一个难题；另一方面，还有大量的劣质黏土（尤其是盐渍土、河道淤土、沙化土）得不到处理和利用。如果仿照蚁巢材料的组成与结构，以劣质黏土辅以植物纤维，就能制出具有较好抗水保温性能的黏土基胶凝材料。这种材料可以用于构筑农舍墙体，废弃后还能在自然界无害降解。

在能源替代问题上，目前关注的主要对象是高品位的可再生能源，这种单向度操作是不能从根本上化解能源危机的，因为可再生能源是一种密集度较低的能源，经济性、来源的广阔性和供给的连续性是必须综合考虑的三个因素。可再生能源的开发必须多路并进，如果过分依赖高技术，不利于能源的大面积替代。

生物质能源是一种三要素兼备的可再生能源，可以通过气相、液相、固相三种聚合形态进行开发。在燃料乙醇生产的问题上，国际上掀起过一场关于"人车争粮"的辩论。实际上，生产乙醇的原料可以是玉米，也可以是其他高适应高产量作物以及农业和林业产品衍生物，甚至还可以是生活垃圾。在生物乙醇产量占世界近半的巴西，甘蔗乙醇的生产就不存在“争粮”问题。

木质生物能源是世界上仅次于石油、天然气和煤炭的第四大燃料来源。提倡大规模种植树木，一方面可以吸收和存储二氧化碳，以使温室气体的排放量降低到安全水平，另一方面又能生产生物质燃料。藻类的疯长已经成为全球性的生态灾难，但如果改变思路来看，这就是一种高产的生物燃料。生物废料生产沼气，可以通过生物工程和规模化来提高效率。

可再生能源的成熟需要经历一个过程，在目前还不能成为主干能源，所以在相当长一段时期内，矿物能源的直接燃烧还将占据很大的能源空间，但是需要让其尽可能充分燃烧，以利于珍惜消耗。生物质除了生产二次能源以外，在相当多场合下可以考虑进行改良性直接燃烧。木质生物燃料与煤炭混合燃烧，就是一种可以充分利用资源又无须大量投入资金的方法。

生物质能源的全方位开发，需要足够的种植土地和存储空间等条件，但这不是根本性障碍。大量的中低产田通过改造可以进行能源作物种植，不少能源作物的种植还可在贫瘠土地上进行，原料存储可通过农业的集约化经营来解决。激励机制需要调整，思维定式需要突破。国家只有扶持一批足以与石油行业竞争的企业，才能改变目前过分依赖某些能源品种的局面。

发展中国家开发低品位生物质能源，与农村和农业的发展有内在联系：其一，农村大量剩余劳动力需要寻找出路；其二，矿物能源和水电能源形成的资源环境压力亟待缓解；其三，社会对优质农产品的需求日益增长。可以把这三个问题的解决有机地结合起来，建构“原料种植—废物收集—能源加工—农业优化”的劳动力密集型产业链，进行低品位生物能源的规模性开发。

（三）简构性节约

整体性是系统的基本特征，系统之所以表现出整体性，是因为系统内部各要素(子系统)之间存在着非叠加性即相干性相互作用。在非生命领域,有强相互作用、电磁相互作用、弱相互作用、引力相互作用;在生物领域,有种群间的直接干涉型竞争、资源利用型竞争和偏害作用的负相互作用以及偏利、原始合作和互利共生的正相互作用;在社会领域,有成员间的竞争与合作、压迫与反抗、依附与利用、寄养与扶助、尊敬与爱抚等相互作用;在社会与自然相互作用领域,有受动与能动、输送与反馈等相互作用。各种作用相互交织,形成特定的组织。

系统内部各种要素的相互联系方式称为结构。系统要素之间的相干性联系,使得每个要素同外界环境的相互作用,会表现为以特定的整体作用来影响环境,系统与环境的相互联系机制称为功能。结构是系统内部各要素相互作用的秩序,功能则是系统与环境相互作用的过程。系统内部要素的性质差别和相同要素的组合分异,会在整体上出现质的变化,其外部表现就是系统与环境作用的方式和能力发生变化,所以一般说来结构决定功能。

功能对结构的依存不是绝对的,这是因为不同系统之间的相互作用存在着相似性。信息论运用信息概念,把系统看做借助于信息的获取、传递、加工、处理而实现其有目的性运动的整体,这样就可以撇开对象的具体运动形态,把系统带有目的性的运动抽象为一个信息变换过程。不同系统之间相互作用的相似性,可以视为信息变换过程的相似性。冯·贝塔朗菲说过:“不同领域存在着结构相似的定律,就有可能把比较简单、比较熟悉的模型运用到比较复杂、不易处理的对象上去。”[2] 根据这个原理,采用结构相对简化的系统进行功能模拟,可以发挥复杂系统的功能,这个原理对资源节约具有普遍意义。

现代社会面对的问题越来越复杂,为了解决问题而采用的技术设施也日益复杂化,技术设施复杂化的另一个原因是基于减轻体力劳动和脑力劳动的追求。设施复杂化带来的福利固然不计其数,但造成的恶果也与日俱增。早在 19 世纪初叶,面对机器带来的负面影响,欧洲曾经发生过工人毁坏机器的运动,主要原因是工人把贫困的根源错误地归咎于机器。随着发达国家工人收入的增加,不仅基本需要得到满足,而且享受需要也得到相当满足,所以对机器的恶感也一度消解下来,但是一些有识之士却从发展角度看到了代价。1973 年舒马赫著书《小的是美好的》,批评了资金密集型技术的缺陷;1996 年 E. 特纳(Tenner, E.)著书《技术的报复》,揭露了结构复杂型技术的劣势。

技术设施复杂化的负面效果可以分为以下几点:第一,结构复杂技术的开发初衷是资源节约,但实际运作结果经常是直接导致资源浪费。例如,办公设备自动化号称向无纸时代进发,但结果造成了办公耗材的猛烈增长。第二,结构复杂技术在一些场合带来了效率提高,但在另一些场合又会把这种收益消除。例如,电子通信设备确实提高了工作效率,但设备的保养和员工的游戏足以造成得失相抵。第三,结构复杂技术解决了一些急促问题,但却留下了慢性后患。例如,发达的交通工具使得全球近似一个村落,但它们正好是有害物种藏匿和扩散的有效载体。第四,结构复杂技术表面上克服了一些困难,但也酿成了深层灾难。例如,电动自行车具有轻便快捷和无排放的优点,但交通肇事和电池污染问题也随之严重。第五,结构复杂技术使得系统控制大为灵敏,但管理的难度因此而同步增加。例如,指挥系统的智能化使反应能力空前提高,但一个不大的意外可能让全局瘫痪。

人们或许认为这些弊病的影响不大,而且可以通过技术进步完全消除。但大量事实表明,问题往往不是技术落后的产物,相反恰恰是技术进步的结果。问题的关键在于技术进步不能让机器过分排斥人工操作,过分排斥人工操作的消极后果至少有三:其一,自然资源急剧消耗,自然秩序加速紊乱,自然灾害日趋严重,技术风险显著提升;其二,权力向少数精英和少数强国集中,结构性失业和社会分化扩展,稳定与和平进一步破坏;其三,个人劳动技能消退,多数人创造力丧失,文化逐渐走向单调和浅薄。这三种结局都会导致文明的衰败甚至毁灭,要保证资源的持续利用和社会的全面发展,必须对技术开发思路作以下调整:

1. 改造本土技术

所谓本土技术是尽量利用当地天然因素来达到技术目标的技术,其特点是原生色彩浓厚。材料主要是直接利用的自然材质,能源主要是初略处理的生物工质,信道主要是简易利用的环境介质,天然过程的作用突出。工业化以来,材料、能源和信道都演变为深度加工的自然资源,天然过程的力量被人工过程的力量部分或完全取代。追究演变的原因,相当部分并不是因为天然过程的作用没有意义,而是没有被认识和发掘。传统技术对天然过程的利用有许多巧妙之处,用现代技术加以改造之后,可以在简化结构的情况下达到甚至超过结构复杂技术的功能。中国建筑界对黄土高原的窑洞进行了重新认识,看到它优良的隔热、抗震、节地、省料的优点。如果重新设计,适当引入工业材料、能源和通信设施,并对外观进行美化,就可以完全达到节能和舒适的目标。黄土地层的透气隔热性质还能够用于冷藏,其效果可以达到甚至超过结构复杂的电力冷库。中国西北严重干旱地区,政府资助农民把庭院地面硬化,把屋顶和庭院的雨水引入水窖储存。只要降雨量超过 5 毫米,就能形成径流。一个家庭如果储存 60 立方米左右的降雨,就可以解决基本生活用水并可以发展一亩地的庭院周边经济,做到普遍脱贫。比起国家投资修建水库来,没有移民和管理的复杂问题,也使用水行为得到高度自律。

2. 优化人力技术

人力技术的基本特点是对人的主观能动性和相互协调性的依赖程度高,体力的消耗强度大,但这些技术的优势明显有四:一是资金投入低,二是就业岗位多,三是文化内质厚,四是生态效益好。适当引进现代科学技术以将其改造为中间技术,可以满足社会对卫生、美观、坚固等方面的进一步要求。中间技术不仅在发展中国家有强大的生命力,而且对整个世界来说,可能是社会实现可持续发展的根本途径。为了对人力技术进行优化,就要组织适度规模化的生产经营,还要开办专门学院来承担研究传统工艺的挖掘、保护和开发工作。基于世界发展的不平衡,在大部分发展中国家,下层民众的生活需要改善,但又不可能也无必要完全仿效发达国家的模式。大博达(Big Boda)载重自行车是由世界自行车组织和位于肯尼亚的工厂制造的轻质自行车,它可以运载几百磅的货物或搭乘两名乘客。以纳米纤维附着杂质原理制作简易净水工具,可以让贫困群体获得安全用水。用内外两个陶罐嵌套以并以水和沙填充夹层,可以冷藏食物。上述发明在非洲得到推广,这些发明的内核也是中间技术思想。其重要意义不在于发明本身,而在于提供了一种价值观念。用具只要具备基本功能即可,许多附加功能只能徒增购买和运行费用,同时还扩大资源环境的破坏,甚至对使用者造成危害。

3. 开发仿生技术

生物在漫长的进化过程中,形成了多种适应自然环境的能力,其导航、识别、计算、捕食、避害、筑巢的灵敏性、高效性、简捷性、可靠性,足令现代电子信息设备相形见拙。N. 维纳(Wiener,N.)在创立控制论的时候,始终着眼于信息,把生物与外界的相互作用,归结于信息与信息的反馈过程,在他看来:“任何组织所以能够保持自身的内稳定性，是由于它具有取得、使用、保持和传送信息的方法。”[3]控制论突破了机器与生物的界限，把目的和行为概念赋予机器，为机器对生物的模拟提供了理论根据。对生物的功能模拟，可能以最优的结构和投入，发挥甚至超越复杂技术系统的功能。仿生方法是典型的“黑箱”方法，“黑箱”方法是一种可广泛使用的简化方法。生物的细胞膜是一种把细胞质与外界环境隔开的半透性薄层物质，生命活动的许多过程都和膜有密切关系。膜的一大功能是能量转换，绿色植物的光合作用和动物的同化作用，都要通过与膜紧密结合的酶系统进行一系列复杂反应，最后合成三磷酸腺苷，三磷酸腺苷分子水解释放的能量是所有生物体活动能量的来源。其释放能量的效率是人类目前利用化石能量效率的2—4倍，因此，对生物膜结构和功能的深入研究将对节能技术有重大影响。通过对红树林生物膜逆渗透功能的模拟，可以实现海水的低能耗淡化。

4. 模拟天然过程

机电化学技术的作用本质是用人工干预和改变天然过程，使之符合人的需要。干预和改变的结果往往带来负面作用，付出沉重代价。仿生学方法是通过对天然系统的功能模拟来优化技术系统的方法，对这种方法还可以反其道而行之，即通过对技术系统的功能模拟来优化天然系统。现代技术替代传统技术的原因，是其在高效、便捷、可靠、精确等方面的优势。如果根据“黑箱”原理，建构优化的天然系统，使优化的天然系统与现代技术系统同功异构，那么不仅将使操作大为简化，而且使经济代价和生态损失都降至最低。利用地窖可以把时间温差逆转为空间温差，例如冬季储藏冰块供夏季制冷、夏季加热介质储藏供冬季取暖。将大湖底部的冷水抽取用于空调，热交换后再将热水注入大湖进行冷却，这就形成一个耗能极低的热循环。经过一定设计的建筑，可将日光直接利用于照明和取暖，部分替代二次能源。将多层滤膜构筑为沉井置于海水当中，利用海水的自身压力让海水透过井壁过滤，然后就可以从井中直接抽取净水。利用某些水生植物对污染物质的过滤作用，建造人工湿地来净化污水，在相当程度上可以替代复杂的污水处理设施。战争时期利用绿色植物对电磁波的吸收作用，能够以极其低廉的代价对各种设施进行伪装，有效地避免制导性武器打击。

简构性节约的主要特点是巧妙利用技术力量调节天然过程，将自然过程的实质性变异控制在最低限度。限度的确定原则是以天然过程引导技术开发，而不是以技术力量改变天然过程。也就是充分挖掘自然界本身的机制来满足人的需要，包括通过亲身参与来满足实现自我价值的需要，使经济效益、生态效益和社会效益得到综合性保证。

二、时间性技术层面节约

（一）惜消性节约

惜消性节约是指在自然资源相对流动的形态下，尽量发挥其使用价值以延长使用时间的节约。人类社会诞生的基本特点是人化自然和人工自然的出现。人化自然是在保持天生自然物基本形态前提下对自然进行改造的结果，在人化自然中，天生自然的自组织功能在一定程度上尚在。人工自然是人为创造的自然物，在人工自然中，天生自然的自组织功能完全消失。人化自然的有序与人工自然的有序是两个不同的概念，前者主要是自组织的产物，后者完全是他组织的产物。人化自然的有序程度下降之后，既可以通过自组织恢复，也可以通过他组织恢复；人工自然有序程度下降之后，只能通过他组织恢复。两种恢复都只能达到一定程度，自组织恢复属于“自然循环再生产”，他组织恢复属于“人工循环再生产”。

如前所述，在地球生态系统中，能量完全不可能循环；在经济活动中，物料不可能完全无限循环，而且物料的循环利用必然要消耗能量，所以应当首先考虑尽量延长原生性资源的使用寿命问题。延长原生性资源的使用寿命问题在生产环节和消费环节都存在，生产环节的方法选择与制度设计和经营理念密切相关，问题也比较集中，后文将辟专题讨论。如果说生产决定着消费，那么可以说消费在更大程度上决定着生产，资源浪费说到底是消费领域的浪费。生产领域的节约不一定能影响消费领域的节约，而消费领域的节约却必然影响生产领域的节约，因为消费者不一定参与生产，而生产者却必定参与消费，所以消费领域的节约是带有根本性的节约。

消费领域的浪费与权贵消费的示范作用不可分割，这个问题的解决须诉诸政治体制的改革，同时不能低估商业营销和民众意识对消费行为的影响。2012 年 2 月 6 日英国《每日邮报》报道，法国议员 R. 多西埃(Dosiere, R.)著书《公款(Money from the State)》揭露，总统 F. P. N. 萨科奇(Sarkozy, F. P. N)每日仅饮食消费竟达 1 万英镑。即使公款消费得到制约，浪费问题也不见得能够自然解决。美国环保组织“自然资源保卫委员会(NRDC)”2012 年 8 月发布的一份调查报告显示，美国每年供应链中高达四成食物被扔进了垃圾桶，价值 1650 亿美元。顾客在餐馆用餐时平均有 17% 剩余，其中 55% 部分不带回家。中国公款浪费触目惊心，私款消费也并不检点，许多富人的挥霍可谓骇人听闻。

笔者把消费分为三类：绿色消费、灰色消费和黑色消费。绿色消费是理性的消费，是能够把资源态势及身心健康与自身行为紧密联系的消费。对于这种消费，没有可能也无必要制定一个标准。2007 年 9 月中国科技部发布了《36 项日常生活行为节能减排潜力量化指标》，这个指标的意义与其说是行为指导，不如说是觉悟唤醒。灰色消费是生活意义不甚明白的消费，其中合理成分与愚昧成分并存。愚昧消费对自身对环境对社会均有负面影响，但其影响具有潜在性和渐进性。黑色消费是价值观念被完全扭曲的消费，这种消费对所有方面都有百害而无一利，而且危害具有显在性和突发性，这种消费是罪恶性消费。

人的消费不同于动物的消费，动物的消费行为与自然过程是直接同一的，而人的消费则是外在于自然界的经济性行为。可以说，人的任何消费都有环境影响，所谓绿色消费只是一种合理消费。何谓合理？对基本需要来说可以找到一个限度，但对享受需要，却很难说什么是合理的，在市场经济条件下，与其回答什么是合理，不如回答什么是不合理，但这个问题因时因地因人而异，只能从最不合理的行为入手。淫乱、赌博、吸毒等黑色消费行为，以及迷信消费、野味消费等灰色消费，其不合理性有质的界限，最难鉴别的是普通购买和废弃这类行为的合理度问题，因为这种合理度是很难客观界定的，只能主观控制。

这里不妨借鉴 J. P. 萨特(Sartre，J. P.)的“恶心”概念，给出一个主观警示。萨特认为人是绝对自由的，人不外是自己造成的东西，人对自己行为自由选择的可能性是人最重要的本性。人能够自由地选择自己，造成自己的本质，这是人和物区别的根本标志。萨特认为，既然人的一切行为都出于自我主观意志的自由选择，那么人对自己的行为就要绝对负责。他举例说，如果我被动员去作战，本来我可以摆脱战争——逃跑或者自杀，既然我没有这样做，那么就是说我选择了战争，这场战争就成了我的战争，我就成了战争的从犯。从“存在先于本质”这一前提出发，萨特发展出了他重要的哲学概念——“恶心”。

“恶心”是萨特一部小说的名字，并且成为他的一个重要哲学概念。这部小说讲述了一个叫做安托万·罗冈丹的人经过几年的旅行生活之后，来到了布维尔市。他曾希望安静地进行研究，从而摆脱人生的烦恼。可是有一天他发现自己的感情出现了一种变化，浑身感觉不舒服，只要看到周围的一切，就有这种难受的感觉，感到了外部世界的偶然性和荒谬性，感到了人生面对不可理解东西时的无奈。萨特认为这种恶心的体验，一方面表明罗冈丹对自身和周边的存在有了清醒的认识，另一方面又表明他对外部世界持一种否定的态度，所以在萨特看来，体验到恶心就是走向自由的第一步。

萨特那种完全摆脱客观必然性或规律性的自由观并不符合实际，但是他强调人的价值在于对自己的一切行为负完全责任的态度，至少在环境问题的认识上有可借鉴之处。“恶心”体验是人对外部世界的一种心理觉悟，起于对客体的价值评判与主体能动性的比较，或许会终于一种责任。如果人对外界事物失去责任，这对社会是相当可怕的。环境问题的解决，归根结底要依赖人的责任感，而要培养责任感，就要激发“恶心”感。这种“恶心”感首先是对自己造成环境破坏的“恶心”感。在市场经济条件下，消费行为的无度扩张虽然受到外界鼓动，但归根结底是消费者自由选择的结果。可以说，在环境破坏上，我们都是共犯。

如前所述，普通消费和排放有两面性：一方面，人作为人，他要过不同于动物的生活，所以一定的社会性消费和排放是必需的，这是人的权利；另一方面，人不同于动物，即使是再节制的消费也要造成环境影响，这是人的责任。如果人都认识到这一点，环境问题不会解决无望。许多绿色活动的参与者都谈到，每当不得已向环境排放难以自然降解的废物，而又明知这种排放可能危害环境时，都会有一种负罪感，这种负罪感就是“恶心”体验。尽管大多数人对此或者并不苟同，但它确实是一种宝贵的责任意识，正是受这种责任意识的支配，这些人才自觉节制消费行为,并义无反顾地投身环保。

20世纪下半叶,法兰克福学派等一批比较激进的学者指出,在发达的工业社会中,大众传媒顺利地把特殊利益作为所有正常人的利益来兜售,公众的主体性完全丧失,社会已经处于批判的停顿,成为一个没有反对派的社会。但后来的事实证明,这个结论过分悲观。大众确实有被愚弄的一面:"不得不和平地生产毁灭的工具,不得不极度地浪费,不得不接受防卫训练,这种防卫使防卫者和他们所防卫的东西成为畸形。"[4]同时,随着全球生态危机的加剧,公众也有觉醒的一面。从1970年的地球日到2009年的哥本哈根会议,生态运动逐年高涨。如此高涨的公众参与势头,显然不是哪种商业传媒所能左右的。

浪费性消费的根源在对生活意义理解的错位,这里有客观因素也有主观因素。在现代社会,引领浪费性消费的理念主要是时尚。一个人尤其是处于中产阶层以上的人,如果不迎合时尚是有危险的,他可能被视为没有教养和缺乏实力的人,甚至被视为异类。这样,在社交场合就会遭到冷遇,失去许多本来应该可以得到的机会。反过来讲,不具备实力的人也就可以通过超常消费来体现个人的价值。奢侈性消费并不一概都是非理性消费,享受是人的一种生活质量、一种正当追求,问题在于不能让创造被消费取代,否则就会出现是非的颠倒,结果必然是黄钟毁弃、瓦釜雷鸣。

要实现惜消性节约,基本工作是区分美丑,这也是一切节约方法的基础。黑格尔认为,当理念与外在感性形式"直接"处于统一体时,理念就表现为美。因此,理念与感性的"直接统一"就是美的根本特征。如果把他的框架作一个扬弃,那么可以说在他看来事物的内容和形式的统一就是美。从审美角度看,"审美感知是外部物理结构、生理感受结构、社会情感结构三者之间的直接契合"[5]。论人的品位,根本点是看内在的创造力量。内在外在均充实和内在外在均平淡都属于美,内在平淡而外在充实属于不美。内在外在均空虚属于丑,而内在空虚而外在充实则属于大丑,因为富于欺骗。中国成语说得好:桃李不言,下自成蹊。内在充实而外在平淡属于大美,是透射之美。

产生这些感知,需要改造生理感受结构和社会情感结构。李泽厚把美感分为三个层次:(1)悦耳悦目,这是初级层次;(2)悦心悦意,这是中级层次;(3)悦志悦神,这是高级层次。[6]目前在中国社会层面的情感结构上,已经有了一些中层美感,重视内在外在均充实的美,但大众意识还在低层美感徘徊:重视外在充实的美,鄙视内在外在均平淡的美,无视内在充实而外在平淡的美。从社会发展的要求特别是生态文化的要求来看,重视内在充实而外在平淡的美感应该才是高层美感。审美的心理感受结构无疑具有个体差异,但同时又在很大程度上受到社会情感结构的影响,所以需要在社会情感结构上来一个格式塔转换。

格式塔心理学派用"异质同构"论解释审美经验的形成,他们认为在外部事物、艺术式样、人的知觉组织活动和内在情感之间,存在着根本的统一,都是力的"作用图式"。根据这个理论,有审美经验的人会透过形状、色彩、空间或运动,感受到事物内在的"活力"作用。特定的"活力"又会进一步与人类世界中的某些事件、人类心灵中的某些思想感情联系起来。因此,节约型生活方式的典型与其在大众层面上寻找,不如在生活俭朴的成功人士中树立。生活简朴的成功人士,具有"淡妆浓抹总相宜"的内在力度。褒扬其内在力量的外在投射,会在大众层面引起震撼,产生所谓"有麝自香"的示范效应。

只要审美心理感受结构发生变化,人们就会反思生活的意义,对自己的行为进行检点,产生"恶心"感受,从而尽可能通过创造而不是通过消费来获得满足。限于主客观条件,人的成就感是丰富多彩的,高层有其忧伤,底层有其愉悦,一旦不以消费取代创造，就会各得其所。在这种氛围之下，惜消性节约的具体方法会源源不断地从民间涌现出来。人民群众的创造力无穷无尽，关键是创造方向要符合自然规律和社会规律。惜消性节约是符合生态学规律的，但人的生活状况千差万别，不可能对所有方法进行穷举，更不能进行规范，只能通过一些节约性方法的介绍来触动，力争产生正反馈效应。

（二）驻消性节约

驻消性节约指自然资源在相对稳定的形态下，尽量利用其价值以延长使用时间的节约。人类改造世界的成果可以分为实物产品和信息产品，这两者又是相互渗透的，实物产品有信息存储，信息产品有实物负载。凡实物产品，都要在一定的历史背景下、通过一定的人工对一定的材料进行加工改造来完成，每一环节都有自然要素和文化要素的凝结。非电子类信息产品在材料和人工方面都有区分，载体本身就有自然气息和文化气息。就是电子信息产品，也要依附于一定的材料才能显现和传播。驻消性节约的范围可以是奢侈物品，也可以是普通物品。

对于高档消费，不能持一种偏激的态度，爱美是人的天性，享受是人的能力。奢侈性消费可以分为有品位和无品位两类，两者的区别在于：第一，有品位的奢侈在消费目标上会权衡利害，对明显有害于自然和人类的消费品不予考虑；第二，有品位的奢侈在消费意义上会首选精神，对消费品的文化价值会尽量深入发掘并尽量予以保存；第三，有品位的奢侈在消费方式上会珍惜物品，对物品的废弃会顾及环境和社会后果。所谓“玩乐族”或曰“发烧友”，多半是有品位奢侈的群体。对于“玩乐族”，人们常常以“玩物丧志”斥之。其实，玩物是否就一定丧志，这是需要分析的。实物对人的意义分为直接功能和间接功能，直接功能是感官满足功能，间接功能是精神承载功能。间接功能完全是人赋予物的功能，没有一定境界的人不会有精神寄托。如果“玩物”者“把玩”的主要是精神，那么可以说不仅不会丧志，反而可能励志。我们看到许多志士直到临终都有承载精神的遗物，其中不乏奢侈物品，所以应倡导有品位的奢侈性消费并发挥其积极作用。

高档产品的生产首先对原料就有严格区分。产地的多样性体现着自然环境的多样性、矿产资源的多样性和生物资源的多样性，原料多样性还体现在采集时间的差异性。瓷器产品的质量与原料成分的关系极大，历史名瓷都出在优质高岭土的产地。陶器质量对原料的依赖更加突出，不同砂土生产的陶器形态简直是千差万别。陶瓷生产所需的主料和辅料是几乎无法循环利用的，随着时间推移，不仅优质原料而且普通原料的储量和品位都在急速下降，著名的景德镇瓷器和宜兴市陶器的原料日竭。家具制作原料中原木的价值最高，这是保护森林资源的重大意义之一。原木分为若干种，各种木材都有亚种和产地的区别，每种木材因采伐时间和存放时间不同价值也各异。存放的时间越长，密度越高、色泽越深、性能越稳。木材当中以楠木和红木最为珍贵，由于过度采伐这些物种已经濒危。对奢侈品既要尊重已有物件的价值，又要强调对稀有资源的保护。

高档产品对工艺特别讲究，相同原料由不同人员加工得到的结果可能大相径庭。在手工作坊生产条件下，工艺区分在商号上就已经显现，有的产品几乎是不可复制的。中国春秋时期的越王勾践剑历经2000多年，至今抗锈能力和锋利程度仍然无与伦比。就是在大机器条件下，人工的因素也不可忽视。瑞士生产的机械手表和日本生产的机械手表相比，主要基于技师和工匠的区别而不是设备的区别，表的机芯及外观都制造质量悬殊、人文价值迥异。由于投入的人工不同，普通用品可以做成艺术品。就是品牌相同而生产时间不同的产品，包含的人文价值也不相同，其差异有三：第一，社会的历史技术风貌；第二，工匠的历史技术水平；第三，特定的历史事件背景。产品的价值有器具性价值和观赏性价值，前者随时间递减，后者随时间递增，这是因为人文信息在材料和加工方式上的反映比图文更为真实，对受众历史追忆的触发也最为深切。随着时间的流逝，历史性产品的存量会逐渐减少，观赏性价值也会逐渐提高。

一个民族的发达程度与理论思维的程度成正比。黑格尔说过："人类诚然自始就在思想，因为只有思维才使人有异于禽兽，但是不知经过若干千年，人类才进而认识到思维的纯粹性，并同时把纯思维理解为真正的客观对象。"[7]黑格尔在这里所说的纯思维，应该理解为哲学抽象，理论思维能力主要是哲学抽象能力。对物品的价值认识，是公众抽象能力的一个标志，也是社会发展程度的一个标志。当公众的需要还在低层次徘徊的时候，对物品的价值仅停留在感性层面。这时物品收藏只是少数上层人物的特殊享受，所藏物品只是有历史积淀的艺术产品。当感性层面的需要普遍得到一定满足、特别是具有一定闲暇和财力之后，历来为上层所有的高雅情趣便开始对公众产生引力，物品收藏因之扩大到平民可及的范围，于是就带来了日用物品的价值发掘。这些物品通常以发挥器具功能为主、观赏功能为辅，但如果进行特定保存，就会在观赏功能上发生质变。

一种是品种保存型。寻常物品尤其是有特定历史背景的寻常物品，需要具有相当的知识、目光、能力和精力才能汇集，因此汇集性物品是一种稀缺性资源。一旦同类物品即使是残品汇集，与物品材料和加工的相关信息量就会大增，信息的集中喷发能够满足公众的求知欲望、激发公众的好奇心理、营造公众的追忆氛围，从而使得物品的价值倍升。物品一旦归类完整汇集，往往就会显露自然和社会的某些历史真相，所以还对科学研究有着潜在的价值。票券类、货币类、证件类、商标类、徽章类、文献类物品以及系列性产出用品，属于品种保存型。这种类型的物品本身要求有亚类的区分，其中有的是制作时对物品的亚类、数量、序号都进行过有意识的控制，当初的动机也许只是为管理方便而已，但一经汇集便成文物。就是废弃的生产场所，如果将实施完备保存，以历史遗迹的角度来对其审视，就是一个博物馆。品种收藏对自然资源节约有一定意义，但主要意义是保护精神文化资源。

另一种是性能保存型。一般说来，物品的性能是随技术进步而变化的，所以过时物品的性能是技术进步的生动记载，最能激起人们对过往岁月的真切感触，使人获得一种美感享受。还要看到，物品从外观到内容的设计，没有绝对的完善性，换代物品可能在某些方面有性能上的改进，但在其他方面的性能可能就有牺牲。物品经过历史长河的洗刷和对比，潜在的优势可能在新条件下会被重新认识，因此即使是单件物品，只要性能基本完好也会实现价值增值。耐用消费品的寿命与使用者的经心状况有关，但现代社会对耐用消费品的替换，不一定是因为产品的生命周期终结而是因为技术水平升级，技术升级也不完全是出于对产品性能增加的追求，而还出于对社会消费潮流的迎合。因为不合时尚的产品使用会遭到世俗社会的非议和排斥，被社会边缘化的后果不仅在于个人和家人的尊严受到损害，还会造成社会参与机会的丧失，从而使得经济利益受到损害。然而如果从文化的角度来审视，事情不会总是如此。

用品性能的保存在发达的工业社会早就受到重视，人们看到其价值在于：第一，基于历史时期的资源状况因而本性材料较优；第二，基于历史时期的投入状况因而原初工艺较细；第三，基于历史时期的技术水平因而人动空间较大。第三点表面看来是劣势，但在一定条件下又可能转变为优势。社会发展与人的发展在某种程度上有相像之处，越是成熟的社会，公众消费的理性程度越高。发达国家尤其是欧洲发达国家,追求奢华的潮流固然存在,但总体势头不如石油输出国家和新兴工业化国家。在欧洲,文化品位较高的公众对旧式器具都情有独钟,不会轻易抛弃,在生态运动兴起特别是金融危机发生以后更是如此。

现代技术发展的趋势是对社会系统的依赖性越来越高,社会系统依赖性的提高带来了工作效率和工作质量的跃升以及劳动强度的削减,但同时也产生了如前所述的社会问题。第一,个体失落感上涨,追求规模效益和追求自我实现的两难问题越来越突出。第二,灾难应对力下降,局域行为牵动全局和受制全局的矛盾越来越尖锐。这两个问题的发展,会使得人动空间较大的技术产品,可能在一定条件下被重新使用起来。

人的类特性在于创造性,而且创造兴趣具有多样性。真正的人生价值实现在于,个人的创造性成果得到社会承认。在现代社会条件下,能够通过本职工作达到这种地步的人毕竟为数不多,但并不等于多数人不向往。可以寄托这种情感的途径,就是业余开发人力含量较高技术的潜在功能。如果用低档工具造出高档物品,或者用陈旧工艺制出纯正产品,或者用废弃材料推出新意作品,就会感受到一种成功的愉悦。一些通过传统方式生产的物品,具有丰富的自然内涵和舒适的人体感受。在大工业产品的单调性和公害性日益显露之后,不少人正在试图找回个性色彩浓厚的生产工具和生产技艺以满足自己及社会需要,这种否定之否定的辩证复归具有深刻的文化变革意义。它不仅使公众重新认识了产品价值,而且重新认识了自身价值,即真正的人生价值只有在与自然界共存共荣的创造性劳动中才能实现。至少在现阶段,这类生产通过适当改良之后可以作为大工业的补充。

技术系统的破坏当然可以通过技术手段的改进来防止和修复,但这可能促使技术系统进入新一轮的扩张,造成更大的社会性依赖。这种膨胀的动力既来自于商业利益，也来自认识局限，带有不可遏制性，但是当人的需要走到极端之后，人动空间较大的工具也会露出复兴势头。人力自行车曾经一度落到淘汰的边缘，但随着交通和能源形势的恶化以及保健意识的省悟，这种工具的启用又成为一个潮流，有的城市甚至计划修建自行车高速公路。由于自然和社会因素的特定作用，总会有一些极端情况不时出现，导致在常规条件下反应敏捷的电子系统和供应充足的能源系统完全丧失作用，这时一些人动空间较大的工具甚至可能发挥关键作用。例如在特殊气候条件下，电子仪表的可靠性可能让位于机械仪表；在一些需要高度保密的场合，传统的图文处理器材和信息传输工具可能优于电子器材；在战争和灾害导致精细能源中断时，蒸汽动力机车可能主导运输任务。

对物品延伸使用的认识在经济改革之前已经产生，而今旧品收藏竟成社会运动。当前收藏群体中大部分人的初衷并不是获取精神愉悦，而是单纯的经济投资，因此包括赝品和仿品在内的藏品生产势不可当，藏品滥造同样是资源浪费。某些历史文物的取材属于危害生态环境，今天虽不能追究但也不能认同。对于这些，专家在进行文物鉴定时有责任向公众进行昭告，以此为藏品生产和物品收藏提供一种正确的价值导向。还要告诫藏家以健康心态参与收藏，避免赌博性浪费。

有人或许认为，提倡驻消性节约会妨碍经济增长，这种担忧完全不必，理由有三：第一，藏品收集本身就会刺激商品生产，当然这里有粗制滥造问题，但高附加值的生产无疑也会得到促进，这就有利于优化资源利用方式。第二，藏品往往需要交易，不少藏品还需要定期保养，就是残破藏品也已经有人修复和改制，围绕收藏可以衍生一大批就业岗位。第三，物品收藏可以为社会保存有潜力的财富，减少资源毁坏和环境污染，这对经济和社会都是有益的。

（三）预防性节约

预防性节约指对自然灾害做出预见并采取措施使损失降到最低的节约。在现代社会，自然灾害分为三种：第一种是纯粹自然因素导致的灾害，如地震、海啸、天体撞击等；第二种是人为因素和自然因素共同作用导致的灾害，如大气运动紊乱、地表构造变异、病毒病菌蔓延等；第三种是主要由人为因素导致的灾害，如元素分布反常、生物种群失衡等。有的灾害是突变性的，有的灾害则是渐变性的，灾害之后社会一般都要进行恢复和更新，但代价就是自然资源价值的更大规模消失。所以，如果能够对灾害进行有效预测，将使社会财富、从而使自然资源得到相当显著的保护。渐变性灾害由于其危害的累积性和隐蔽性，所以在社会生活中一般并不称为灾害。所谓防灾减灾是具有特定含义的，主要指突变性灾害。

纯粹自然因素导致的灾害中，频率最高、危害最大者当数地震（海啸多由地震引发），同时，地震预测的难度也最大，所以地震预测的研究不仅有直接的社会效益，而且对其他灾害的预测有借鉴意义。关于地震是否能预测的问题，科学界一直存在着可预测论和不可预测论两大派的论争。目前地震学界主流学者的意见是：地震前兆信息大多来自地表，有用信息与无用信息相互混杂；不同地区、不同类型的地震前兆特点迥异，寻找普遍规律困难；大陆同一地区的强震重复发生周期往往很长，可资借鉴案例受限。预报成功是极少数的例外，增强平时的防范才是根本措施。

诚然，地震预测确有难度，但如果因此就断然否认地震规律的可知性，肯定不是科学的态度。没有探索和创新，科学就失去了灵魂，而支持探索的基本信念则是客观规律可知论。世界是否可知，这本来是一个旧问题，不可知论之所以在新形势下还能够大行其道，是因为机械决定论在科学界还根深蒂固。实际上，从 19 世纪下半叶开始机械决定论就不断受到冲击，量子力学的发展过程证明，就是在以严密著称的粒子物理学之中，机械决定论也不可能坚持到底，何况在研究尺度很大的地球科学之中。我们面对的世界是复杂的，而不是简单的。简单因果关系只是复杂因果关系的一种程度很高的近似。

20 世纪 80 年代，钱学森等开创了开放复杂巨系统的研究。开放复杂巨系统广泛存在于现实世界当中，它们的特点有：对外开放性、规模巨大性、组分异质性、关系非线性、行为动态性、内外不定性。他们认为，不能用处理简单系统或简单巨系统的方法来处理开放的复杂巨系统，如果看不到这些理论方法的局限性和应用范围，生搬硬套，结果只能适得其反。

实践证明，现在唯一能有效处理开放的复杂巨系统的方法，就是从定性到定量的综合集成方法。通常是把科学理论、经验知识和专家判断力相结合，提出经验性假设（猜想或判断）。这些经验性假设不能用严谨的科学方式加以证明，它们往往是定性的认识，但可用经验性数据和资料以及包含大量参数的模型对其确实性进行检测。当然，模型也必须建立在经验和对系统的实际理解基础之上。经过定量计算和反复对比，最后形成结论。其结论就是我们在现阶段认识客观事物所能达到的最佳结果。

地震预测面对的系统就是这样的开放复杂巨系统。现在问题的症结在于：第一，把复杂巨系统当做简单系统来看待；第二，用处理简单系统的定量方法来研究；第三，按照机械决定论的标准来评价。由思维方式的缺陷所决定，不能预测是必然的，但却被说成是理所当然。成功预测被斥为“非科学”，不能预测反而成为“科学”。这种指鹿为马的专断，在所有科学领域普遍存在。要改变科学现状，必须突破思维定式；而要突破思维定式，首先要实行范式转换。

关于复杂系统的认识不能奢望过于精确的结果,但并不等于说可以放弃对尽可能精确结果的追求。对过于精确度的苛求,往往导致拒绝对尽可能精确结果的追求。所谓“不可预测论”和“难以预测论”就是这样产生的,它们是相互贯通的两种极端性思维。在人类认识世界的征途中,没有绝对真理可言,特别是对地球内部物质运动这种很难直接获取信息的问题,只能通过不懈的点滴探索,才能逐步向真相逼近。如果以困难太大为由拒绝探索,或者放弃点滴的积累性进取,真相永远不可能自动呈现。而只要进行积极的探索,就不可避免地会犯错误。如果由于怕犯错误就不作为,本身就是最大的错误,因为这是对社会不负责任。前者是方法问题,后者是态度问题。

所谓积极的探索,应该是不拘一格的探索。不管地壳运动有多么深沉复杂,都可以归结为内力和外力的综合作用,而不是单纯的内力作用。从总体上看,整个地球的自转和公转运动都是天体之间相互作用的结果,因而地壳运动也可以视为天体系统运动的一个组成部分。既然地壳运动不是孤立的运动,那么地震作为地壳运动的一种,其发生和发展就必然与系统中的其他要素变化息息相关。同时,地震可能不仅源于岩层挤压而断裂,还可能源于地球内部的其他作用而造成岩层断裂。如果不从系统的高度来观察问题,就会犯“管中窥豹”的错误。

1974－1976年,中国地震工作者成功地预测到辽宁海城、河北唐山、四川松潘平武的强烈地震,其中海城和松潘平武地震得到全面成功的预报,唐山地震得到局部成功的预报。1992年,中国专家成功预测到美国旧金山的强震。在此之后,对许多国内外地震,中国都有人做出了成功预测,只是由于种种原因,这些预见没有引起重视。中国学者的成功在于以下三点。

第一,相信地震可以预测。只要具备这种信念,科学工作者就会充分发挥主观能动性,以百折不挠的态度进取。科学史证明,真正的科学探索在很大程度上就是要靠"碰运气",但机遇只属于有准备的头脑,如果持不可知论,面对再佳的机遇也会失之交臂。

第二,不墨守成规和迷信权威。科学发现从来就没有一成不变的方法可以恪守,前人再成功的路径也只能提供参考,相对论和量子力学都是勇敢突破既有路径的卓越范例,对地震这样一种不能获取直接信息的研究,情况更是如此。特别要破除对西方科学的盲从,拒绝挟洋自重。

第三,发动公众广泛参与。地震前兆信息类型多样,足够信息的搜集是正确认识的基础。当然,公众提供的信息可能有误,但完全可以通过专业人员进行筛选。同时,广泛发动群众,能充分调动多个专业科技人员的积极性,为地震专业科技人员提供多种思路。

现在看来,要提高地震预测的成功概率,需要在"天"、"地"、"史"三个方面综合开展工作。"天"即空间信息,地球不是孤立天体,应当考虑太阳磁暴和近地天体直线排列时引潮力异常叠加对地震的触发作用。"地"即地球信息,地震发生的原因复杂、信息间接,宜用黑箱方法"辨证施诊",注意深部活动在地球与大气耦合界面引起的异常现象。"史"即历史信息,要放弃传统概率统计方法,专注对异常要素的提取和处理,尽可能多地对原始信息进行保留。

地震预报属于技术问题,其中既有自然因素,又有社会因素。一般说来地震预报可以因时因地进行变通,然而基于地震发生的特点,以及预报与社会安全的联系程度,预报变通的空间实际上又是很小的,所以需要正确把握社会对预报的承受能力,否则会招致严重后果。根据历史经验教训,地震预报主要应当考虑求真即主要考虑自然因素,紧密依附预测。平时的防范措施当然需要增强，但这并不能替代预报。理由是：第一，由于社会发展的不平衡性，不是所有人员都有条件时时采取充分防范措施，在发达国家是如此，在发展中国家更是如此；第二，由于社会活动的多样性，不少活动尤其是生产活动不可能完全在高度设防的条件下进行，有些危险性活动对地震预报还有特殊的期待；第三，由于地壳运动的复杂性，地震的级别很难完全预先确定，现实的工程防范级别只能根据历史资料来设立，这就决定了风险的不可避免。同时，如果仅消极应对，势必会反过来拖延对地震规律的探索。因此，必须对预报予以高度重视。

什么才叫“做到地震预报”？按照普遍的说法，就是要做到时间、地点、强度三要素精确齐备。能否做到，这要取决于地震学的进展。如前所述，科学的常态就是结果随机，对地震学更是如此。由地震发生的高度概然性决定，要完全精确预测永远都有困难，但这并不等于说就没有任何信息可以提供。不太准确的信息是否能够发布，这里有一个社会承受能力的问题。按照主流意见，不准确的预报造成的社会损失并不亚于地震。这种意见完全没有根据。不太准确的预报可能会造成一定的社会损失，但绝不会造成大震失防那样严重的损失，而且前者完全可以通过社会心理的调节来减少。若干次地震的事实表明，许多本可以避免的灾难性后果就是因为过分追求预报精确性的心态导致的，这种心态使得有关部门多次失去了宝贵的预报机会。

为了提高预报质量，可以考虑以下几个要点：第一，虽然大陆同一地区的强震重复发生的周期往往很长，但完全可以根据历史资料的积累，对地震高发地区进行重点设防。其实这个工作早已开始，只是在不时发生的意外震情冲击下这个信念屡屡受到动摇。现在看来，高发地区的重点设防还不能轻易放弃。第二，预测方法可以不同，但只要是带有真实性的方案，总会殊途同归。这就需要进行信息综合，从来自不同渠道的信息中找出共性。这里最重要的不是定量的计算,而是定性的判断,即把各种信息当做决策平面上的一群随机点进行概率分析,再与长期积累的概率分布背景进行对比,从而得出结论。第三,目前地震信息的发布带有集中性,预防工作带有全局性。发布者基于沉重的精神压力,使得信息往往被延误。从唐山地震前青龙县和汶川地震前个别地点的经验看,如果把地震信息由集中的必然性发布改为分散的概然性发布,把组织预防的权力适当下放,可以把损失降到最低程度。

比起地震来,天气灾害和疫病灾害的预防,操作性应当更强。这些信息相对直接,同时由于观测手段的快速进步,预见性正在稳步提高。这些灾害的形成,在社会成因方面是有相当可控性的。有人以历史气候变异的周期来否定人为因素的影响,这里有三个误区存在:第一,以古喻今是归纳推理,而归纳推理不是一种必然推理,历史变异正常不等于现代变异正常;第二,人的作用显然已成一种新的地质力量,要把如此强烈增长的因素从气候变化中排除,理由并不充分;第三,对形势的盲目乐观,只能泯灭人对自然的责任意识,不留任何调整余地。

总体来看,基于生态环境的大规模破坏,现代社会已经进入自然灾害高发时期,同时由于技术系统的复杂性和关联度快速增加,社会事件的发生频率也因而大幅提高,预防对节约的意义越来越重大。

三、综合性技术层面节约

(一)设计性节约

所谓设计性节约,是指产品研发方向和方案导致的节约。方向正确能保证资源投入用于满足正当需要,方案正确能保证资源投入达到使用效率最高。其中,方向正确会带来最大的节约。人的认识分为事实认识和价值认识,人对自己需要的认识常常不能反映出自己真正的利益要求,即事实认识和价值认识并不直接等同,但事实认识毕竟是价值认识的基础,并对价值认识不断发生校正作用。所以产品开发的正当性在于,产品的基本功能要满足人促进身心健康的需要。

笔者在2002年曾经提出了一个悖论:全球环境恶化使绿色消费在人们生活中的地位日渐上升,以致开始成为时尚,但是目前出现的结果却与人们的初衷大相径庭。事实证明,"绿色消费"已经被扭曲为"消费绿色"。于是,社会便面临一种两难选择:肯定绿色消费,结果不利于环境保护,这等于否定了它的绿色性质;否定绿色消费,结果也不利于环境保护,这等于肯定了它的绿色性质。笔者把它称为"**逐绿悖论**"。

该问题要这样看:绿色消费的初衷是绿色追求,真正意义上的绿色追求,应当是按照生态学的规律,合理利用工业文明的成果并充分吸收农业文明的精华,建构生态文明。建构生态文明的内涵是要把生态学原则渗透到人类活动的全部范围中,用人与自然协调发展的观点去思考问题,并根据社会与自然的具体可能性,最优地处理人与自然的关系。绿色追求的主干部分是精神追求而不是物质追求,目前流行的"绿色追求"风尚,在很大程度上是从物质消费的角度来理解的,这实际上是在人和自然统一的名义下,片面强调人的利益,从而进一步割裂了人和自然的联系。[8]

绿色消费的关键是产品设计,"产品"一词的内涵在现代社会已经缩小,外延从第一、二产业扩大到第三产业。实际上,产品既包括商业性活动的产品,也包括自助性活动的产品。这两大类产品的开发都要以精神追求引导物质追求。

1. 人化自然产品

这里指大体上保持天然形态的产品,主要是农业产品。这类产品一般只能近天然而不可能纯天然，真正的纯天然产品只可能出现在自然保护区范围之内。商业性开发要讲求经济效益、生态效益和社会效益的综合，因而很难走纯天然道路，对此，农户和企业要坦诚面对消费者。基于发展中国家的特点，农业产品宜按卫生型、土生型、原生型三类进行开发。卫生型产品可选取普适高产品种、采用工业化技术在达标条件下进行生产，保证产品无公害；土生型产品可选取质优不一定高产的品种、采用传统性技术在淳朴条件下进行生产，保证产品有档次；原生型产品可选取野生驯化或家生野化的近天然品种、采用仿天然技术在近荒野条件下进行生产，保证产品高档次。以上产品的区别主要在口感方面而不在清洁方面，这样做既能满足不同群体的需要，又能发挥各种资源的效益。

关于转基因品种的安全性问题，其毒理效应情况复杂，不仅有食品本身的质量和检验问题，还有公众的心理问题。美国向中国台湾推销牛肉时，就因为病毒检测的可信度问题引起政治风波。病毒检测尚且如此，基因检测的难度就可以想象。有鉴于此，应当要求转基因食品按健康型产品条件生产，明确标注“环保达标型转基因食品”，并公布有关争议现状，让公众自主选择。食品产量问题的基点是淡水问题和土地问题，转基因产品应尽可能向非食品类农业产品转移，由于转基因品种有明显的资源节约性能，所以可将其腾出的较优资源让位于非转基因食用作物生产，这是解决问题的根本出路。有人认为，可以通过转基因技术利用人造染色体修改已经存在的有机体，培养以二氧化碳为营养物质产生甲烷等燃料的生命，它们能够以我们所需要的规模进行生产，这是替换石油的下一代生物燃料。预言倘若如此，地球将变成一个甲烷星球。这种设想固然有充分理由，但不容忽视的一点是，磷元素在这种场合下将会大规模流失。如前所述，磷元素随径流进入海洋之后将很难回收。所以对转基因生物质能源也不能抱肆意挥霍的期望。

对于非转基因作物是否还有发展空间问题，联合国粮农组织已经作了肯定，认为这是一种经济成本低、社会效益高的产品。推荐采用薯类等特种作物快速繁育技术、以花粉粒在受精过程前创造植物的花粉培养技术和跨越物种之间杂交的胚胎拯救技术、通过识别控制某一特定性状的DNA序列与基因来选择植物性状的标记辅助选择技术、提高土壤肥力的微生物技术等，实现作物优化。这里有一个问题是：如何将非转基因作物与转基因作物有效隔离？美国威斯康星大学发现野生玉米中含有基因屏障，如果将这种屏障植入常规玉米当中，会有效阻止基因污染。由此得到启发，野生植物在长期的自然适应过程中，是否都形成了一种自我保护机制？如果确实如此，是可以利用的。最主要的一点在于，要对有明显标记的成品实行严格隔离，使消费者可以进行明白的选择，否则进入社会后，一旦滞销就会造成巨额浪费。

2. 人工自然产品

这里指非天然形态的产品，主要是工业产品。广义的工业产品包括制造业产品和建筑业产品，它们的基本特点是很难为自然界降解，所以产品被市场淘汰也是重大的资源环境问题。人化自然产品由开发失误而导致废弃，除带毒产品之外尚可以降格食用，或者直接转化为生产资料投入再生产；人工自然产品开发失误，废弃后必须要经过程序复杂而且成本不菲的拆卸才能投入再生产，其生态后果甚至远远超过生产本身。产品的环保性能要在质量保证的前提下考虑，如果为了环保而需要对产品的材料和功能进行修改，那么修改必须要能让消费者理解而且不影响基本功能，否则将可能被视为垃圾。产品设计要力求创新，设计失误的最大危害是自然资源被糟践。

市场淘汰既有产品设计问题,也有制作质量问题,还有产品营销问题,R. 库伯(Cooper,R.)认为:“在新产品战中,最重要的制胜因素就是产品本身,而大多数公司恰恰忽视了这一点。开发出与众不同的、给顾客带来最高价值与利益的产品永远是决胜法宝。”他指出,许多企业目光短浅,只把新产品的开发瞄准比较容易占领的国内市场,期望将来改进后再进军国际市场。该策略导致了目前新产品的质量低下,其致命弱点是:你的国内市场正在成为他人的国际市场。他告诫说:“不要奢望以外部条件来弥补产品内部的各种不足与弱势。如果新产品与新产品项目本身存在弱点,外部条件将无济于事。”[9]日本松下手机就是一例,许多中国产品更是如此,一上市就被放在低端销售并很快被废弃。企图通过缩短产品寿命来促使消费者更新产品的举动是极其愚蠢的,正确的思路应当是通过产品换代并回收旧品来对消费者产生吸引。

包装设计不当造成的浪费,绝不亚于产品本身,固体废弃物当中的主要成分来自包装。依靠包装竞争,是市场机制和经营理念不成熟的表现。目前国外对过度包装采用三种手段控制:第一种是设定限制标准,对违反规定的企业征收罚款;第二种是加大生产者的责任,让生产者承担部分回收废旧包装的费用;第三种是通过垃圾排放计量收费的方式,引导消费者选择包装简单的商品。随着消费者理性程度的提高,对商品包装的评价正在发生变化。人们会逐渐认识到,企业过分包装商品,是实力不足和信心不足的表现,目的是通过夸张形式来替代或挤压内容。在市场大势变化的背景下,企业要生存与发展就必须改弦更张。但简化包装不等于粗放包装,优化包装需要从外在到内在设计来一场革命。首先,应当尽量使用高质量的再生材料,使其不仅具备足够的物理性能,而且能投射出一种质朴的自然美感;其次,制作工艺要尽量充实文化内涵,充实文化内涵的基点是摈弃直白刺激感官的商业气息，予人以精神家园的回归空间。历史证明：媚俗者不会永远有过高的商业价值；脱俗者不会永远有过低的商业价值。

3. 景观自然产品

这是指通过保护得到的近天然风貌“产品”，主要是生态旅游产品。旅游产品设计不当造成的环境破坏不亚于污染性生产，生态旅游是针对传统旅游的弊病诞生的。1983 年国际自然保护联盟（IUCN）特别顾问 C. 拉斯喀瑞（Lascurain，C.）首次提出“生态旅游（ecotourism）”概念：“生态旅游作为常规旅游的一种形式，[可以让]游客在欣赏和游览古今文化遗产的同时，置身于相对古朴、原始的自然区域，尽情考究和享乐旖旎的风光和野生动植物。”这个定义明显没有摆脱传统旅游的窠臼，所以 1993 年国际生态旅游学会重新将其定义为：“具有保护自然环境和维系当地人民生活双重责任的旅游活动。”[10] 第二个定义把社会责任的履行作为生态旅游的核心，虽然体现了生态保护的性质，但显得心理负担沉重，与宽松身心的旅游初衷并不协调。真正的生态旅游首先应当具备旅游的基本功能，只是这种宽松身心的方式是通过向大自然的回归来实现的。人不可能长期脱离社会，但不等于不能短期脱离社会。**短期之内尽量放弃社会欲望，以不惊扰自然界的方式体验自然界的美妙，从而获得身心健康。这就是生态旅游的内涵**。这样既能达到旅游的目的，又不致破坏环境，同时也为旅游区的经济带来收益。从实际出发，可把生态旅游区划分为核心区、外围区和衍生区，对游客行为进行程度不同的约束，以适应不同环境意识的游客需要。

农业生态环境是一种有别于天生自然和人工自然的人化自然环境，其中天生自然的成分比较丰富，所以自古以来田园风光就是文学吟咏的对象。近年为适应城市民众回归自然的心理需要，世界各国都普遍兴起了乡村旅游的热潮，还把这种旅游以“生态旅游”的名义冠之。由于缺乏正确理念的指导，不少地方的乡村旅游实际上已经沦落为践踏乡村旅游。问题的要害是把城市消费引向乡村，使得乡村生活城市化。要使乡村旅游产生生态旅游的功效，就要严格屏蔽工业化因子的入侵，设计和建构一个相对独立的传统农业生态系统，其中包括传统生产和传统生活，只有这样才能具有体验自然的氛围，这种旅游可作为衍生型的生态旅游。

除商业性旅游之外，自助旅游的兴起也是近年休闲生活的一个亮点。简单地把自助旅游纳入生态旅游是不合适的，因为自助旅游的环境影响基本上取决于游客的自律性。如果缺乏有效管理，就会加剧城市污染向田野和荒野扩散，其成本外化到整个社会，危害甚至超过商业性旅游，所以自助旅游也存在设计问题。鉴于自助旅游客观上存在社会救助的需要，政府应当以安全联系为纽带，组织一个有文化、旅游、体育、环保、公安部门支持的自助旅游协会，通过协会对游客进行相关教育和约束。除自助远郊旅游之外，国外时兴一种自助近郊旅游，近郊自助旅游不等同于景点游览，它是自助寻找小片相对洁净的田野或荒野，通过静观来体验自然。没有很高文化素质的游客，不会产生这种旅游要求。作为一种提高公众素质的手段，不妨向社会倡导，当然一旦拓展也存在一个约束问题。

(二)化害性节约

E. P. 奥德姆(Odum, E. P.)在《生态学基础》中提出，生物种群有9种相互作用：中性作用、直接干涉型竞争作用、资源利用型竞争作用、偏害作用、寄生作用、捕食作用、偏利作用、原始合作作用、互利共生作用。他在这9种相互作用中分出“负相互作用”和“正相互作用”并特别指出：“我们在描述负相互作用时,没有应用‘有害的’(harmful)这个词。竞争作用和捕食作用降低了受影响种群的增长率,但这并不意味着,相互作用从长期存活和进化论观点来看是必然有害的。实际上,负相互作用能增加自然选择率,产生新的适应。我们已经看到,捕食作用和寄生作用对于缺乏自我调节的种群常常是有利的,它能防止种群过密,使种群免遭自我毁灭。”[11]

利和害是一对矛盾,但矛盾两个方面的地位并不固定,对于有主观能动性的人来说,只要深入认识自然规律,就可以在一定条件下因势利导,使利害关系发生变化,从而达到资源节约。

第一种化害是对自然界本身危害的化解。自然界对人的生存总是有各种障碍的,有的障碍甚至就是危害,但危害因子往往有两面性。如果转换视角看待,就可以将其作为资源利用。化害为利的关键是要从本质上揭示危害因子的形成机理和可能用途,同时要努力寻找社会的需要并揭示其本质,设法把两者联系起来。

火山是严重的灾害,如果没有它的爆发,大气就不会获得必要的氮气补充,全球性的饥馑也就不可避免,同时火山灰土还是优良的天然肥料。地震危害可以促进建筑技术的革命和城镇面貌的更新,地震形成的某些堰塞湖改造后可以作为水库甚至辟为景点。森林大火并不一定是人为造成的,而可能是雷电袭击或地球内部的可燃气体排放所致,所以森林大火带有难以避免性。森林大火会造成林木损毁,但也会推动林地营养物质转化、抑制有害物种繁殖和刺激植被更新,如果有意识地在林中留下少量空地,防止小火变成大火,就能够发挥林火的生态作用。瓦斯爆炸对采煤有严重危害,但煤矿瓦斯一旦被抽取储存,就是高效清洁能源。

江河泛滥也并非完全是灾害,没有尼罗河的定期泛滥就不会有灿烂的埃及文明。在干旱和半干旱地区,雨洪还是珍贵的淡水来源，一旦兴修必要的水利设施将雨洪进行有效存储，就可以化害为利。在中国宁夏，黄河泛滥形成的湖泊和湿地，为当地生态环境的改善提供了重要的基础性条件，宁夏因之发展了在北方独树一帜的水生种植养殖，而且现在每年都要依靠黄河的秋汛来补水。中国长江中下游密布的通江湖泊是天然的负反馈调节器，它们使江水在丰水季节和枯水季节蓄放自如。近代以后很多“洪灾”是由于人口迁入行洪区内定居耕作造成的人为灾害，实行退耕还湖，发展水生种植养殖，行洪区的收益不会小于非行洪区。

特定地区的常规性极端气候虽然不算灾害，但对人类活动也有相当的危害。中国新疆吐鲁番盆地年降水量约 16 毫米，蒸发量高达3000 毫米，夏季6—8 月平均最高气温都在38℃以上，中午的沙面温度最高达 82. 3℃，因而素有“火洲”之称。由于盆地气压低下，所以气流迅猛，春季风暴速度达 50 米/秒。虽然气候严酷，但全年日照约 3200 小时，无霜期达 210 天左右，当地人民成功地采取地下避暑的方式定居了下来并采用坎儿井进行灌溉，发展了优质水果种植业。在一定的纬度上，冬季严寒会导致近海封冻，给交通运输带来困难，但海水结冰后盐分就自然从中脱离，因此海冰便成为干旱滨海地区可供利用的淡水资源。强烈气流形成的风场对社会生活不利，但它们也是风力电站的选址地点。

全球沙漠占陆地面积的近 1/4，约有 5 亿人生活在沙漠地区。人类能够而且也应该下决心与沙漠共存，并为未来保护沙漠。沙漠虽然受到人类活动冲击，但在科学、经济和文化上仍然充满活力。很多沙漠植物能够成为食物和药品，有特殊条件的沙漠甚至可以进行水产养殖，沙漠农业的一个明显优势是病虫害较少。墨西哥西北部的沙漠中生长着一种种子可食的尼帕(Nipa)草，它靠盐水就能茁壮生长，不仅耐旱而且产量很高。

南部非洲卡拉哈里地区的一种沙漠野生仙人掌(Hoodia gordonii)已经作为食欲抑制剂进入市场;从发现于摩洛哥沙漠的两种植物中提取的精油似乎有助于家禽生长。人们正在研究阿根廷、以色列和美国亚利桑那州等地的一些沙漠植物,希望能用它们来治疗癌症、疟疾和某些传染病。

把生物性危害转化为正例的情况就更加可观。天然的生物危害性是生物为适应环境而具备的特有功能,其危害往往是相对的。物极必反,一种极端性的危害因子被转换空间和时间使用,可能成为另一种极端性的利好因子。中国医学很早就有以毒攻毒的传统,某些有害生物有针对性地用来治疗疑难病症,会产生很高的疗效。草原害草狼毒花可以制作医药和农药,也是来源丰富的防蛀纸张原料。蚜虫吸食作物体液危害农业,但它分泌的蜜露进入土壤后能刺激固氮细菌的活动,所以农田中把蚜虫控制在一定密度上是有益的。猛禽猛兽及蛇类对人畜安全有威胁,但利用它们控制鼠害,能有效避免化学防治的恶性循环。早在中国明代,陈经纶就发明了养鸭治蝗技术,中国新疆把这项技术进行了发展,产生了显著的经济效益和生态效益。蝗虫和一些有害昆虫也是一种高蛋白食品,只要不受农药污染完全可以直接入餐。有的害虫如蝇蛆不仅营养丰富而且含有天然抗生因子,是一种优良的饲料。稗子(Echinochloa crusgalli)是一种分布广泛而屡除不尽的农田杂草,其实它粗蛋白质含量7.74%,粗脂肪含量8.10%,种子淀粉含量45%—52%,种子可当主食和酿酒、制糖;嫩叶可作绿肥及饲料;根及幼苗可入药止血;茎秆可制造纸张和板材,经过培育就是很有价值的新型作物。

第二种化害是对人工造就危害的化解。人类的生产特别是工业生产,无论如何都会对天生自然造成冲击,更何况人对自身与自然关系的认识还有一个漫长的迷茫过程,冲击就是危害。

对可以避免的危害，应当通过人类自身的克制来进行规避；对不可避免的危害，应当尽量化害为利。

化害的主要任务是对废弃物的处置。历史上把废弃物视为完全的有害物质，所谓环保仅限于废弃物的无害化处理即终端控制。当废弃物的本质得到认识之后，环保就演变为全程控制。主要措施是在生产单位内部改革管理和工艺，使资源向产品充分转化，同时围绕资源的综合利用，形成上游产业和下游产业首尾衔接的价值链索，按照中心依托、平等交流、嵌套交换、信息沟通等方式构建生态共生的产业网络，使资源得到多层次的重复利用。

对于公害问题的解决来说，关键是要能认定责任主体。在环境法上，一般以行为的违法性、危害性、行为与环境危害影响之间有因果关系、行为人在主观上有故意或过失作为承担法律责任的必要条件。在某些情况下，行为人虽未违反法规，甚至主观上亦无故意或无过失但造成了危害性影响，也要承担责任。在工矿业生产层面，资源节约虽然存在政策、资金、技术问题，但由于环境责任的主体是明确的，同时治理受益的主体也是明确的，所以化害为利的难度相对农村生产层面和城乡消费层面的难度要小。

农村生产包括农牧业生产和工副业生产，虽然也可能选择规模化途径使生产走向集约，但由生产自身的特点决定，规模化是一个长期而艰难的过程，这在发展中国家尤其如此。离散型生产的环境责任主体当然也可以认定，但单个生产者的环境后果从法律衡量危害较小，同时涉及面又很大，所以很难构成责任追究。随着社会改革的推进，行政命令在农村的作用越来越有限。缺乏社会压力，只能依靠利益机制的内在引导，引导的关键是从主要矛盾突破。

一般农村最为短缺的资源是能源，发展沼气是最为直接的能源解决措施，也是一项带有提纲挈领性的化害为利措施。一旦能源被解决，就可以引导农民将沼液用于肥田和牲畜鱼类养殖，将沼渣用于经济昆虫生产，再将昆虫养殖延伸至禽类养殖。在养牛业发展迅速的地区，这是解决牛粪污染的根本途径。其最重要的意义还不在于沼气开发本身的效益，而在于自然灌输一种化害为利的生态经济思想。有害植物的蔓延是人类活动的结果，当用人工遏制暂无明显成效时，可以考虑利用它们的疯长特点，将其化为来源丰富的廉价能源和工业原料。

在消费层面主要问题是生活性废物的处置，该问题的责任主体几乎就是全体人民，由于涉及面大而且有不得已的因素，所以除了对少数特别凸显者外，很难在法律上追究责任。生产性废物由于种类比较单纯而且相对集中，所以资源化的路径相对畅通。生活性废物处置的困难在于种类复杂而且分散，可以说是处置难度最高的环境问题。目前国际社会对环境问题的注意力几乎都聚焦在温室气体排放上面，其实这个问题是一个分析性问题，可控程度较高；而生活性废物处理问题则是一个综合性问题，可控程度很低。

生活垃圾的处置通常有填埋和回用两种方式，填埋除了对高危废物不得已而用之以外，通常显然不是一种妥善之举。回用分为同型利用和转型利用，转型利用又分为材料利用和能源利用，能源利用又分为混烧利用和提取利用。混烧利用存在严重的二次污染，从本质上说与填埋没有差别，提供能量所得利益不足以补偿二次污染带来的危害。这种方式之所以在世界上得到普遍采用，这是因为虽然资金投入巨大，但管理相对简单，二恶英等二次污染物检测不易，容易逃避责任。能源提取利用主要是将高分子化合物裂解为原油，虽然也有二次污染，但相对混烧较小。比较妥善的是同型利用和转型材料利用。

同型利用、转型材料利用和能源提取利用的前提都是分类，分类首先是消费者的分类。如果消费者不予配合,后期分类的代价将极其巨大。虽然分类处理受到公众素质的强烈制约,但绝非不能实施。巴西政府认识到,要居民对垃圾进行细项的回收分类是不现实的,只能要求对垃圾进行干湿分类,并对“湿垃圾”倾倒实行收费,以鼓励市民尽可能把“干垃圾”单独交送给回收人员。政府出台一些优惠措施,例如免费用地等,鼓励社会闲散劳动力组成专业从事垃圾回收的合作社,合作社与政府环卫部门签署协议,上门进行分类回收。干垃圾在合作社里利用简单设备进一步分类捆扎,向不同的再生利用企业出售,湿垃圾则送到专门的地方进行堆肥等处理。由于干湿垃圾的处理可以隔离,所以工作条件相对改善,有利于人工细致操作,分拣效果十分理想。这种方式不仅有效解决了资源再生的难题,而且创造了大量就业岗位,在发展中国家完全可以普遍仿效。

在化害性节约中,还有一种方法是对有害因子实施控制性利用。病毒可以用来调节天然生态系统的种群比例。19 世纪欧洲兔被引入澳大利亚,由于草料丰富且无天敌以致野兔成为灾害。在多种控制手段失败后,终于从南美洲引进一种对欧洲兔有极高致死率的“粘液瘤病毒”,以最低的成本使生态得到了平衡。黄河下游由于河床淤积造成洪泛,但正由于河床抬高,使得两岸污水无法排入河道,从而保证了下游水质的相对安全,这是人们始料未及的。在利用人造洪峰冲刷河床时,适当留下一定高度,不仅可以节约人力物力,还可以产生环保功效。

(三)组织性节约

组织性节约即系统性节约。斯密在《国富论》中开宗明义地指出:“劳动生产力上最大的改进,以及在劳动生产力指向或应用的任何地方所体现的技能、熟练性和判断力的大部分,似乎都是分工的结果。”[12]马克思在《资本论》中谈到社会劳动的协作效应时举了一个例子:“一个骑兵连的进攻力量或一个步兵团的抵抗力量,与每个骑兵分散展开的进攻力量的总和或每个步兵分散展开的抵抗力量的总和有本质差别。”[13]后来系统科学把这个思想进行了发展,指出单个事物通过相互协同的相干作用,在整体功能上会产生新质。

单个事物要组成系统,必须在结构和功能上发生一定进退,只有这样才能相互嵌合,形成相互排斥又相互依存的对立统一共同体。所谓相干作用,就是这种对立统一的相互作用。如果依存作用占据主导,则系统处于兴进状态;如果排斥作用占据主导,则系统处于衰退状态。依存的前提是组元的结构和功能分化,分化的本质是在特定方向和特定意义上实行退却,从而使组元对资源利用方式得到优化,结果是组元对资源的总浪费减少而总收益增加,也使组元的个体收益比孤立状态收益较大。

资源利用的充分性在生物种群和生物群落特别是生态系统中展现得相当完美。在从雨林到荒漠的每个成熟生态系统中,生产者、消费者、分解者和非生物环境之间层次紧扣,使能量得到充分利用,物料得到循环利用,几乎没有任何废物产生。生态系统中的要素越多、关系越复杂,能量、物料和信息的通道数量就越大,当一种通道被堵塞之后,可以由别的通道替代,这样系统就越是稳定。天然生态系统对资源的利用方式如果得到模拟,经济系统中的各种要素就可以产生相干效应,使资源利用达到高效节约。病虫害生物防治,是最贴近生态的系统模拟。

中国矿业在20世纪80年代以后小矿蜂起,虽然解决了不少地方的就业和财政问题,但由于小矿业主往往以短期经济效益为目的,对矿床以采富弃贫的方式进行掠夺性生产,投入少、设备差、管理乱,资源浪费和人员伤亡的代价特别高昂,许多成本要由社会承担。从2009年起,中国政府开始对煤矿实行规模化系统重组,按市场机制运作。当时不少人称这是向计划经济倒退,好在改革决心没有中断。事实证明,大矿也有矿难,但发生的概率远远低于小矿,而且资源明显节约。

规模生产也有一个度。工业化以来生产规模一直处于上升态势,生产规模的扩大必然带来城市规模的扩大,城市膨胀带来包括资源浪费的一系列弊病。关于城市化有四种模式:(1)重点发展大城市,理由是规模经济效益高而土地占用少;(2)重点发展小城镇,理由是有利于实现农村工业化与农居集并化;(3)重点发展中等城市,理由是可兼收大小城市之利而又可规避其弊;(4)依托大城市发展小城镇,理由是这种体系结构合理功能互补。1961 年 J. 戈特曼(Gottman, J.)在《都会带:都市化的美国东北部海岸》中预言,"都市带"将成为 20 世纪和 21 世纪初文明的标志。其基本思想是以处于门户位置和具有国际枢纽功能的几个特大城市为核心,通过密集的运输和通信把其他大、中、小城市有等级、有规模地结合成一个人口密度不低于 250 人/平方千米的带状空间网络,核心城市与外围城市之间分布大片森林或农田,产业结构以服务为主,人均 GDP 不少于 1200 美元。

"都市带"思路不仅在发达国家、而且在发展中国家都产生了广泛影响,这个模式的可取之处在于,它可能使几种城市的优势都得到发挥,体现出一种综合性的规模效益。但其危险在于,如果把握不当,一旦失控就成为超级城市团,到时将回天无力。这种模式有三个局限:第一,"门户位置"和"国际枢纽"是一种稀有资源,因而该模式不具普遍意义;第二,城市发展对历史沿革的依赖极大,任意拆建会造成巨大浪费;第三,产业结构只能因地制宜,以第三产业主导并非对所有城市都一定适合。发展中国家农村地域广大,农业对国计民生有决定性影响,所以小城镇的发展至少要与大中城市的发展并驾齐驱,在中国目前大中城市已经发展得比较充分的情况下,要把小城镇建设放在首位。

小城镇发展受到经济效益的质疑,但经济效益不能替代社会效益。现代信息和交通的高速交联,完全可能以时间压缩替代空间压缩,围绕中心城市构建经济效益、生态效益和社会效益兼顾的城镇网络。这个模式可称为"小城镇离散高交网络模式"。在荒漠化地区,笔者指导的博士论文还提出一种"内散外敛"的经济社会聚集模式[14]。

经济生活和社会生活的规模化显然是大势所趋,只有进行组织性节约,才能真正发挥规模效益。要达到组织性节约,在具体问题的解决中就要自觉采用系统工程方法。系统工程往往被"曼哈顿工程"等案例蒙上神秘的色彩,其实这种工程自古就有,到了现代社会,适宜采用系统工程方法的地方更是触手可及,而且不一定需要太多的资金投入,只要悉心谋划和缜密运作都有可能成功。

第二章提及的中国四川都江堰,就是一个杰出的系统工程。它因势利导并就地取材,设计构筑了"鱼嘴"分流引水子工程、"飞沙堰"分洪排沙子工程和"宝瓶口"约束引水子工程,把它们组合成为一个相互补充、彼此牵制的有机系统,发挥了自我调节控制的功能。通过长期深入观察和实践认识到的"弯道环流作用",在系统中巧妙地成为天然调节力量。

北宋沈括在《梦溪笔谈》中记载了一个称为"一举而三役济"的系统工程:"祥符中,禁火。时丁晋公主营复宫室,患取土远,公乃令凿通衢取土,不日皆成巨堑。乃决汴水入堑中,引诸道竹木排筏及船运杂材,尽自堑中入至宫门。事毕,却以斥弃瓦砾灰壤实于堑中,复为街衢。一举而三役济,计省费以亿万计。"[15][北宋大中祥符年间,皇宫失火。当时晋国公丁谓主管重建宫廷,苦于取土遥远,丁谓就命令挖掘街道取土,不几天,街道都成了大沟。于是引汴河水灌入沟中,把来自各路的竹木排筏和船舶所运杂料,全部由沟中运至宫门。工程完毕,再把废弃的瓦砾灰土填到沟中,使其恢复为街道。采取一项措施完成三个工程,节省的费用以亿万计。]

《梦溪笔谈》中还记载了另一个称为“船坞”的系统工程：“国初，两浙献龙船，长二十余丈，上为宫室层楼，设御榻，以备游幸。岁久，腹败欲修治，而水中不可施工。熙宁中，宦官黄怀信献计，于金明池北凿大澳，可容龙船，其下置柱，以大木梁其上。乃决水入澳，引船当梁上，即车出澳中水，船乃笐于空中。完补讫，复以水浮船，撤去梁柱，以大屋蒙之，遂为藏船之室，永无暴露之患。”[16][宋朝建立之初，两浙进献了一艘龙船，长20多丈，上面修建了宫室层楼，并设置了御榻，以备皇上出游。年久之后船的腹部腐朽，想要修理，但是在水中无法施工。熙宁年间，宦官黄怀信提出一个办法：在金明池的北边挖掘一个可以容纳龙船的大澳，在澳的底部安置木柱，将大木横在木柱上作梁。接着决金明池水流入澳中，将龙船牵引到横梁上，随即排出澳中的水，于是龙船便架在空中。修补完毕，再引水使龙船浮上水面，撤走梁柱，用大屋覆盖在澳上，就成了龙船存放的处所，从此再无暴露于室外的忧患。]

欧盟资助开发的“环保公路列车”项目，可能根本改变高速公路的交通状况。该项目的原理是：给每辆汽车配备遥控装置，把6—8辆不择型号的同向车辆编成一个车队，由一辆主车司机负责操控，其余司机在进入车队以后便完全放松，通过传感器与主车保持联系。司机在行驶途中可以根据需要脱离车队，而其他车辆则可填补空位。这种“公路列车”可以省油20%，并有效防止司机疲劳驾驶引发交通事故，同时还大幅减少道路拥堵，高速公路也无须特殊改造。

解决城市交通拥堵，加建和拓宽道路固然是一种措施，但结果往往是不仅严重浪费资源而且治不胜治。实际上采用系统工程方法组织疏导，充分利用现有资源，也可在相当程度上解决拥堵。成功的先例表明：首先要坚决推行公交优先战略，限制私家代步工具；其次要完善道路标识，并根据交通状况对管理要素适时灵活调节；最后要清除超标车辆，对达标车辆的速度提出合理要求。组织成功的关键是让市民之间形成系统相干作用，为此要发动市民充分讨论以求取得共识。

牲畜粪便是水体一大污染源，实际上如果将其用于生产沼气，就完全能够设计一个资源循环再生的生态农业系统，但分散农户的行为取向千差万别，很难形成统一意志和行动。成功的解决案例是，由政府主导，以国家、企业、集体、农户联合投资方式兴建沼气站，沼气站向农户收购人畜粪便，沼气站向农户供应商品沼气用于生活，发酵后的沼液和残渣向农户出售用于还田。结果消除了环境污染，发展了有机农业，改善了能源结构，提高了生活质量。

近代数学提出的最优化技术，为组织性节约提供了有效方法。对于线性系统的优化问题，可采用线性规划方法解决；对于非线性系统的优化问题，应采用非线性规划方法解决。对于有约束条件的优化问题，蒙特卡洛优化方法能够提供一个有较大概率的近似最优解。关于优化方法，这里提出三个问题：

第一，在组织性节约意义上的优化，关键是追求自然资源本身使用的优化，即用最小的熵增换取最大的社会效益。在传统意义上，劳动时间也是资源，但从生态学来看，对节约劳动时间的追求往往带来自然资源的过度消耗，所以劳动时间的节约必须以自然熵增的最小化为前提。解决这个问题的关键措施是要逐渐减小以致消除公用性自然资源价格与价值的背离。为了以生态效益带动经济效益和社会效益，在优化技术上有两点值得注意。首先，要根据使用场合造成的资源熵增递加情况，安排资源使用的梯次密度。例如，按照生产生活场合对水资源洁净程度的不同要求，设计用水梯次链索。梯次越密集，资源利用的优化程度越高，熵增的梯次密度设计是优化思想的中轴。其次，个体优化和整体优化并不是完全统一的，在资源利用上不能囿于关注个体熵增的减缓而忽视由于整体膨胀带来的熵增加剧。例如，对局域节能减排达标盲目乐观可能造成社会消费总量激长，设备某些方面的节约效应可能掩盖全面的资源浪费。

第二,数学优化方法的正确运用,要以对事物的正确把握为前提。首先,数学优化方法不直接等于系统方法。即使是个体事物,也处在极其复杂的系统之中,世界的复杂性表现在变量和关系的多样性与多变性,一种方法往往只能保证问题某一个侧面解决的优化,如果变量和关系了解不充分,偏颇就在所难免。云南滇池治理投入巨额资金后,水质长期仍为劣五类。之所以出现这种局面,问题不全出在截污工程的不完善,还有滇池周边湿地丧失的因素。如果具有特殊净化功能的湿地得不到恢复,那么进一步的工程规划得再周密、资金投入再多,也可能事倍功半。其次,精细规划要看场合,有时候粗线条的节约会超过细线条的节约。环境行为在发达国家有精细的分类规定,但在发展中国家如果生吞活剥、直接沿用,肯定造成民众的心理逆反而不予配合,不如着力保证大类管理,效果绝对不会太差。在战争和灾害发生的非常时刻,优化方式的选择要以保证主要矛盾的优化处理为中心,否则会造成更大浪费。

第三,优化方法能否达到最大功效的要害在普及,没有普及就不会实现全局性节约。20 世纪 60 年代,华罗庚对国外的 CPM(关键线路法)和 PERT(计划评审法)方法进行提炼加工,提出了中国式的统筹方法。他针对生产整体层面的管理问题,用“泡茶”这类浅显的例子,在生产第一线讲述统筹法的思想和运用。稍后,华罗庚又针对节约生产资源、提高产品质量的工艺层面问题,提出了“优选法”。他采用折纸条和香烟烧洞等方式,形象地向生产人员介绍 0.618 法(黄金分割法),用最少的试验次数来选择合理的设计参数和工艺参数。运用华罗庚普及的方法,许多单位在基本不增加人力、物力、财力的情况下,获得了显著的经济效益。华罗庚一再强调,数学工作者一定要有社会责任意识,努力在专家和工人之间找到共同语言。普及优化方法一定要有较高的理论水平,因为只有深入才能浅出。对国外的理论不能生搬硬套,要有鉴别有创新。提出方法要抓主要矛盾,要经过实践检验。这些思想到今天依然值得推崇。

四、综合性社会层面节约

(一)决策性节约

技术层面的节约是局部性的节约,如果在资源利用的全局决策上发生重大失误,那么局部技术性节约的努力将完全付之东流。

第一次世界大战后,法国为防德军入侵而在东北边境构筑了著名的“马奇诺防线(Maginot Line)”,1928 年开始施工,1936 年基本建成。工程全长约 390 千米,耗资达 60 亿法郎,设计构筑极其完善坚固。然而没有料到,1940 年德国人却另选了进攻法国的方向,以主力通过阿登山脉,从马奇诺防线左翼迂回,在蒙梅迪附近突破达拉弟防线,占领了法国北部,接着进抵马奇诺防线的后方,使防线完全丧失了作用。马奇诺防线也就成为决策失误浪费资源的典型。

20 世纪 60 年代初,国际社会在研究了非洲北部萨赫勒(Sahel)地带的自然条件后认为,帮助当地振兴经济的注意力应放在通过解决供水以发展畜牧业上,试图通过该地发展带动非洲脱贫。从 60 年代末到 80 年代,国际援助资金达 6.25 亿美元,在无水草场上钻出大批深井,有的还用太阳能提水。自此畜牧业从游动型转入以水井为核心的定居型,结果牲畜不正常地集中在一个有限的地域内,草场严重超载后形成一个不断扩大的荒漠化同心圈。从 1987 年开始,许多国际组织就断然中止了打井援助计划的执行。

市场经济建立以来,中国许多地方斥巨资兴建的项目,运行不久甚至刚投入运行就面临拆迁,地方官员总是以将建更好的商务区之类的理由搪塞。这里有一个悖论:拆迁意味着眼下造成巨资浪费的失误;不拆迁意味着当初斥巨资兴建的失误。新房装修往往以前期工程设施的巨额废弃为代价,业主的需求差异固然是一个原因,但商品房开发方案及工程本身的缺陷肯定是主要原因,其中既有相当的利益机制问题,也有相当的决策机制问题。对此,可以要求设计方案公示并实行建筑装修一体化,但它们都不能替代对决策本身的要求。

决策失误有客观因素和主观因素,主观因素包括责任意识缺乏和决断能力缺乏两个方面,客观因素包括决策意志受限和信息来源受限两个方面。责任意识缺乏和决策意志受限主要与政治经济体制和管理制度相关,该问题放在下节研究。这里主要对决断能力缺乏和信息来源受限问题展开讨论。

影响决断能力的第一因素是知识积累,其中包括专业性知识和拓展性知识,作为决策者,最佳知识背景是有自然科学专业基础,同时在社会科学方面有广博的涉猎。如果只有社会科学专业基础,就至少要对自然科学高度关注。许多决策者在资源节约方向上的摇摆性和被动性,则与生态学知识的欠缺直接联系。甘肃省率先在中国国内发起一场旱作农业革命并取得辉煌成果,与当地的文化底蕴密切相关,更与领导干部的生态见识直接相关。对此,笔者有亲身体验。

影响决断能力的第二因素是社会阅历,决策者的最佳阅历是有基层实业部门的领导经验,如果没有领导经验,至少要有实业部门的工作经验,因为操作技巧和社会心理,仅通过书本学习是不可能真正把握的。20 世纪 80 年代末中国物价改革盲目听从了“海归”们的意见,这些“海归”并不了解中国民众的心理承受能力,照搬西方经济学的教条而主张采取突变。结果物价闯关引发的抢购风潮不仅成为社会动乱的触媒,而且还使大批资源化为废品。

影响决断能力的第三要素是哲理思维，哲理思维是知识和阅历的升华，其中包括逻辑思维和辩证思维，具备哲理思维是正确决策的关键。逻辑思维使概念明确、判断恰当、推理严密，但要正确决策，还需对经验材料进行去粗取精、去伪存真、由此及彼、由表及里的辩证改造。辩证思维是逻辑思维的超常性运用，其功能是把握不能直接感知的事物深层机制，形成独特的举措。辩证思维还能帮助决策者提高思想境界和保持健康心态。

信息来源受限的第一点是规律认识的限制。在人对世界的认识中主客观永远不会直接同一，多元化的当代社会，面临的对象大多数是复杂系统甚至是复杂巨系统，其要素和关系异常繁缛。不少信息处于潜在状态，不少属于拓展性质，有的信息还受到人为作用的掩盖和干扰，事物认识的模糊性在不断增加。

信息来源受限的第二点是形势变化的限制。任何事物都在运动变化当中，当代社会由于高度交融而运行节奏日益加快，受社会因素的作用生物圈也在加快变异。越来越多的事件带有突发性和骤变性，矛盾的性质和关系都会以前所未见的速度演化，可资借鉴的历史案例不多，时机把握的紧迫性在不断上升。

在这样的态势下，思维的经济性问题，是每一位决策者都要与其被动毋宁主动思考的问题。在科学史上，[奥卡姆的]威廉(William of Occam)在14世纪提出“奥卡姆剃刀原理(Occam's Razor)”，认为在逻辑分析中，如无必要则不增加假说。19世纪E. 马赫(Mach, E.)提出了“思维经济”，其内容有四点：语言的经济、理论的经济、逻辑的经济、方法的经济。通过这四点，科学成为一个尽可能用最少的思维最全面地描述事实的极小值问题。马赫不承认自然界存在经济性，认为经济原则只是思维中的原则。在马赫之后，A. 爱因斯坦(Einstein, A.)提出了“逻辑简单性原则”。爱因斯坦的逻辑简单性与马赫的思维经济性是不同的，马赫的思维经济性只是思维中的方法论原则，是心理学意义下的经济性,而爱因斯坦的逻辑简单性思想基础,则是对自然界的统一性与和谐性的理解。他认为统一与和谐必然表现为简单,并且这种统一性与和谐性是真实的而不是人为约定的。他的观点是:简单的理论不一定是真实的,但真实的东西一定在理论上是简单的。

爱因斯坦的观念尽管有许多科学事实可以佐证,但这个观念不能用归纳法来说明。否定归纳道路的可靠性,这也符合他本人的一贯思想。实际上,按照系统科学,层次是系统的基本特征,无序事物只要被某种运动形式的涨落协同起来,这些个体事物就会被组合成一定的有序结构单元。自然界和社会的运动形式是多样的,不同的运动形式会把无序的群体事物划分为信息量不同的级别,即不同的层次。在力学、声学、电学中,许多微分方程表现出高度的相似性,由此推断各种运动形式的协同方式有着高度相似性,这就是系统的各个层次结构存在相似性的根据,层次相似性即所谓"全息性"。高层次结构是低层次结构协同的结果,它们之间有相似性也有差异性,这种差异是质的差异。高层次当中包含着低层次的信息,但又不等于低层次信息的叠加,在系统形成的过程中,事物通过自组织已经实现了某种"综合"。所以,根据高层次的特征采用定性和定量相结合的方法,可以把握低层次的运动规律,从而把低层次的"复杂"化为高层次的某种"简单"。当系统的总体规律被掌握以后,便可能被用来指导低层次的认识,从而把"简单"化为"复杂"。

把"复杂"化为"简单"的方法可称为"高层观控方法"。客观存在的复杂事物包含有多种矛盾,有多方面的特性,但在一定条件下,必然有一种矛盾是主要矛盾,它的存在和发展,规定着其他矛盾的存在,引导着其他矛盾的发展,这一定条件就是提高观控水平。例如地震灾区重建,成败关键首先就是选址。从高层次来把握事物,可以突出反映主要矛盾,暂时忽略次要矛盾,建立理想模型和理想实验。理想模型和理想实验是对现实客体和现实过程的抽象，当次要矛盾被暂时剥离之后，问题的处理便大为简化，但又不会出现严重偏差。一旦问题被简化，研究进程就能够超越现有条件，把推理的力量发挥到极致，有利于主要规律的揭示。在主要矛盾得到解决的基础上，再附加次要矛盾，对理想结果进行修正，从而得出符合实际的结果。

高层观控法不仅对自然科学，而且对领导科学都有重大意义。毛泽东在《中国革命战争的战略问题》中对这个方法进行了精辟阐述，他说："指挥全局的人，最要紧的，是把自己的注意力摆在照顾战争的全局上面。"[17] 所谓全局问题，就是事物发展的整体动向问题和决定性的步骤问题。整体判断是高层次智慧，它对战争的作用已经载入史册，以后的实践证明它对经济建设也同样是有效的。资源问题与人口问题紧密相关，但在世界各国有不同表现。一般说来，发达国家表现为萎缩，后发国家表现为膨胀。特别难于掌握尺度的是新兴工业化国家，因为老龄负担和环境承载问题同时存在。但从世界范围来看，人口问题主要表现为膨胀。如果过早看重老龄化问题，势必造成新的人口失控，从而在经济、环境和人口的恶性循环中永远不能自拔。

要争取决策尽可能完善，除非常时期和非常项目外，宜将论证分三个阶段进行。

前期为社会调研阶段，在公众层次上广泛征求意见，方法以德尔菲法（专家匿名发表意见方法）为主，座谈会为辅，目的是充分搜集信息和挖掘思路。尽量把征集范围扩大到利益相关群体之外，如可能还应当扩大到相关地区之外，尽可能利用大众传媒协助调研，最大限度减少相关利益主体的博弈影响。

中期为专家论证阶段，社会意见应当进入专家层次，方法包括德尔菲法和头脑风暴法（专家自由发表意见方法），目的是形成方案脚本。论证专家不仅要有分支科学领域的专家，还要有横断科学领域的专家,宜有商业性智库独立参与论证,尽量保证论证全面并使利益相关者得到回避。

后期为决策形成阶段,社会意见和专家意见都应交付决策层次预读,通过辩论权衡利弊、决定取舍,方案符合目的性、可行性、防险性三原则,草案形成后再反馈社会和专家讨论。在无歧见的情况下不能轻易定夺,报批方案应附有不同方案或备选方案。

在决策过程中,要高度重视专家的直觉、特别是否定性直觉。毛泽东在《中国革命战争的战略问题》中谈道:“全局性的东西,眼睛看不见,只能用心思去想一想才能懂得”,“但是全局是由局部构成的,有局部经验的人,有战役战术经验的人,如肯用心去想一想,就能够明白那些更高级的东西。”[18]有时候这就是一种直觉。直觉是在证据并不非常充分情况下的高层观控,它是凭借相当丰富的知识和经验积累产生的思维突破,这种突破能穿透繁琐资料,把握事物那些不为人们直接感知的隐蔽基础,以及事物内部过程和外部联系的图景。有时直觉得到的图景甚至简单到近乎于常识,这可能就是真相,判断的方法是倒转回来寻找事实印证并开展辩论。

三门峡工程决策时提出在干流上建高坝的依据是:上游水土保持会迅速生效。只要了解黄土高原的人,凭直觉都知道此举并不容易,所以有专家建议降低坝高并留下导流底孔以备泄沙之用,但这些建议没有得到采纳。工程完结后果然淤积危害日重,不得已用高价打开了底孔,但上游河床抬升问题仍然没有解决。

《史记》有句名言:“千羊之皮,不如一狐之腋;千人之诺诺,不如一士之谔谔。武王谔谔以昌,殷纣墨墨以亡。”[19]不要轻易否定一个带有震撼性的不同意见,因为消灭它要比得到它容易得多。

（二）制度性节约

制度是有约束功能的社会规范，包括国家制定的法律法规和群体确定的标准行为方式。邓小平说过："思想路线政治路线的实现要靠组织路线来保证。"[20]"制度好可以使坏人无法任意横行，制度不好可以使好人无法充分做好事，甚至会走向反面。"[21]制度对公共资源使用行为的约束是资源得到节约的根本途径之一。资源节约牵涉的制度首先是社会制度，社会制度是社会的根本制度，它决定了各个阶级在社会生活中的地位，统治阶级的利益决定着制度的形成和执行。在社会制度确立以后，还需要建立专门制度来保证根本制度的正常运行。

前资本主义社会是以人身依赖关系为纽带的社会，在中央集权制国家，虽然自然和社会资源名义上可以私有，但绝对支配权力属于最高统治者，基本原则是"溥天之下，莫非王土；率土之滨，莫非王臣"[22]，决策和管理成败主要取决于帝王个人的道德水平和智力水平。在经济社会发展水平较高的国家，也有一些约束制度出现，例如中国的御前朝会制度、派员巡查制度、地方报批制度等，但约束力度相当有限，个人意志很容易凌驾于制度之上，这种制度只能称为软约束制度。在土地分封制国家，每一个层级与下一个层级都是领主和附庸的关系，是保护和效忠的关系，所以也根本没有公共决策和管理制度产生的必要与可能。由于制度约束严重缺乏或者严重乏力，所以大面积失误和腐朽就成为常态。当资源分配发生严重失衡时，一般只能通过社会代价高昂的政权变革来进行调整。

资本主义社会是以商品交换关系为纽带的社会，资产阶级把私人财产的产权明晰作为人权的基础，原则是"私有财产神圣不可侵犯"，利益获取通过自由竞争来实现。国家在形式上是公众利益协调的产物，公民对与其相关的事务享有平等表决权利。在这些观念指导下,形成了一系列带有刚性的管理制度。管理制度建立在国家和群体两个层面,但无论在哪个层面,约束的重点都有两个:一是资源使用,二是资源分配。通过制度约束,第一防止操作者渎职,保证资源的使用正确有效;第二防止操作者窃取,保证资源的分配公平合理。如果这两点都真正得到保证,也就为微观层面的节约提供了保障,但并不能阻止宏观层面的浪费。宏观层面的浪费表现在:追求超级利润而盲目扩大生产造成的巨额浪费,追求全球霸权而盲目发动战争造成的巨额浪费。

这里的正确有效和公平合理都是有特定评价标准的,这个标准就是特定国家的利益和特定群体的利益,但至少在形式上远比封建专制性的决策大为改善,所以完全可以通过借鉴和改造为我所用,建立社会主义的民主管理决策制度。十月革命以后,列宁就积极主张吸收包括具体制度在内的资本主义文明因素,以改变俄罗斯的落后面貌。他写过一个著名的公式:"苏维埃政权+普鲁士的铁路秩序+美国的技术和托拉斯组织+美国的国民教育等等等等++=总和=社会主义。"[23]在西方管理制度中,有两个要素是使制度保持刚性的关键:一个是责任,一个是程序。

从管理角度说,责任是行为人对所领受任务投入劳务后应当得到的结果以及对过失应当承担的社会处罚,责任追究是制度约束功能的体现。制度有对上负责和对下负责的区别,在国家层面,随着社会民主的推进,民众要求政府行为对纳税人负责的呼声日益强烈,完善行政制度对下负责的机制是一个大方向。在生产层面,股份制企业的决策都要对董事会负责,所有企业的产品都要向消费者负责。对上负责和对下负责受到的约束力量带有根本区别,对上负责只需要应付少数人甚至一个人,责任是否得到追究,取决于领导者的素质和操作者的素质,还取决于客观可能。在这种情况下，即使有高素质者愿意负责，也难以长期坚持。

中国清朝的道光皇帝算是一个崇俭戒奢的典范，道光元年（公元1821年），他一登基就发布了《御制声色货利谕》，表示要重义轻利、不蓄私财，停止各省进贡，不再增建宫殿楼阁。在道光治下，宫廷生活极其朴素，用人也以朴素为要。但由于没有从制度上解决腐败问题，结果治奢新政演变为一场滑稽不堪的闹剧。官员为了迎合皇帝心理，居然通过高价买旧或以新做旧来着装。而在他视野之外的官场中，灯红酒绿、纸醉金迷的奢靡风气依然弥漫。

对下负责的根本点不在形式而在内容。欧美民主制是资产阶级民主制的典范，这种运作方式在约束官员品德方面确实成效明显，但在重大问题上也却屡屡失误。第二次世界大战以后西方发动几次战争的决策就是典型，公众无论如何反战也对政府的卷入无可奈何。一份关于西方决策的研究认为，群体成员决策错误的概率会更大，其原因在于：群体过分乐观、群体固守成见、群体道德自信、机械看待对方、屈从群体压力、盲目维护统一、全体一致错觉、有意隐藏歧见。[24]

有人会提出，尽管如此，还有一个失误的概率问题。但失误影响的大小不仅取决于概率，还取决于失误事件本身的性质。E. N. 洛伦兹（Lorenz，E. N.）所称的“蝴蝶效应”事实上不是在任何扰动下都能发生的，它与扰动者的位置和能量相关。情况就是这样，越是民主制完善的发达国家，经济政治的系统关联度就越高，失误后的恶果也就越大，2008年牵动全球的金融危机就是一个明证。许多决策明明缺乏理性，但形成过程又似乎无懈可击，过程合理保证不了结果合理。

问题的根源在于政治的寡头牵制，在生产资料私人高度垄断的背景下，政治制度是在公司的牢笼中运行的。英国《独立报》2010 年 1 月 29 日报道，美国社会一百多年来，一直试图对私人政治献金加以控制，但始终软弱无力。因为是年 1 月 26 日，美国最高法院裁定：公司可以在竞选期间打政治广告，而且不会给它们为此花费的资金设定上限。这就使大规模的贿赂名正言顺，同时能把不合作的政治家置于死地，现在游说人员甚至能够公然草拟国家法律。

从理论上说可以对政治候选人采取公正的政府资助方式，但从实际上看不可能阻止公司对媒体的收买，公司买通的大众传媒足以误导民意并让政治家慑服。基于教育水平的提升和公共管理的完善，民众在生活细节上表现出相当的理性，但在重大问题上却表现出惊人的反差。凡去过西方国家的人都清楚，尽管有发达的信息通道，但民众对国际情态的了解程度却非常令人沮丧。他们主要关心的是自己的福利水平，所以在内外决策上常常被引入极其狭隘的认同。

所以，民主制一定要在正确的政治理念指导下，才能有效发挥资源节约的规范作用。西方国家常常把自己的理念说成是普世价值观念，这种说法的欺骗性很大。发源于 18 世纪法国大革命的资产阶级政治理念确有进步意义，但它不仅在发达国家的发展过程中屡遭践踏，而且在当代对外政策中已经沦为一个称霸世界的幌子。有人把对扩张性理念的奉行和抵制看做西方民族和东方民族的性格差异，这是很难解释的。马克思主义起于西方国家，但成为中国民族解放和社会发展的精神支柱；日本属于典型的东方国家，但历史上的野蛮程度就连法西斯德国也只能屈居下风。

在马克思主义发展历程中，从来没有停止过对民主制度建设的探讨。马克思主义创始人坚持认为，社会主义应该有比资本主义更高的民主。马克思早在《法兰西内战》中就谈到要防止国家政权由社会的公仆变为社会的主人。他充分肯定了巴黎公社的组织原则:公社由通过普选选出的市政委员组成,其中大多数是工人或公认的工人阶级代表,这些代表随时可以被罢免。十月革命以后,列宁提出了工农检查院与中央监察委员会结合的思想。1945 年,民主人士黄炎培问毛泽东,新政权如何跳出"其兴也浡焉,其亡也忽焉"这个周期率支配? 毛泽东回答说:"我们已经找到新路,我们也能跳出这周期率。这条新路,就是民主。只有让人民来监督政府,政府才不敢松懈。只有人人起来负责,才不会人亡政息。"[25]1966 年中共中央在关于"文化大革命"的《十六条》中甚至做出了按照巴黎公社原则来建设政权的决定。

但在社会主义的实践中,这个问题仍然没有很好解决,在有的情况下甚至走到反面。社会主义国家在民主建设上处于两难境地:一方面,它们都是脱胎于传统社会不久的国家,官僚主义有深厚的社会根基,不进行民主建设就无法实现社会的发展;另一方面,民众的民主法制意识低下,而且国家处于列强包围之下,没有较高集权不能应对内外环境。如果过急推进民主,只能招致内乱。中国"文化大革命"期间实行大民主,结果把国民经济拖到崩溃边缘,民众行为的失范到今天还在发酵。苏联和东欧领导人把弊病归咎于制度,试图实行社会改建(Перестройка),结果换来了一片瓦砾。2000 年俄罗斯一本书《为什么俄罗斯不是美国?》引用了一句中国谚语:"犀牛望月,徒费心血。"[26]意思是俄罗斯人观察美国,所见不全。只是普京 B. B.(Путин, B. B.)接手之后,采取大刀阔斧的政治行动,在相当程度上恢复了斯大林 И. B.(Сталин, И. B.)时期的那种治国风格,这才扭转了颓势。

金融危机的发生使得一些西方人对民主制度的看法有了转变,开始思考民主究竟是手段还是目的? 这个讨论早在 20 世纪 50 年代的中国就有过,后来人们把当时界定于手段的说法称为极左。现在看来,是到了可以平心静意地讨论这个问题的时候了。对下负责是民主制度设计的核心,但必须防止民粹主义的泛滥。民粹主义(populism)是19世纪下半叶在俄国兴起的社会思潮,其基本内涵是主张平民的诉求和理想高于一切,将平民的价值观念作为行为合法性的唯一判据,完全否定政治精英在社会发展中的作用。历史上俄国民粹主义与马克思主义的发展有过不解之缘,布尔什维克党吸收过它的组织精神,但也受过它的偏激影响,它与马克思主义并不是一个思想体系。到20世纪下半叶特别是90年代以后,民粹主义思潮遍布全球,它在一些场合中成为对抗国际资本主义的思想武器,在更多场合中又成为国际资本主义操弄的政治工具。

民粹主义与民主主义有天然联系,同时又有根本区别,民粹主义是极端的民主主义。马克思在《哥达纲领批判》中说:“权利决不能超出社会的经济结构以及由经济结构制约的社会的文化发展。”[27]民粹主义强调对大众情绪的绝对顺从,这就会为宣泄和破坏提供理论。我们不能苛求所有大众情绪都完全合理,但要看到在很多情况下,民粹主义往往是大众情绪被有意引向极端的结果,这样它就成为一股祸水。西方国家在它们认为不可支配的国家煽动民粹,但载舟之水也能覆舟。不受约束的经济带来灾难性的危机,不负责任的许诺造成冲决性的民怨。

随着社会理性逐渐提高,民主的工具性实质会得到越来越多的认同。把民主视为目的,真正的目的反而可能丧失,程序合理结果未必合理。2011年美国参与“占领华尔街”运动的民众打出“我们是99%”,华尔街就公然以“我们是1%”回敬,民众对此完全无可奈何。中国目前也有严重的贫富差距,然而如果这种傲慢要在中国出现,后果肯定不堪设想。论民主程序,美国完备得多,但能说中国民主机制没有进步吗?既然民主不是目的,形式就可以多样。

(三)教育性节约

教育对节约的贡献首先是提高科学认识水平,从而提高资源意识。什么是资源?科学知识丰富和科学知识贫乏的人看法大相径庭。中国古言道:“有缘千里来相会,无缘见面不相识。”对资源认识来说,“缘”就是对客体价值能充分辨别的头脑,资源价值的发现有利于资源的珍惜和保护。1869 年法国生物学家 A. 戴维(David,A.)以传教士身份到中国四川雅安的穆坪采集标本,发现了一种被当地称为“黑白熊”的动物。他把该动物标本带回法国,法国自然历史博物馆馆长 M. 爱德华兹(Edwards,M.)根据熊猫的毛皮和骨架以及戴维的报告做出结论,这是世界罕有的动物新种。后来动物学界几经反复,将其定名为“大熊猫(Ailuropoda melanoleuca)”并呼吁保护。

教育推动的科学认识深化有助于集约化技术的发明,集约化技术就是资源节约利好技术。教育对第一线劳动力还有直接提高操作技能的作用,操作技能的提高能使单位资源提供最大的社会需要满足。当然,在资源节约问题上,技术发明和技能提高与产品开发的初衷并非一致,但它们毕竟是资源节约的重要环节。发达国家之所以生产消耗低、制造工艺精,就是因为国民教育水平高。这种情况在瑞士、德国和日本表现得尤其突出,原因在于它们对技工培养极其重视。衡量资源利用水平高低,生产中的能耗物耗指标是一个表象,绝不能忽视产品质量包含的信息。质量是技术和管理的综合反映,它与资源消耗有内在联系。生产中能耗物耗低的产品,产品质量未必高。如果产品质量不够,即使是能耗物耗较低,一旦遭遇社会淘汰,上述指标将毫无意义。观察瑞士、德国和日本的产品,即使是外观中的次要部位,工艺都做到了尽善尽美,这里透射出一种追求、一种精神。马克思说过:“如果把工业看成人的**本质力量**的**公开的**展示,那么自然界的**人的**本质，或者人的**自然的**本质，也就可以理解了。”[28]如果人的本质力量达到如此程度，那么至少在国内生产过程中，资源节约的操作必然“按照美的规律来构造”。这是人本质力量的体现，完美追求的培养是教育的一大功能。

对于资源节约来说，分支科学教育是不够的，必须进行综合科学教育。历来的教科书都认为技术带有功利性即包含社会因素，而科学则是中立性的知识体系。这个观念不知误导了多少学子！也有学者根据科学具有的社会活动、社会建制性质，否认科学的中立性，但这并没有击中要害。事情要追溯到17世纪，培根的一句名言：“知识就是力量”，实际上是一个带有倾向性的命题。J. D. 贝尔纳（Bernal，J. D.）在《历史上的科学》一书中引用了培根的一句话：如有人技术发明成功，“这个人就会真正是人类的恩主——把人类统治推及于全宇宙的传播者、自由的战士、贫困的征服者和抑制者”[29]。作为把科学连接到物质工业进步上的第一伟人，培根所说的知识是分支科学知识，知识力量指的是征服自然的力量，尽管他声明人是自然的仆役和解释者。近代科学是从分支科学起步的，可以说从它诞生的第一天起，就被紧紧地绑上了传统经济学的战车。培根观念引导社会的结果就是，人们过分相信分支科学的发现和工程技术的发明作用，以为人力资本可以完全替代自然资本，把自然环境的承载作用轻易地淡出了视野。分支科学在历史上和现实中的确成就辉煌，但它的狭隘性也越来越不可忽视。

1963年，D. 普赖斯（Price，D.）把科学分为“小科学”和“大科学”。赵红州指出，现代科学已从“小科学”过渡到“大科学”，其标志在于：第一，由个人研究转向集体研究；第二，由使用单参数仪器转向使用二次仪器；第三，由私人出资研究转向国家资助研究；第四，由单学科和小跨度学科研究转向大跨度学科研究；第五，由个人搜寻研究资料转向高度依赖情报系统。[30]笔者认为,20 世纪中叶以后,科学的常态是大小科学并存,小科学在一定范围依然有效,但大科学成为科学的主流,大科学的最高形态是现代生态学。

进入 20 世纪下半叶以后,生态学分为两个层次:第一个层次是研究生态学的本体论、认识论、方法论和价值论的生态哲学;第二个层次有两大门类:经典生态学和人类生态学,前者研究生物与环境的相互关系以及生态系统的结构与功能相互关系,后者研究人类及其活动与自然生态系统的相互关系。P. 迪维诺(Duvigneaud,P.)认为:“借助于专门研究人和生物圈之间相互作用的人类生态学,一方面使生态学与各自然科学之间建立起密切的联系,另一方面又使其与经济、政治等社会科学保持接触。”[31] 人类生态学以其特殊的性质和研究方式,只是在它建立之后,科学才有了摆脱传统经济学婢女地位的可能。

从学校教育来说,只能从小科学入手,而且社会在强调科学的力量时,往往会以小科学来佐证。小科学需要的思维跨度小,对哲学素养的要求低,同时也能满足社会浅层次的需要,所以在社会层面上的征服力量强劲。一旦有人据此获得强势地位又加以固守,便可轻易把对立意见置于死地。普遍情况是,科技人员在科学活动的规模上接受当代科学的大科学转化,但在思维方式上却拒绝实现向大科学转化,也就是说没有根本转化。国际社会看到,解决环境问题的根本举措在于从儿童开始进行环境教育以增强环境意识。这个举措是正确的,但真正运作起来却很困难。环境意识实际上分为生态知识和生态心理两个层次,前者解决“是什么”,后者解决“怎么做”,两个层次并不一定统一。

在社会生活中,资源破坏行为的成因从主观方面来说,首先是生态知识欠缺。不仅毁林开荒、围湖造田等属于由这种原因进入的误区,而且所谓的“绿色消费”当中也包含着相当大的这类误区。就动物保护这个问题说，生态学讲的保护指的是野生动物保护，而对家畜来说只是对品种资源进行保护而已。但民间却把动物保护盲目地扩大到宠物，这种举动不是维护生态平衡，而是破坏生态平衡。野生动物在自然条件下可以实现种群数量的自发调节，而宠物在人类的呵护下却只会不断增加。宠物的泛滥不仅浪费资源，而且传播疫病。在“享受绿色”的观念引导下，不知多少荒野惨遭蹂躏，这不是“绿色消费”而是“消费绿色”。生态追求背后可能有次生资源破坏，这对许多人来说是始料未及的。

还有一种主观成因不是生态知识欠缺，而是生态心理欠缺。许多人在口头上和著述上谈及资源节约和环境保护时，都可以说得头头是道，然而一旦接触实际生活特别是在私下场合即面目全非，不仅对资源破坏熟视无睹，而且还根本不守环境道德，甚至对浪费行为推波助澜。这类人在社会上往往有头有脸，所以示范作用特大。发达国家在国际环保讲坛上，都在道貌岸然地维护生态，但同时又坚持把高消费生活方式推向世界，并且不断把污染输往发展中国家，还对高储蓄的国家进行恶意攻击。在中国社会中，餐饮浪费已经成为一大公害。公款浪费与私款浪费同条共贯，有的经费甚至就来自环保项目，对此多数公务人员和知识分子都难辞其咎。在高校学生当中，餐饮浪费成为习以为常的现象。

生态知识欠缺相对比较容易弥补，从学前教育开始就可以设立环保课程，进入社会以后只要不是刻意回避，到处都可以接触到生态知识，就是学科隔阂也会随着形势的发展而消除。环境教育的关键是要解决生态心理的建立，生态心理不仅取决于生态知识，还取决于道德水准，生态知识是事实认识，生态心理是价值认识。生态价值观念的校正不仅取决于生态认识，还取决于制度，所以生态知识与生态心理之间没有严格的正向相关性，但前者毕竟是后者最深厚的基础，并可以不断对后者发挥校正作用。校正的主要措施是把生态知识与生存方式联系起来，让受众在生态现实面前产生心灵震撼。有一幅漫画：熊在卖自己的掌，标题是“先富起来再说”，这幅画就很有力度。国外的“临终体验”教育，可以借鉴。

教育性节约还包括教育本身的节约，目前的问题在于投入不足与资源浪费并存。20 世纪下半叶以来，人才竞争渐成国际竞争的核心内容，但关于人才的界定却大有误区。人才培养的主要途径是学校教育，而学校教育中的典范又是名校教育，所以创办名校就自然成为国家的重大任务，跻身名校也就自然成为各校的奋斗目标。创办名校和跻身名校本身是无可厚非的好事，但问题的关键在于名校的地位不是可以一蹴而就的，非经历长期艰苦的积累不可，如果揠苗助长或自我拔高，必然造成大学恶性竞争和超常膨胀。以学历衡量人才，是一个容易操作同时又容易接受的方式，所以尽可能提升受教育程度就成为社会和家庭的追求目标。大学对规模的追求与社会对学历的攀比叠加，结果是大量赝品应运而生。

社会不同岗位的性质差异决定了对人才要求的差异，一个系统要实现优化，关键在于结构设计合理，要素本身的特点与所在位置的特点相适应，主角和配角高度协同。如果配角选取过优，不仅造成资源浪费，而且会对其他要素的功能发挥和主角功能发挥形成干扰，使整体运行效率受到影响，甚至由于内耗而导致系统解体。青少年在求学过程中，基于智力兴趣差异以及客观条件差异，逐步分流是正常现象。一个人的能力形成有多方面的因素，不少成功人士学历并不高，其成功要点在于把自己所学知识发挥到极致；相反，越来越多的人虽然学历很高，但能力却远不相称。发达国家通过大学排名和就业限制，把本国学历片面夸张，从发展中国家大量吸纳资金和人才，还使人才和教育评价都发生了严重扭曲。

发达国家的示范效应加上文化传统中的缺陷影响，使得后发国家发生的虚脱尤重，宝贵投入换回的是大量教育和科研垃圾。问题解决的根本措施是扭转对发达国家的盲目跟风，把学历取人彻底转换为业绩取人，让不同角色学用适合，使各自能力得到充分发挥。劳动者如果普遍能够接受良好的基础教育，所得知识能够充分运用到所在岗位，国家实力将不可斗量。德国在普法战争胜利后、日本在日俄战争胜利后，都把功劳归于中小学教师。国家的教育投入重点要放在基础教育，义务教育教师薪酬要按与中心城市的距离成正比地提升，以鼓励高水平师资献身基层。高等教育必须结束无休止的形式翻新，让教学和科研的内涵得到充实。这不仅会使教育资源得到高度节约，而且会使经济社会的运行状况大为改善。

第四章　中国节约论

节约型经济在中国的建立需要克服诸多社会障碍，经济转型必须与独立自主的社会改革相伴，把民众行为方式的改变作为改革的基础。中国社会问题的核心是国民素质，问题的根源不在宗教情感而在发展阶段。要把人格塑造作为教育的第一目标，从人格塑造入手推动社会发展。理想培育是人格塑造的中心，高尚理想最后都归结于对人际和谐与人地和谐的超越性追求，而且必须以人地和谐为基础，珍惜自然资源是理想培育的起点。不能一概反对奢侈追求，但如果把它作为总体经济目标，只能激起仇富心态并助长浪费行为。从节约型经济肩负的社会责任出发，宜将"刺激消费"以"优化消费"代之。可在科学技术、生产关系、人口生育三个方面进行节约型经济建构，通过"利益"、"心理"、"政策"、"技术"四个因素的"类超循环"来催化经济转型。弱势物种和弱势群体的安全并存，是自然和社会稳定的底线。精神生活消费成为公众主导性消费，是资源消耗最小化和社会福利最大化的平衡点。

一、发展目标论

（一）节约障碍论

2008 年金融危机爆发后中国经济持续增长，并成为世界第二经济体。在这种形势下，有一种自大情绪在民众中开始滋长起来。出于历史原因，这种情绪的出发点完全可以理解，但是如果盲目骄傲，肯定会阻碍我们走向真正的复兴。美国人确实有不少令人憎恶之处，但至少有一点是值得借鉴的，那就是忧患意识。无论何时他们都要找到一个对手与之竞争，否则会认为有衰落的危险。中国传统文化也崇尚忧患，但值得警惕的是，美国人遮蔽家丑的意愿较弱，宁肯把对方的优势高估，因此危机往往都成为重振的起点。

毛泽东曾在七届二中全会上告诫全党："夺取全国胜利，这只是万里长征走完了第一步。"要求全党务必保持谦虚、谨慎、不骄、不躁的作风，务必保持艰苦奋斗的作风。[1]低潮下找到自信，高潮时发现不足，这种辩证思维在当下对国人特别有清醒头脑的重大意义。

从自然资源看。由于地球本身的运动造成气候发生周期性变化，至少近3000年来，亚洲的气候就逊于欧洲。青藏高原的隆起，还阻碍了印度洋水汽的北上，并形成自西向东的季风，使得降水严重不均，加上地质结构不稳，自然灾害频发。历史上基于人口膨胀和过度开发，耕地减少和土地退化问题日益严重。近现代在落后的生产方式作用下，生态环境被进一步推向恶化，资源存量和资源消耗的矛盾相当尖锐。

从人力资源看。中国虽有可以弘扬的文化强势，但传统文化的包袱也绝不轻松。在自然关系方面，环境意识淡薄，资源利用粗放，生产操作的认真程度与发达国家特别是与德国、瑞士、日本差距甚大。在社会关系方面，法制观念普遍低下，投机习气历来浓厚，个人行为的检点甚至不及相当数量的发展中国家。产品在国际市场上的低成本优势，已经开始在经济效益的边际性和生态环境的承载力两方面看到尽头。

以上两点是中国进一步发展的真正瓶颈，只有在建构节约型经济的目标指引下，才有可能突破。当前公众借助传媒参与公共事务的积极性猛烈高涨，公众参与对社会生活的健康发展起到了积极作用。这种形势说明人的社会责任心正在提升，但从建构节约型经济的角度看，有三点是明显不够的：第一，关心的重点局限在个体直觉事件，很少触及整体深层问题；第二，客观抨击多主观反思少，难以把社会问题与个人行为进行联系；第三，主流阶层多数人员的境界欠差，与社会的理性期盼远不相称。

一位西方学者对中国经济改革后形成的消费文化进行了简短却深入的探视，他引用了一名19岁上海女孩的话来表明年轻人的心态：只要是我们这样的女孩想要的，谁也没办法阻止得了。它投射出的显然不是一种健康的欲望，这种欲望正像野火一样蔓延。一名17岁男孩为了买苹果手机，竟然卖掉了自己的肾脏。诚然，为了保证经济持续增长，我们需要促进内需，拉动消费，但是不能鼓动奢靡，工作重点是提升中下层百姓的生活。从三个主流群体的现状看，物欲暴胀带来的不仅是环境破坏而且是心灵毁坏，对经济和社会发展的危害带有根本性质。

1. 商界

经济改革之初，敢尝“螃蟹”者并非一般循规蹈矩之士，其中不乏社会责任富有者，但也不乏社会责任缺失者。拓荒者的辛勤劳作和超人胆识，是财富积累的基本要素，但毋庸讳言，体制缺陷被充分利用，也是其中一个重要因素。对一些人来说，体制缺陷的充分利用甚至是主要因素，这种因素的力量，一直延续至今。中国贫富差距形成之快，在世界各国是少见的。这既与体制缺陷有关，也与文化缺陷有关。由于亚文化的作用，市场经济的负面影响被强烈放大。古代中国是一个权术发达的社会，这种遗产有双重效应。一些应景人物把历史上最黑暗最肮脏的行为挖掘出来，并掺入现代社会的污秽，将其标榜为商业智慧进行贩卖，恩格斯在评点旧唯物主义时指出：“它按照行动的动机来判断一切,把历史人物分为君子和小人,并且照例认为君子是受骗者,而小人是得胜者。"[2] 旧唯物主义者还算是严肃的学者,而这些作者则彻底背叛了学术。大量风行一时的畅销读物击溃了商界成功的支柱——诚信,催生了一大批不负责任的"精英"。以这种心态从事经营,不可能真诚接受资源节约理念。欺诈行为像瘟疫一样肆虐着社会的肌体,许多危害社会并糟践资源的行径,在世界各国都少见。以货币形式表现的经济成果,其盘点自然不会与经营动机挂钩。时至今日,除非有重大违法行为,一般很难去细追财产来源。国家通过税收杠杆对贫富差距进行调控,可以化解一些矛盾,但很难填平特殊背景下形成的鸿沟。有人或许会说,花销自己钱财无可厚非。这话当然有其根据,但同样有根据的是,人们追求幸福的欲望会受到双重矫正:一是行为的自然后果。产品虚化和资源毁坏之后,有害因子会通过各种链索反馈到包括富人在内的人类自身;同时过分享受也导致恶疾,富人的医疗投入与健康状况往往不成正比。二是行为的社会后果。炫富行为必定激发仇富心态,在缺乏安全的环境下生活绝无幸福可言;同时穷奢极欲的生活也危及后代,富豪家族的退化已是普遍现象。企业是现代社会技术创新的基本单元,中国经济原创性的低下源于商家对现实经济利益的过分追求,而对现实经济利益的过分追求则源于物质生活沉湎,导致精神家园丧失。

2. 政界

毛泽东在 1937 年说过:"我们党的组织要向全国发展,要自觉地造就成万数的干部,要有几百个最好的群众领袖。这些干部和领袖懂得马克思列宁主义,有政治远见,有工作能力,富于牺牲精神,能独立解决问题,在困难中不动摇,忠心耿耿地为民族、为阶级、为党而工作。"[3] 如果没有一批努力践行上述标准的精英人物作为中流砥柱,今日中国的局面是不可想象的,但毋庸置疑,资源环境的破坏与腐败问题密切相关。目前问题的严重性在于,个人挥霍与公务挥霍并存。腐败行为不仅在消费领域直接导致自然资源破坏,而且牵动生产领域的资源破坏。没有官员的庇护和参与,许多经营者绝不可能在破坏资源的基础上暴富。"消极腐败"这个词组在中国可谓司空见惯,但人们往往轻视其中"消极"二字的作用,其实,它才是一个民族最可怕的状态。精神境界不够,必然带来社会责任丧失。毛泽东在上述言论发表后不久,就发表了《反对自由主义》,把消极情绪列为自由主义的主要表现,断言自由主义导致的结果是"腐朽庸俗的作风发生,使党和革命团体的某些组织和某些个人在政治上腐化起来"[4]。可以说,消极情绪就是腐败的温床。在资源环境问题上,消极情绪表现有三:其一,以抽象的教条看待马克思主义,口头上赞成生态文明,但是对人对己实行双重标准;其二,对公共事件表现冷漠,不到切身利益遭受损害,不会设法采取可以采取的措施来制止事态发展;其三,处理相关事件注重表面,不愿深入调查厘清矛盾,对群众意见和专家意见采取敷衍态度。"程序化"是政务现代化的特点之一,也是走向民主和法制的重要步骤,但如迷信程序作用,就可能助推形式主义,进而保护渎职行为和腐败活动。我们承认现代政务需要职责明确,但现代政务也会越来越多地面对大跨度的综合性问题。如果把社会责任抽掉,程序就将沦为没有灵魂的僵硬链条,许多资源浪费和环境破坏,就是在这种框架下"合理合法"地酿成的。一些行为从宏观看来明显有责当问,但从微观看来又似乎无懈可击。只要正义感丧失,任何滥用职权的行为都可以在程序化的框架下,为自己找到开脱干系的借故,而且这些行为往往带有集体性质,即使其中有人觉悟也很难独善其身。

3. 学界

进入21世纪后，世界学界的活力几乎完全被商业气氛窒息，当代列出的思想家，与19世纪和20世纪末以前相比简直是微不足道，庸俗化已是不争的事实。从20世纪下半叶开始，西方学界就开始逐渐堕落。大学普遍以牟利为目的，在全世界广泛网罗落榜学生高费入学，一些名牌大学甚至收取高费编造所谓“世界名人录”。为了维护垄断利益，西方学界采取了两个措施：一是不断进行“大学排名”，二是硬性设置“论文索引”。借助强大的传媒体系，把后发国家的学界牢牢捆绑在自己的战车之上。在这样的格局下，类似“知识经济”这样的概念，不管在学理上如何失密，却可冠以“国际新潮”的桂冠一波接一波地被推出，借助历史形成的话语权力让世界接受愚弄。在中国，“商业化”、“行政化”、“西方化”的混染，使得学界社会责任心严重下降，问题首先表现在陷入以量代质的误区。量是质的存在方式，没有量就没有质，但质终究是事物的内部规定性，质不是完全不可以比较，只是不能完全通过量来比较，质的比较需要综合性思维。科研成果的认定，主要是质的认定，即看是否有新规律得到揭示。量化考评，据说是“与国际接轨”的举措，其实不过是推卸管理责任的托辞。因为质的比较需要下功夫并担风险，而量的比较却仅靠数字统计就可以轻易解决。这种貌似公允的评判方式，恰恰阉割了科学的灵魂——创造。量化考评机制催生了一轮又一轮的恶性竞争，同时也搭建了以行政地位替代学术地位的平台。于是重复性研究和虚假性研究就像瘟疫一样传播开来，许多论文不仅内容空泛、谬误百出，而且逻辑混乱、文字粗劣。以量代质的机制，使得高等教育与科学研究同步虚化。在办学规模及学科数量相互攀比的局面下，许多思想境界和学识水平都明显低下的人员混入了教师队伍甚至权力阶层。许多高校都对师资水平设置了国外学历门槛，但期待的奇迹不仅没有到来，反而为“南郭先生”大开了方便之门，常识性错误一再发生。在这样的格局之下，高校文凭与学生水平必然严重反差。反差不仅反映在学业水平，而且反映在思想水平，学历虚高的病态就业普遍存在。有人认为，文凭贬值是社会进步的象征。这种论调实在令人错愕。

当前社会问题的本质是文化危机问题。为了经济繁荣而付出文化代价，这当然不是改革的初衷，但肯定是不得不直面的现实。文化的核心是价值观念，价值观念颠倒是一个社会最大的不幸，当语言的粗俗化和行为的粗鄙化被视为进步并一再得势的时候，社会的灵魂就没有了。鲁迅当年看到中国社会的病根是民众的麻木，所以弃医从文。历史的发展是一个螺旋式上升的过程，在总体进步中不排除出现某种跌宕甚至反复，所以必须把文化建设列为凝聚民族创造力的关键。节约型经济是一种理性经济，它的生长必须依赖适宜的文化土壤，所以讨论社会的整体发展是本书的客观要求。

（二）改革方向论

资源环境问题兼有自然问题和社会问题的双重性质，和其他社会问题的解决一样，政府发挥着主导作用。基于社会问题在当前的高发，政治体制改革的紧迫性已经为公众关注。提及政治体制改革问题，一些人总是立即想到西方国家的蓝本，主张走代议制的道路，认为只有这样才能建设一个高效廉洁的政府，保证社会公正、有序和稳定。

应该看到，18 世纪法国启蒙思想家提出的自由、平等、博爱思想，在历史上发挥了非常积极的作用，以它为核心建立的资产阶级民主政治制度，创造了在封建主义制度下难以想象的科学昌明和经济繁荣，人身权利至少在法律上得到空前尊重。《共产党宣言》说:“资产阶级的这种发展的每一个阶段,都伴随着相应的政治上的进展。”[5]近代以后,落后国家在反思自己的差距时候,曾经从军事层面追溯到经济层面,再从经济层面追溯到政治层面,把建立资产阶级民主共和视为富民强国的唯一道路。

中国资产阶级民主革命的先驱,曾为民主共和理想进行过悲壮的奋斗。秋瑾有诗:“不惜千金买宝刀,貂裘换酒也堪豪。一腔热血勤珍重,洒去犹能化碧涛。”[6]林觉民在起义前与妻诀别书中写道:“吾自遇汝以来,常愿天下有情人都成眷属,然遍地腥云,满街狼犬,称心快意,几家能够?”“汝体吾此心,于悲啼之余,亦以天下人为念,当亦乐牺牲吾身与汝身之福利,为天下人谋永福也。汝其勿悲!”[7]这些文字今日读来,仍然不能不令人仰天长啸、壮怀激烈。

辛亥革命的结果是产生了一个名义上的民主共和国,但民主共和的内容实际上无法付诸实施,反倒是各路军阀趁机蜂起,结果是天下大乱、兵燹暴殄,民族资产阶级在经济上步履蹒跚、在政治上无从作为。国家既不是资产阶级的,也不是民主共和的,本质上是一个封建割据国家。有人认为,民国初年是中国思想界最活跃的时期,但这种认识忽视了连年战乱对国力的摧毁。日本灭亡中国的步骤,就是从这个时期开始大举实施的。后来两次政党合作机会终被武力断送,背后都有西方的插手。

早在19世纪下半叶,从西方资本主义国家把掳掠之手伸向全球起,国内的无产阶级就开始蜕变。1858年恩格斯谈到“英国无产阶级实际上日益资产阶级化”的问题,他说:“对一个剥削全世界的民族来说,这在某种程度上是有道理的。”[8]到列宁提出帝国主义论的时候,资本主义发达国家的内外政策就已经完全改变:对内强调人权,对外实行霸权。于是,富国穷人与富人的矛盾,就外化为穷国与富国的矛盾。两次世界大战的起因,都是富国争夺对穷国的支配权力。只是在第二次世界大战中,由于法西斯国家的极端残暴行径，才使得战争有了正义与非正义之分，但即使站在正义一方的西方国家，也始终没有改变支配世界的国家目标。

从第一次世界大战开始诞生的社会主义国家，并非没有看到吸收发达国家文明成果的必要性，但必须要以在国际上争取国权为前提，这就是列宁一生的两大贡献——“帝国主义论”和“国家资本主义论”——的内在逻辑联系。十月革命之后，列宁由几年经济实践的教训总结，提出了通过“国家资本主义”过渡到社会主义的思想。所谓国家资本主义，列宁把它定义为国家可以限制并规定其活动范围的资本主义。在国家管理中，列宁对官僚主义可谓深恶痛绝。为了消除官僚主义的危害，他倡导建立了工农监察制度并力图对它进行完善，主张借鉴资本主义国家的有益成果。同时他也多次指出，在一个农民国家，官僚主义有深刻的社会根源，因此只能慢慢地经过顽强的努力使它减少，这就需要坚毅的决心和正确的步骤。到斯大林时代，基于特殊国际形势的应对而采取了高度集权的管理模式，这里有不得已的因素作用，只是他把这个模式推到了极端，有意无意地培养了特权意识。

20世纪80年代，苏联和东欧社会主义国家在改革的时候，看到了斯大林体制中的官僚主义弊端，但他们不是回到列宁的思想轨道，而是把西方政治制度作为仿效的模板，这就彻底摧毁了凝聚国家的思想根基。社会主义被颠覆之后，言论是充分自由了，然而民众话语在很大程度上受到西方媒体牵引。官僚主义不仅没有消除，反而变本加厉，早先许多俄罗斯人对“苏联”这个名称十分诟病，但没有想到苏联解体带来的多米诺骨牌效应，会造成驱之不去的梦魇。不少东欧政要为了洗刷社会主义的“污名”投靠西方，不惜出卖灵魂甚至充当帮凶来表示赎罪，国家尊严因而完全丧尽。有的国家还被肢解得四分五裂，在国际舞台上再无任何有影响的声音。

时至今日,这些国家的许多"精英"并没有认真反思二十多年来自己走过的道路,而是依旧把所有苦难归咎于斯大林,津津乐道于清算历史。斯大林接手政权之后放弃了列宁的改革路线,这里有文化传统和个人因素的作用,同时历史背景也不可忽视:第一,党内理论水平普遍不高,机械套用了经典著作关于社会发展阶段的结论,把新经济政策下不可避免地带来的收入分化,视为资本主义复辟;第二,面对国际资本主义的重重包围,选择能够迅速应对突发事件的经济和政治体制,在当时也不无根据。斯大林的错误在于:首先,在应急时期完全以主观意志来代替了可以实行的民主和法制;其次,卫国战争胜利后没有因势利导推进改革致使体制走向僵化;最后,对外活动中有大国沙文主义倾向。尽管如此,他的贡献不可能因为错误而泯灭。苏联在斯大林时期迅速实现了工业化,同时民众的文化水平和精神境界提升到空前的高度。如果没有这些,很难想象整个第二次世界大战会落到什么结局。苏联地位的真正提升,是在斯大林时期。同时,他后来也不得不对错误有过长久和痛苦的纠正。W. L. S. 丘吉尔(Churchill, W. L. S.)对斯大林的评价是准确的:他接手于扶木犁的国家,留下的是核武。

一个国家总结历史是为了清醒头脑,而不是为了毁灭身躯。1893年恩格斯在致H. Ф. 丹尼尔逊(Даниельсон, H. Ф.)的信中写道:"历史可以说是所有女神中最残酷的一个,她不仅在战争中,而且在'和平的'经济发展过程中,都驾着凯旋车在堆积如山的尸体上驰骋。"[9]欧洲资产阶级大革命时期对封建阶级没有实行仁政,对于这一点,后人并未进行过多的抨击。除此之外,他们在海外的血腥掠夺,即使在当时也骇人听闻。但西方国家对自己的暴行从来讳莫如深,甚至对他们有过残害的法西斯国家,只要在现实中能为其所用,对其翻案行为一般都保持沉默乃至放纵，而对社会主义国家的失误却一再放大抹黑乃至造谣。目的只有一个：摧毁民族自信。这种手段，同样用于对付中国。冷战结束以后，西方国家便放手以人权保护为由侵略主权国家，列宁的帝国主义论被现实一再验证。

社会主义国家的根本凝聚力量在于马克思主义基本理论的坚持与发展，而进行理论探讨的人首先要对基本理论有坚定信仰。马克思主义理论的核心是马克思主义哲学，包括自然辩证法和历史唯物论，这是信仰的基质。历史证明，马克思主义的一些具体结论会随着时代变迁而过时，但它揭示的一般规律是可以经受检验的，这些基质可以分为自然和社会两大部分。

马克思主义经典著作认为，自然界有不受人类意志左右的永恒运行规律，在运动中它的任何一种属性都不会丧失，即使地球生命和人的精神毁灭，在另外的地方和在另外的时候也会以铁的必然性把它重新产生出来。近现代科学对物质世界守恒转化规律的揭示，证明了它的普遍性。同时现实也证明，如果社会听任宗教势力操弄，会出现多少荒唐和悲哀。经典著作建立的哲学范畴，揭示的事物普遍联系和发展规律：量变质变规律、对立统一规律、否定之否定规律，至今仍然是把握世界的思想锐器。经典著作认为，自然界中无生命物体的相互作用中包含着和谐与冲突，有生命的相互作用中包含着有意识和无意识的合作与斗争，在不少地方都涉及生存要素的平衡问题，并提出了关于自然界报复的警示。现代生态学的成果以及实践得到的正反结果，证明了这些论断的正确性。

经典著作认为，人类社会的产生是一种自然历史过程，是自然发展的高级阶段，人类社会诞生以后，社会和自然就相互渗透相互制约，排除历史的自然科学唯物主义是抽象的唯物主义。并断言自然科学和关于人的科学，往后将是一门科学。这些结论已为现代科学发展的整体化趋势证明。按照自然历史过程的逻辑，经典作家揭示了推动社会发展的根本动力——生产力和生产关系、经济基础和上层建筑的矛盾。根据这对矛盾，确立了从原始社会到资本主义社会的各个社会形态。指出资本主义社会的基本矛盾是生产的高度社会化与生产资料私人占有的矛盾，在生产上具体表现为个别企业有组织和整个社会无政府的矛盾，结果带来人的异化和自然资源的毁灭，这对矛盾不可能在资本主义社会内部化解，由此把未来社会的建立放在完全科学的基础之上。

马克思主义对社会发展规律如此缜密的推导，是任何西方哲学社会科学根本无法企及的。唯其如此，才激励一代又一代的社会才俊为之不懈奋斗，并积极探索与本国实际的结合。1992 年邓小平说过："我坚信，世界上赞成马克思主义的人会多起来的，因为马克思主义是科学。它运用历史唯物主义揭示了人类社会发展的规律。"[10]市场经济之所以能在社会主义国家高速发展，不完全在于市场经济本身的力量，还在于市场经济找到了一个相对安定的社会环境，而这个环境的营造，根本在于社会主义目标的高度凝聚力量。

发展马克思主义要以对理论内核的精通为前提，不能以牺牲基本信仰为代价来进行改革。把实践的失误归咎为理论的错误，这是很容易选择的思维方式，也是最容易得手的运作方式。马克思主义经典作家当年并没有掌握权力，即使这样，仍然有不少投机分子混迹队伍。"关于这种马克思主义，马克思曾经说过：'我只知道我自己不是马克思主义者。'马克思大概会把海涅对自己的模仿者说的话转送给这些先生们：'我播下的是龙种，而收获的却是跳蚤。'"[11]社会团体尚且如此，何况国家机构？至于实践过程中出现不可避免的失误，就更不能因此就从根本上否定经典学说揭示的方向。

无论如何，现行社会主义政治体制必须改革，要努力完善集中指导下的民主和民主基础上的集中，建立一种带有可控机制的民主来保证社会健康发展，但绝不能把“民主社会主义”作为目标。“民主社会主义”是一个有特定含义的概念，其要害是用多元思想体系来取代马克思主义的思想体系。社会主义国家是西方重点围剿的对象，一旦思想武器放弃，社会就会立即瓦解，国家随即衰败。俄罗斯后来的领导层已经意识到这一点：为了凝聚国家，必须尽量保留和利用苏联时期的精神遗产。西方国家攻击俄罗斯试图恢复斯大林主义，在某种意义上道出了俄罗斯复兴的诀窍。

（三）民众行为论

《史记》说：“仓廪实而知礼节，衣食足而知荣辱。”[12]但在中国社会富裕起来后，民众特别是富豪及其子女在礼节和荣辱方面却明显滞后，甚至出现了严重的倒退。有人把今日中国社会概括为物质上最丰富的时期、精神上最贫乏的时期，虽然话语过激，但在相当程度上反映了现实。准确地说应该是：**物质尚未均富，精神已趋泛贫**。社会情趣的庸俗化已经成为中华民族进一步提升的严重障碍，成为社会问题的核心。一些有识之士联想到18世纪的“乾隆盛世”，当时中国是世界上经济最发达的国家，但由于沉醉繁华而丧失了进取动力，最后全面跌入低谷。1945年黄炎培关于如何避免“其兴也浡焉，其亡也忽焉”这种历史周期律的言论，应该成为促进改革的警世名言。

中国民间的行为方式从总体上看可以说是宏观磊落、微观猥琐，前者表现在民族大义和族群关系，后者表现在工作态度和生活习性。日本这个民族的特性正好相反，敬业精神和社交礼仪甚至在灾难发生时可以做到不折不扣，但在对外关系问题上却始终保持着险恶心态。两相对比，还不能轻言中国民众的素质完全低下，同时改革开放也推动了一些精神变革和礼仪进步，然而微观行为的龌龊绝不能因此而被忽视。

从物质文明角度看。在工业文明建设阶段，先进工业国在微观层面的工艺相当精湛，这样可以使得产品的质量达到最优、资源的附加值达到最大，这也是由工业文明向生态文明过渡的必要条件。中国目前的经济总量是依靠资源的高消耗和劳力的高投入来获取的，许多设计方案之所以没有收到预期成效，主要是因为一线人员不认真操作到位。背后原因在于，经营者宁肯通过低价销售以量取胜，也不愿在管理上提高标准以质争锋。基于民众生活陋习的顽固，消费越来越成为中国资源环境破坏的主要成因。

从行为文明角度看。现代社会是高频交往的社会，交往形象是实力的投射，而形象往往见诸于行为细节。信用是社会交往的基点，市场经济会催生欺诈，但成熟的企业家是讲究诚信的。不少经营者舍本逐末，热衷于在细部投机取巧，经常性的结果是身败名裂、得不偿失。一旦失利，不是从根本上检讨，而是设法敷衍，并存侥幸心理等待再行投机。虚与委蛇是中国民间社交的一大特色，进入市场经济后，这种缺乏真诚的交往方式被推向极端，许多项目的失败和许多案件的发生都与它紧密相关。

从政治文明角度看。任何政治制度和政治措施，最终都要通过经办人来显现，由于逃避工作细节，所以很多宏观上正确的决策，在执行过程中往往逐渐衰减，到基层甚至完全变味。只要中央政府没有严厉督察，地方问责很多便以过场了之。官员显示新政最便捷的方法就是盲目跟风，国外许多并不成熟甚至漏洞百出的观念，在国内被奉为圭臬。通过层出不穷的形式翻新，大量矛盾被掩盖起来。延安整风反对的主观主义、宗派主义和党八股，到现在可能是最能容忍的问题。这些问题的产生，不完全归咎于个人。

从精神文明角度看。一个只关注眼下而不仰望星空的民族,是没有前途的民族。实际上,一个只仰望星空而不关注眼下的民族,同样也是没有前途的民族。星空不仅包含民族大义,还包含道德规范。如果罔顾社会公德、虚谈民族大义,那么大义之谈可能成为一种反讽。以宏观遮蔽微观,就会以形式取代内容,对某种事物只要形成思维定式,就永远一成不变。这种思维方式对事物不加分析,以追求时尚和博取虚名为心理满足。许多作伪和误导行径,就是在民众盲从心理的土壤上生长的。

一种流传很广的言论,把中国民众的行为失范归咎于宗教情感缺乏,黑格尔说过:"**中国**的宗教,不是**我们**所谓的宗教。""真正的信仰,只有潜退自修的个人、能够独立生存而不依赖任何外界的强迫权力的个人,才能具有。"[13]初看起来,中国宗教情感缺乏说确有一定道理。因为发达国家都是文明之邦,而且普遍信仰宗教。但进一步看,这里有两个明显的漏洞:

第一,要说中国人没有宗教信仰,情况并不属实。佛教是世界三大宗教之一,自南北朝以来,佛教就在国家的大力扶持下得到广泛传播,有道是"南朝四百八十寺,多少楼台烟雨中"。到清代,统治者甚至以"佛爷"自居。无论出家修行者还是居家修行者,行为的规范程度绝不亚于基督教。佛教哲学对社会的影响,后来已经超过道教,许多名人都与佛教有缘。

第二,如果进行反向推演:宗教情感富有,是否就一定文明?历史上欧洲教会的黑暗是众所周知的,现今在一些宗教地位很高的国家,符合宗教礼仪的行为也未必都符合国际公认的文明准则。如果宗教与政治结合,那么符合宗教礼仪的行为甚至属于野蛮,日本在侵略战争中的罪行与神道教的作用密不可分,中国旧西藏政教合一农奴制度的残酷世所罕见。

看来,所谓"宗教情感缺乏"的指责,其实指的是西方国家信仰的基督教情感缺乏,这是新的"十字军东征"。实际上,作为西方文明源头的希腊文明可以追溯到公元前6世纪,比基督教的历史至少长600年,当时的人们并没有单一的宗教信仰,但文明也达到了古代的巅峰。基督教的兴起是对希腊文明的颠覆,文艺复兴的实质就是把人从神的重压下解放出来,让激情的火焰重新照亮社会前进。伴随文艺复兴的宗教改革,废除了教会中介和烦琐礼节,让人直接用行动表达信仰。韦伯把由新教伦理产生的"合理主义"称为资本主义精神,认为这是西方文化特有的气质。其实,宗教改革的实质是不得已的资本主义精神灌装,而不是相反。虽然韦伯作出以上界定,但同时又指出资本主义经济行动是:"以利用交易机会取得预期利润为基础的行动,却依赖(形式上)和平的营利机会而采取的行动。"[14]就是说,和平营利是一种包装,实际上经常连包装也不需要。至少在国际上,争夺资源和市场的本性从历史到今天从未改变。2011年利比亚战争中北约国家的卑劣之处在于,假伸张正义之名抢夺石油,骗取联合国决议大开杀戒。尾随其后的某些国家至今实行的还是君主制,这里只有专横,哪有什么民主?可以说:哪里有资源,哪里就有战争。资本主义的确带来了前所未有的科学昌盛和经济繁荣,人的需要和能力也随之提升,但根本动力是商业竞争而不是宗教信仰。很明显,西方社会的那种文明在亚洲文化圈中也有出现——例如日本和韩国——但基督教的力量远未达到欧洲那种程度。

韦伯说:"谋利、获取、赚钱、尽可能地赚钱,这类冲动本身与资本主义毫无关系。""贪得无厌绝不等于资本主义,更不等于资本主义精神。相反,资本主义倒是可以等同于节制,或至少可以等同于合理缓和这种不合理的冲动。"[15] S. F. 梅森(Mason,S. F.)在《自然科学史》中说:"为了宗教的目的而运用科学被十七世纪加尔文教派看成是一件重要的事情,尤其是英国的清教徒总强调宗教的职责是做'有益的事情',并把科学活动看做是一种对人类有益的工作。”[16]这种精神是早期资产阶级的创业精神，随着创业阶段的结束，资本宣扬的重点由节俭变为奢侈，它“用公开的、无耻的、直接的、露骨的剥削代替了由宗教幻想和政治幻想掩盖着的剥削”[17]。为了实现资本增值，各种穷奢极欲的行为都得到激发，什么伤天害理的交易都可以进行。面对这些，不知基督教教义还有多少改革的余地？由于《旧约全书》中有掠夺自然的号召，所以在生态运动蓬勃兴起之后，宗教界有人试图重新解释《圣经》，但解释都非常牵强。实际上，溢美基督教的动机不在传教本身，而在让西方文化成为主导。

西方文化的维护者争辩说，贪欲在人的本性中是根深蒂固的，以致没有任何东西可以将其剔除，但西方民主政治可以保证一些欲望的表达，同时限制一些欲望的表达。这样社会就可以通过制度约束人的行为，从而使人们的精神世界处在一个较高的水平上。与封建制度相比，资本主义制度在社会公正方面确实产生了重大飞跃，其中作为人类文明共有的优秀成分，可以供社会主义初级阶段的政治文明建设借鉴和吸收，但如果要全盘照抄西方民主制度，肯定是一场灾难。西方民主政治的设计基础是文化上的较高认同性和经济上的较低差异性，初衷是要推动中产阶级对国家政治生活的参与。就是这样，后来也演变成富人俱乐部的游戏，美国就公开认可资本对政治的赞助。政治家的态度和命运完全服从于财团的利益，民意通常都被财团掌控的舆论工具左右，所谓民主说到底是富人圈层的民主。在发展中国家，当群体之间在文化和经济上存在较大差距又没有一种力量来平衡时，就可能出现较大群体强行改变较小群体意志的状况，从而催生暴力。西方大国的插手是这些国家政治生活的常态，所有手段都以符合大国利益为基准。

前资本主义社会不无贪婪，但在道义上一直受到限制，当贪婪在道义上变得可敬的时候，社会必然庸俗和堕落。只要到下层做一细察就不难发现，很多恶俗情趣实际上源于西方国家。在现实生活中我们看到，西方民众具有许多中国民众不具备的美德，要说西方文化具有破坏性质，很难令人信服。这里不妨听一下 B. 罗素（Russell，B.）在 20 世纪初的见解，他说：某些从西方留学回国的中国学生"深信西方人的勇于进取和努力奋斗是世上最值得学到手的东西，但我现在不同意这种观点。我认为，从全人类自由的观点看，由于中国的闭关锁国而产生的罪恶与由于欧洲和美国的专横跋扈、骄傲自恃而对全世界造成的种种罪恶比较起来，真是小巫见大巫，前者造成的灾难要比后者小得多"[18]。微观主要表现可敬，宏观主要表现可憎，这就是西方文化的矛盾之处。中国民众与西方民众在行为上的差距，既有发展阶段形成的区别，也有主观失误造成的跌宕。如果不加分析地唯西方马首是瞻，那就可能犯弃金玉而拾败絮的错误，以致丧失主体性而沦为附庸。

后发国家绝大部分是资本主义国家，而且宗教的力量远超过中国，但破坏公共设施行为超过中国的群体事件经常发生，还有不少国家在民间普遍存在中国百姓一般都不具备的抢劫动机，所以民众行为的落后不能归咎于社会主义。2010 年秋，笔者在哈尔滨工业大学演讲时提出："我们虽有落后，但绝不野蛮！"此话获得了与会者的高度认同。苏联和社会主义时期的东欧国家对宗教活动的限制远超过中国，但凡当时去过的人都清楚，民众的行为举止并不低俗，之所以如此，是因为高雅文化的传统没有受到攻击和唾弃。中国高雅文化的传统并不匮乏，直到现在中国文化还与希腊文化并称为两座世界高峰。民众的行为举止之所以出现目前这种状态，与社会发展的特殊阶段性有关。

二、行为变革论

(一)小节大节论

中国处在一个特殊的自然环境当中,西北方向是广漠,东南方向是大洋。西北部受到季风影响成为干旱和半干旱地区,东南部由于海洋气流的作用,还保持着相对温润的气候,生态系统的演化有一个渐变过程。在古代,这是一个位置封闭而物种多样的特殊环境,灌溉农业是主导产业,家庭是基本生产单位,经济的基本特点是自给自足。关于农业灌溉工程,马克思说过:"在西方,例如在佛兰德和意大利,曾经促使私人企业结成自愿的联合;但是在东方,由于文明程度太低,幅员太大,不能产生自愿的联合,因而需要中央集权的政府进行干预。"[19]东方社会是一个"国家—家族—家庭"层层紧扣的系统,马克思所说的"文明程度太低",显然是相对资本主义生产方式而言的。中国传统农业是世界传统农业的巅峰,高度发达的传统农业对天—地—人的联系高度关注,习惯从总体上去把握世界,笼统性思维占据主导。同时,为了维持农业生产的稳定和连续,因而特别讲究"和谐"。"和"的繁体字"龢",左边有三"口",右边加一"禾",意思是合作务农。以亲情而不是制度为纽带组织生产,就只能求大同存小异,对行为细节不能过分追究。从社会层面来说,只有大一统的国家才能实现社会相对稳定,保证灌溉农业顺利进行。

儒家学说之所以能够得到独尊,原因在于它是崇礼的。孔子说:"一日克己复礼,天下归仁焉。"[20]把礼作为人际和谐的基础。在传统中国,"礼"的内容极其宽泛,包括精神、制度和行为中体现尊重和自尊的社会规范,核心是要做到"名份"与"实际"相符。虽然它的出发点是维护有等级差别的社会秩序,但也有摒弃低俗、倡导高雅的积极作用。其问题在于：第一，礼既有协调人际关系的功能，也有统驭民众思想的功能，随着时间的推移，后者被不断强化，到程朱理学中，礼被推崇到与情感世界完全对立的极端，在很多场合下沦为侵害人权的工具。第二，礼是根据统治阶级的长远利益来制定的，与统治者现实欲望的满足有一定矛盾，因而往往被自己破坏。由于孔子主张“天下有道，则礼乐征伐自天子出”[21]，所以一般并不予以追究，表现出典型的人格二重性。

近代中国社会革命是在遭受亘古未有的外侮背景下发生的，中外现实的巨大反差不能不使中国志士们对传统文化进行痛苦反省，首当其冲的就是封建礼教。当时的主要矛盾是救亡图存，而且新旧冲突激烈，所以在批判传统文化中的糟粕时，伤及精华在所难免，不能因为出现失误，又倒过来从整体上对新文化运动和五四运动进行否定。从创立根据地开始，中国共产党就一直在探讨马克思主义与中国文化传统结合的问题，这个探讨在延安时期达到了一个高峰，从而在某种意义上对早期的缺失做了回补。如果不是包括礼仪文化在内的传统文化精华得到了保留和弘扬，中国共产党不会得到各个阶层民众的如此拥戴。关于新中国成立以来礼仪文化的失落，一般都把它简单归咎于政治运动的冲击，但政治运动结束以后，民众行为并没有起色。一段时间内，学者们把希望寄托于物质生活水平的提高，结果许多人富起来以后，文明程度反而下降。这就需要做进一步探究。

中国传统礼仪文化是在二重人格的冲突中成长起来的，这种矛盾在礼仪文化中得到集中反映。传统农业的组织理念是二重人格的基础，所以它不仅能够为民众理解和包容，而且还有强烈的实用性质。儒家文化力推的“修身、齐家、治国、平天下”这种人生理想，与二重人格应该不容，然而在理想和现实的冲突面前，为了保证政治制度平稳运行，又不能不对上层行为采取妥协态度，主张“下为上隐”。儒家态度必然深刻影响社会，于是在亚文化层面上，个人对权利的追求便采用扭曲的形式进行表达，形成圆熟老道的庸俗心习。政治运动实施高压的结果是，高雅文化生硬摧残，庸俗心习自然释放。改革发轫之后，社会轴心转换为市场经济，客观上需要鼓动私利追求，于是庸俗心习不仅没有得到清理，反而进一步得到张扬。政治运动把高雅文化贬为低俗文化，而商业运作则把低俗文化捧为高雅文化。在鱼目混珠的环境中，真正的高雅文化很难有伸展的空间。

二重人格之所以在中国民间根基牢固，还与中国传统的管理思想密切相关。中国传统哲学看待事物，与作为西方文化源头的希腊哲学不同。古代希腊土地贫瘠、物产单调，只能凭借临海优势发展商业，频繁的商业活动需要分析厘毫、较量锱铢。古代希腊人的思维方式也带有直观性、笼统性和思辨性，但他们总把世界本原归结为“土”、“水”、“气”、“火”这样的具体事物，这是一种带有解析特点的思维方式，而古代中国人则把世界本原归结为混沌的“道”。虽然在阐释世界的运动变化时，也牵涉到“水”、“火”、“金”、“木”、“土”五个元素的相生相克，但它们并不是具体事物，而是对具体事物更高层次的笼统抽象。

以综合见长的中国式整体性思维去观察世界，就有了所谓“抓大放小”这种主次有别的矛盾处理方法。体现在对人的评价上，有一个很重要的方法论原则：“重大节，轻小节”。所谓“水至清则无鱼，人至察则无徒”[22]，在中国从来就是一条执政箴言。

中国文化在经历了秦汉礼仪的重压之后，在魏晋士族知识分子那里出现了反弹。他们的人格审美，从外在的政治功利转向内在的精神风貌。正是因为有了一批放荡不羁而又才华横溢的名士，才使得魏晋文化成为中国传统文化长河中一段清纯奔放的激流。这种恃才傲物、不拘小节的名士风范虽然后来屡遭诟病,但在社会上流却被相当多的人视为有内在力度的表现,甚至成为仿效的楷模。在他们看来,重视小节者多为平庸之辈,即使是诸葛亮这样的人物,也就因为事必躬亲英年早逝而受到批点。

从社会运筹的角度看,求全责备固不明智,但无视小节也未必高超。毛泽东充分注意到这一点。《南史·曹景宗传》载:梁朝开国名将曹景宗善骑射、谙史籍,但其“军士皆桀黠无赖,御道左右莫非富室,抄掠财物,略夺子女,景宗不能禁”。梁武帝用其才而令其惧。毛泽东在读《南史》时,肯定了梁武帝的做法,批注说:“曹孟德、徐世绩、郭雀儿、赵玄郎亦用此等人。”梁朝还有一员名将韦睿,《南史》载:攻克合肥时“城溃,俘获万余,所获军实,无所私焉”。毛泽东批道:“不贪财。”《南史》又载:“睿雅有旷世之度,莅人以爱惠为本,所居必有政绩。将兵仁爱,士卒营幕未立,终不肯舍,井灶未成,亦不先食。被服必于儒者,虽临阵交锋,常缓服乘舆,执竹如意以麾进止,与裴邃俱为梁世名将,余人莫及。”毛泽东批注说:“我党干部应学韦睿作风。”“曹景宗不如韦睿远矣。”[23]

尽管社会对全面人格的期盼一直存在,但重大节轻小节作为一种实用性的方法也被普遍认可。革命战争时期的礼仪文化,从总体来说是一种大小节并重的文化,同时基于当时的历史条件也不能不具有一定的局限性,主要表现在:第一,带有朴素性质。新礼仪的厉行主要依靠先进分子的垂范作用,同时也有社会环境的压力作用,求生本能的因素不可忽视。第二,带有超越性质。礼仪文化是一种高层文化,它的稳定发展,一般要伴随从低层需要到高层需要的逐渐满足,缺乏物质基础很难长久维持。第三,带有粗放性质。当时的行为规范主要用于处理人与人的关系,人与自然的关系处理服从政治目标,宜粗不宜细是在所必然。进入和平年代之后,以上三种局限很快就暴露出来。

就第一点说，战争年代党内从最高领导到普通士兵的点滴行为，都直接关系到队伍的形象从而关系到个体存亡。战争压力解除后，规范行为的自觉作用还在继续发挥作用，但自发作用则逐渐消失。对于相当多人而言，守节成为一种外在约束。马克思当年推崇按照巴黎公社的原则来进行社会管理，毛泽东也有过这样的设想，但实施这种原则的前提是民众要有普遍的法制意识，没有经过工业社会历练的中国显然不具备这种条件。新中国成立初期，曾经以政治运动的方式来反对铺张浪费和官僚主义，但事实证明，以短促突击来对付这类行为于事无补，后来只能抓大放小，把需要规范的行为底线相对上调。

就第二点说，随着大规模战争的结束和政权的建立，党内人员的日常生活逐渐与普通民众融为一体。中国社会是一个典型的亲情依赖社会，在众多的场面中如果试图改变历史形成的交往范式，往往会成为人际关系的受害者。即使是先进分子，也至少会在无伤大局的陋习上妥协。战争时期的礼仪规范，在许多方面已不太适应新的环境。这就需要进一步吸收传统文化和西方文化中的精华，创造社会主义的高雅礼仪，而该过程只能随着经济条件的改善逐步推进。在一个封建意识浓厚的国家，名份观念和资历观念根深蒂固，特权气息在各个层次都很容易被认可，这对全面人格的形成有严重障碍。

就第三点说，军事活动的目标是对自然—社会系统进行解构，而经济活动的目标是对自然—社会系统进行建构。从系统科学来看，前者的结果一般应该是社会组织程度降低，后者的结果一般应该是社会组织程度提高。即使是制导性武器主宰下的战争行为，也不完全相同于经济活动那样要求缜密。习惯革命战争的人物，往往沿思维惯性来思考和处理问题，忽视行为细节的作用。中国是一个农村人口基数很大的国家，农业社会生产生活行为散漫，城镇人口与农村族群的天然联系密切。于是，上层和下层对小节的认识相互呼应协同,形成一种鄙薄细腻行事的社会氛围。

"左"倾思想表面有着马克思主义的口号,实则背离了马克思主义创始人的精神内质。新中国成立后的"左"倾思想表现在,把革命战争时期的行为方式僵硬地推行到和平环境,并不当地把细节进行歪曲和放大,成为扼杀高雅文化甚至人身攻击的依据。列宁说:"无政府主义往往是对工人运动中机会主义罪过的一种惩罚。"[24]"文化大革命"结束后,政治运动造成的精神伤害,终于以沉渣泛起的形式向社会进行了报复。积蓄太久的逆反心理,一旦突破封闭已久的思想阀门,就形成冲击全部既有观念的大潮。"矫枉必须过正,不过正不能矫枉"[25],这是毛泽东在《湖南农民运动考察报告》中提出的一个著名观点,该观点似乎在纠正领袖本人过失的时候得到了最强显现。尽管高层采用决议的形式对若干历史问题做了结论,但在社会基底层面上,感性力量在相当长时期内是要超过理性力量的。民众行为方式的提升需要一个漫长的过程,物质生活的改善只是必要条件,在市场经济下价值观念的拨乱反正有相当大的难度,对此要有充分的思想准备。

(二)行为坐标论

21 世纪前十年,正当中国社会热烈讨论民众行为的失范和变革问题时,突然发现大众传媒上亮出了两种截然相反的政治观点,形成了两个完全对立的社会群体。两种观点都牵动着民众价值观念的取向,也就决定着行为方式的坐标。

一种观点把价值观念扭曲的源头归为政府,提出"普世价值"概念,其内涵是自由、民主、人权,延伸目标是建立多党制的"公民社会"。同时还发掘出大量史迹,质疑中国共产党执政的合法性。

另一种观点认为，改革开放以后，国家逐步偏离了社会主义方向，相当多的领导干部已经完全丧失立场，成为国内外资产阶级利益的代理人。把清除假共产党员、回归传统社会主义作为迫切任务。

两种观点不仅牵涉当前公众普遍关心的社会问题，还涉及哲学观点和历史评价等深层次问题。随着物质需要满足层次和受教育程度的提高以及电子信息技术的普及，公众的社会参与愿望不断增强，就是在民工当中，思考时政和发表时评的人也越来越多，情况与改革开放初期有很大差异。如果缺乏正面回应，必然造成思想混乱，无法讨论行为变革。实际上，很多行为的失范都与理论研究的欠缺有关，所以必须专门设题厘清。

第一种观点的核心是“普世价值”。“普世”一词来自基督教，在这里的意思是说，在民主、自由、人权面前，全人类任何民族、任何阶级、任何身份的人都持有相同的价值观念。我们在本书第一章讨论“内在价值”的时候就谈到，“价值”这个概念，指的是客体对于主体生存和发展的积极意义。离开主客体的关系，所谓客体的“内在价值”是完全不存在的。对于这一点，前面已经有详尽论述。这里要说明的是，如果离开价值主体的差异，抽象地讨论“普世价值”，与孤立地讨论“内在价值”完全同出一辙。自由、民主、人权对人生存和发展的意义应该是不言而喻，问题在于它们的具体表现不可能脱离一定的时间和空间。

恩格斯在《反杜林论》中谈到“永恒真理”时说：“善恶观念从一个民族到另一个民族、从一个时代到另一个时代变更得这样厉害，以致它们常常是互相直接矛盾的。”或许有人会反驳说，无论如何善不是恶，恶不是善，但“如果事情真的这样简单，那么关于善和恶就根本不会有争论了，每个人都会知道什么是善，什么是恶”[26]。实际上，任何道德都是当时社会经济状况的产物，都在一定社会矛盾中运动，要为一定的群体利益辩护。和道德一样，自由、民主、人权在不同群体那里，常常有不同解释。只有当彼此有共同利益时，才可能达成共识，这是所谓“普世”的唯一解释。

民主政治可以追溯到古希腊，雅典就有奴隶制民主政治，后来罗马也建立了贵族奴隶制共和国，但这并不能改变奴隶们被随意处置的悲惨命运。资产阶级民主共和制度的基点是政治地位平等，但在实际运作中，政治声音的大小最终是靠经济地位来决定的，特别是在国际舞台上，“民主、自由、人权”的解释权从来不会让弱者来拥有。第二次世界大战以后，赤裸裸的暴力掠夺由于法西斯的惨败而失去合法性，只能编造一些貌似合理的依据，通过煽动内乱进而武装干涉，迫使后发国家屈服。西方民主，这种后来被无数事实证明对后发国家并不适宜的价值观念，就成为一把可以随意使用的利器。

1946 年丘吉尔在美国发表了题为《和平砥柱》的演说，宣称苏联从波罗的海到亚得里亚海，布下了一幅横贯欧洲大陆的“铁幕”。主张英语民族要联合起来，制止苏联的侵略。借助强大的话语霸权，“铁幕”之说从此就成为钳制社会主义国家的紧箍咒。苏联东欧的解体自有其内在原因，但社会主义阵营解体之后，西方阵营并不因为“冷战”结束而解体，反倒进行猛烈扩张。一旦发现可取目标，便采用群狼战术进行合围，国际社会还无可奈何。就是在“民主”武器的运用上，也经常根据需要采取双重标准。不知这是否属于“铁幕”？这里哪有什么“普世价值”？当初东方阵营中盲目跟风的人难道就没有一点悲哀？

通过否定领袖人物来瓦解所谓有潜在威胁的国家，是西方的一个惯用手法。西方国家领导人在历史上的罪证可谓信手可得，仅在“冷战”结束后发动的几次战争中，就不知令多少生灵涂炭，但是从来没有以当局的名义全面承认过错误。中国执政党对毛泽东的功过是非已有结论，关于毛泽东的客观研讨在中国一直受到保护，但目前不少所谓"发掘"显然不是一般的史学探索。就像当年西方瓦解苏联和东欧要先向领军人物横泼污水一样，目标是通过全盘否定毛泽东来全盘否定新中国。对此，谎言捏造者其实自己也心知肚明。苏联东欧瓦解后揭秘的大量史实，完全证明了这一点。

评价领袖人物，首先要看他是否能用一种科学的崇高理想引导社会，其意义要放在历史长河中去观察。中国国门大开之后，社会精英中的主流最终选择了中国大陆，就是因为这种理想还在发挥作用。有人会说，理想引导在西方国家也会出现。这里不妨听一下伊格尔顿的描述："在中世纪和早期现代化的欧洲，贪婪被认为是最可耻的罪恶。而如今，华尔街已经公然打出了'贪婪是最好的'这样的口号，而这两者之间的天壤之别就是大量再教育的结果。""这种危害甚大的乌托邦主义痴迷地认为，可以用一种称作自由市场的单一全球体系让全世界的不同文化和经济都拜倒在它脚下，并寄希望于通过这种方式治愈世界的疾患。"[27]

其次，历史总是在现实生活中前行的，领袖人物不犯错误是神话，但要分清主次和区分性质。列宁在评价 R. 卢森堡(Luxemburg, R.)时说过："鹰有时比鸡飞得低，但鸡永远不能飞得像鹰那样高。"[28]历史进程是合力作用的结果，所以人物评价不能仅限于具体事件，更不能割断历史联系来孤立地看待事件，否则国家会陷入无底的泥淖。把领袖与政党直接等同，在封建意识浓厚的国家是最容易出现的误判，也是最容易被人置死的软肋。马克思主义产生的背景注定了它与封建主义完全不容，只要由历史唯物主义指明的基本信仰存在，社会必定会逐渐成熟并找出有效的纠偏机制，尽管这个过程可能会充满曲折。

第二种观点看到了当前形势的严重性，主张向传统认识中的社会主义回归，但传统认识中的社会主义理论，是一种带有空想色彩的不成熟理论。恩格斯对此说得非常准确:"不成熟的理论,是同不成熟的资本主义生产状况、不成熟的阶级状况相适应的。解决社会问题的办法还隐藏在不发达的经济关系中,所以只有从头脑中产生出来。社会所表现出来的只是弊病;消除这些弊病是思维着的理性的任务。于是,就需要发明一套新的更完善的社会制度,并且通过宣传,可能时通过典型示范,从外面强加于社会。这种新的社会制度是一开始就注定要成为空想的,它越是制定得详尽周密,就越是要陷入纯粹的幻想。"[29]

当前社会问题大量出现的背景是社会主义市场经济的建立和完善,提出"回归传统"首先必须回答经济体制如何重建的问题。有一种意见主张实行计划经济为主、市场调节为辅的经济体制。以国有经济为主体不等于以计划经济为主体,十月革命后的实践证明,不能直接借助革命战争产生的热情,而要依靠和个人利益的结合来进行经济建设。列宁说过:"我们计划(说我们计划欠周地设想也许较确切)用无产阶级国家直接下命令的办法在一个小农国家里按共产主义原则来调整国家的产品生产和分配。现实生活说明我们错了。"[30]因而提出通过"国家资本主义"来向社会主义过渡的思想,这里所说的"国家资本主义"与西方国家的概念有引导方向上的差异。

毛泽东在《新民主主义论》中提出,中国革命分新民主主义革命和社会主义革命的两个阶段。新民主主义的经济政策是:以国营经济为领导力量,不禁止不能操纵国民生计的资本主义生产的发展。对"资产阶级专政"和"'左'倾空谈主义"进行了驳斥。这个思想与列宁的思想完全一致。以后出问题的关键是,大大低估了第一个阶段的长期性和曲折性。邓小平对此有一个基本判断:"现在虽说我们也在搞社会主义,但事实上不够格。只有到了下世纪中叶,达到了中等发达国家的水平,才能说真的搞了社会主义,才能理直气壮地说社会主义优于资本主义。

现在我们正在向这个路上走。”[31]

既然如此，为何不重提“新民主主义”而要提“社会主义初级阶段”呢？当初之所以发生变化，既有两大阵营对立中需要明确归属的客观原因，也有生产资料实行社会主义改造的主观原因。回过头来看，后者并非没有必要。如果当时不实行改造，国家不可能牢固地掌握经济命脉，也就没有今天的局面。只是后来的改造突破了中国实际的“度”，事情才走向了反面。从实际内容看，社会主义初级阶段理论已经包含了新民主主义理论的主干思想，又对它进行了适度提高，这应该是一个否定之否定的螺旋式上升过程。尽管初级阶段的社会主义不是完善的社会主义，但明确提出以社会主义作为导向，有利于进行理想教育和行为规范，有利于增强国家的凝聚力量。如果恢复新民主主义名称，只能引发思想混乱。

列宁在《政论家札记》中对退却战略做过一个比喻：假定有一个人正在攀登一座还未勘察过的险峻高山，现在要按照原定的方向和路线前进简直不可能，他只好退下另找别的比较远但终究有可能爬到山顶的道路。然而下山也许比上山更危险更困难，他将离目标越来越远，而且还无法知道下山何时才能结束，以及能否找到比较可靠的绕行道路。这时山下会传来幸灾乐祸的嘲笑和令人沮丧的议论，幸亏这些声音没有被登山者听到，否则他就不能保持头脑清醒、脚步稳健，尤其是在那么高的地方。[32]这是今日中国的生动写照。现在应该做的，不是否定绕行方案，而是如何减少绕行的危险和困难。

否定绕行方案带来的直接后果是经济发展停滞，计划经济下生产的低效益和高浪费，一切过来人都有痛感。毛泽东看到国防力量的不足和官僚主义的日显，但没有把它们的解决诉诸改革开放。邓小平曾经谈到：“斯大林严重破坏社会主义法制，毛泽东同志就说过，这样的事件在英、法、美这样的西方国家不可能发生。”[33]说明毛泽东不是没有考虑过借鉴西方，但出于对国家安全的忧虑和军事思维的习惯，最终采取了直接攀登式的行政手段来谋求发展，结果导致了“大跃进”和“文化大革命”的灾难。如果现在“回归传统”，那就只能带来贫困的普遍化，而“在**极端贫困**的情况下，必须重新开始争取必需品的斗争，全部陈腐污浊的东西又要死灰复燃”[34]。

现时社会关注的热点问题实际上在当时不仅都存在，而且有的严重程度绝不亚于现今，在社会停滞状态下它们绝无解决希望。虽然现今问题累积的态势空前严峻，但解决问题的速度也空前迅速，基础条件与当时不可同日而语。如不变革观念，只能走向崩溃。

（三）人格重塑论

1989 年邓小平在对改革开放进行总结时说过：“我们最近十年的发展是很好的。我们最大的失误是在教育方面，思想政治工作薄弱了，教育发展不够。”[35]这可以说已经找到了社会问题的症结，当时人们普遍的认识是教育的投入不足，而且思想政治工作必须以物质利益的考虑为基础。二十多年过去，教育的投入状况已经大为改观，公众的物质生活也大为改善，但失范行为仍然大面积发生，不少地方不少方面甚至还难以遏制，国民的文化素质有每况愈下之势。对此，人们往往首先把它归咎于官员的选拔和监察制度，这当然是问题的主要方面，但不是所有方面。如果没有相应的人才储备，官员的选拔和监察不可能健康推进，所以不能不对整个中国近现代教育来一个彻底反思。近代以来培养的人才，大体分为民国时期、“文化大革命”以前、“文化大革命”以后三类。

民国时期的教育特点是，传统文化和西方文化并行。文化交融的蕴育和民族危难的激发，造就了一批学贯中外、肩担道义的人物。值得注意的是,这个时期涌现的自然科学精英,不仅在专业成就上受到西方学界的普遍称道,而且在人文教养上也出类拔萃,有的学者在文科方面还成就斐然,更有学者甚至就是从文科转向理科的科学家。社会活动的杰出人物在面对包括马克思主义在内的国外新学时,坚实的国学功底不仅没有成为理解世界的障碍,反而促进了知识的扩充和改造。只是由于国力孱弱、社会混乱,优秀人才报国无门。在中国教育史上,这是一个非常特殊的时期。

“文化大革命”以前的教育特点是,马列主义得到普及,西方科学得到研究,传统文化也得到继承。其间虽有“左”的干扰,但知识传授格局并未大变。这个时期的基础教育没有实行文理分科,思想品德在学生的总体评价中占有很大权重。由于升学的淘汰率高,所以精英教育的色彩由低到高依次递增,而且当时的就业导向是下至基层,教育基本没有功利性质。学术气息既有被贬斥的一面,也有受景仰的一面。这个时期的学生知识结构完整,荣辱界限鲜明,奋斗意识强烈,但随着政治冲击不断加重,个性空间不断挤压、内耗倾向不断增长。同时由于国家经济力量不足,大众层面的受教育程度还是偏低。

“文化大革命”带来的断层在新时期全面裂解,社会转型时期的师资紧缺和就业困难,使得大批“南郭先生”有了可乘之机。高等教育的猛烈扩张,可能满足了社会对学历的需求,同时也造成了学问的亵渎。学界上下不择手段地进行包装,思想政治工作形同虚设。当巧取豪夺公开进行并不断得手之后,不知传道授业还有什么力度?可以说,只要强势依赖成为一种荣耀,那么任何“阳春白雪”都会败给“下里巴人”。“下里巴人”固然有存在理由,然而承认现实不等于可以迁就低俗、赞美卑鄙。由是,学生的个性确实得到张扬,视野开阔、情感丰富,但与此相伴的则是功底欠差、心气浮躁,其恶果将不断发酵扩散并让社会长期品尝。

20 世纪以来的各界泰斗,大体出于第一、二个时期,这个现象值得反思。有人说,市场经济下的生存环境不能与计划经济相比,所以功底和心气的下降是在所难免。然而他们忘了,民国时期是市场经济还是计划经济,而且当时的社会环境的恶劣程度,远非现在可以相比,即使是富家子弟也难逃战火洗劫。还有人说,就是第二时期产生的人物,也不能与第一时期相比,这应该归咎于意识形态。第二时期产生的人物,确与第一时期有许多不可比拟之处,然而眼光放远一点就应该发现,俄罗斯历史上的诺贝尔奖成就,绝大部分产生于苏联时期,得主的成长主要在社会主义教育体制之下,其中近一半人完全是苏联时期培养出来的。

这说明,教育有自己的规律,它既不能完全脱离社会,又不能完全依附社会。如果要从服务角度考察,就是对国家的恒久利益负责,并不以一时的社会热点为转移。民国时期虽然社会腐败,但教育界一直坚守救国理念,把育人作为中心。陶行知说:"改造社会环境要从改造学校环境做起。"[36]蔡元培认为:"德育实为完全人格之本。若无德,则虽体魄智力发达,适足助其为恶,无益也。"[37]毛泽东在同斯诺的谈话中说:"我在师范学校读了五年书,抵住了后来一切广告的引诱。""我在这里——湖南省立第一师范度过的生活中发生了很多事情,我的政治思想在这个时期开始形成。"[38]

1917 年蔡元培在北大的就职演说中对学生提出了"抱定宗旨、砥砺德行、敬爱师友"的三点要求。其中他说:"国家之兴替,视风俗之厚薄。流俗如此,前途何堪设想。故必有卓绝之士,以身作则,力矫颓俗。诸君为大学学生,地位甚高,肩此重任,责无旁贷,故诸君不惟思所以感已,更必有以励人。苟德之不修,学之不讲,同乎流俗,合乎污世,已且为人轻侮,更何足以感人。"[39]从历史的经验看，德育的基点应该是崇高理想的培育。崇高理想指对社会贡献最大化的追求，它的基底是正确的世界图景和价值观念，而培育的起点是摒弃急功近利的行为方式。事实证明，国人创新的障碍不在智力而在毅力，毅力属于基本品质。

世界图景和价值观念属于哲学范畴，从我们的观点看，正确的世界图景和价值观念植根于马克思主义思想体系，它与经济基础和政治制度有密切关系，但又不直接等于经济基础和政治制度。它反映经济政治的客观要求（有的图景直接脱颖于基础自然科学），同时对经济政治发挥校正作用，因而与现实的经济政治生活有着一定距离。“教育为政治服务”这个方针应该从政治的长远需要考量，着眼的是培养政治理念。如果教育过于贴近现实的政治生活，就会失去应有的超前功能，还使教育内容受到政局波动的影响，导致世界图景和价值观念发生扭曲，新中国前三十年教育的起落就是这样产生的。

教育贴近现实的经济生活，问题就更加严重。经济的性质是逐利，而教育的性质是避利。就是大学的应用经济专业，也不能完全置身于经济活动之中，否则就会失去理性和尊严。中国一直有人性本原的孰善孰恶争论，其实人的善恶不是先天形成的，人与生俱来的动物性不能以善恶称之，只有动物性被规范或者被放纵时，才有善恶之分。自从私有制产生之后，“恶”就是文明前进的一大动力。市场经济下的空前财富是依靠人性“恶”的空前激发来创造的，西方国家依靠宗教和道德来抑制恶性，教育是一个基本平台。“教育适应市场经济”命题，显然是“教育为政治服务”命题的不当延伸，它带来的毁坏超过教育的政治涂抹，对子女教育期盼的扭曲，还不断诱发经济犯罪。

教育界最大的误区，莫过于引入西方管理学中的“鲇鱼效应”：从外界放入少量“鲇鱼”，利用“鲇鱼”适应新环境的翻滚效应和对异体的威慑效应，促使整个鱼群产生活力。鲇鱼效应本质上是商业竞争机制，于是就把塑造人格的复杂过程简化为商品的生产和销售过程，以一系列僵硬的指标来衡量教育质量。其后果有三：第一，由于讲求熏陶的德育难以量化，所以首先遭到蔑视；第二，制造校际和人际的恶性竞争，使教学和科研避实逐虚；第三，人才和成果评判以为政者个人利益取舍，产生严重的价值颠倒。有人把这种情态称做“逼良为娼”，话语虽然丑陋一点，但道理不能说不是端正的。

学校历来是社会最后的圣地，是社会风气的调节器和晴雨表。如果学校也礼崩乐坏，那么这个社会也就到底了。在学校功能的定位上应当正本清源，重新把塑造人格作为第一目标。教育为社会服务主要体现在高尚人才输送，直接的智力支持是人格塑造的副产品。高等学校承担的科研任务和研究机构承担的科研任务，在性质和数量上应有相当的区分。高校的科研是培育性的科研，如果忽视这一点，势必两败俱伤。把塑造人格放在首位，不仅不会影响科研，反而会促进科研。例如在超级计算机的研发中，如果一味追求现实功利，就会拒绝关心气候变化和天体物理这类大尺度项目，而它恰恰对超级计算机的研发成功十分必要。

2003 年在纪念毛泽东诞辰 110 周年时，笔者曾经撰文谈到，实事求是地说，中国科学目前的原创成果，尚不及“文化大革命”以前。“文化大革命”前高校虽然不时受到极“左”思想的干扰，但德育工作的成效绝不可以抹杀，所以才能克服物质匮乏的困难，在基本粒子“层子模型”、人工合成牛胰岛素、两弹一星等一系列成果中留下赫赫功勋。其中有人认为，正是因为有这种高尚，才为“文化大革命”留下了后患。但同样可问的是：眼下的事实证明，如果没有了高尚，不也就除钱以外什么都没有了吗？目前的问题，不是财力问题，而是毅力问题，金钱的力量是有限的，当大批课题到手之后，被经费打倒的不乏其人。

理想培育是人格塑造的中心。谈到理想，有人会以“乌托邦”讽之。空想社会主义是马克思主义的来源之一，但马克思主义是科学而不是乌托邦。就是对乌托邦，也不能一概否定。M. 迈斯纳(Meisner, M.)从美国历史学界的视角观察到：“正是通过把道德上可向往的东西同似乎有理由证明为历史必然的东西联系起来，马克思主义才使得乌托邦主义成为现代历史中这样强大的一股力量。”“正当新的、辉煌的科学力量变得对我们有用之时，我们却面临一种贫困——缺少对乌托邦的虚幻想象”。“我们的时代，是共产主义国家和资本主义国家同样经历着可怜的目标缺乏和令人震惊的缺少幻想的时代。”[40]

历史前进从来都要靠希望来推动，希望就是理想，理想主义者是完美主义者，马克思主义经典作家从来没有对早期乌托邦主义过分指责，因为追求完美的激情毕竟是社会最宝贵的活力。即使自然科学也是需要理想的，理想化方法是重要的科学方法。个人和社会的沦落，都可以追溯到理想的丧失。思想工作之所以在当下不少人那里成为枯燥无味的说教，是缘于工作者本身就没有理想，缺乏追求完美的激情。人踏入社会之后，无论如何都要受到污染，但只要真正受过理想培育，免疫能力多少还会存在。如果学校也传授龌龊，那么整个社会将无药可救。今天重树理想，是经历了一次巨大反复之后的否定之否定。

“文化大革命”结束，高考恢复，中国教育界有过一段真诚的辉煌。以“老三届”高中生为主的学子，报考大学的基点是寻找精神家园而不是追求物质回报，所以，徐迟的报告文学《哥德巴赫猜想》一面世，就在全国被争相传阅，以致出现“洛阳纸贵”的情景。当时最时髦的语言是：“书山有路勤为径，学海无涯苦作舟。”如果说有功利目标的话，那就是业绩。这段锤炼打造了整整一代共和国的精英，它说明中国教育并非不能抵制诱惑。“人体解剖对于猴体解剖是一把钥匙。”[41]对社会较早阶段的状况，只有在较晚阶段才会有较为深刻的理解。要认识当下那种“唯物主义”的鄙俚，肯定有个历程，但是不能坐等。人的一切欲望归根结底是对自然资源的欲望，人生境界的升华要从人对自然的态度入手。

三、理想求索论

（一）传统理想论

护惜资源的思想，早在中国传统哲学的总纲《周易》当中得到反映。《周易》认为，阴阳两种因素相互作用的动态平衡是事物发展的最佳状态。“阳”可以视为“进取”、“发散”，“阴”可以视为“退让”、“收敛”。F. 卡普拉（Capra, F.）在其名著《转折点》一书中，对《周易》的现代意义推崇备至，他说：“显而易见，我们的社会一直崇尚阳而贬损阴，认为理性知识高于直觉智慧，科学高于宗教，竞争高于合作，开拓自然资源高于保护自然资源，等等。这种强调阳的做法，一开始是受到父权制的支持，后来又被过去三个世纪中占统治地位的感性文化所鼓励。它已引起深刻的文化不平衡，这正是我们当前文化危机的根源。”[42]西周末年史伯提出一种关于世界起源及发展的辩证观点：“和实生物，同则不继。”[43]认为只有让不同要素的保存与融合，万物才能滋生。这个世界图景与《周易》的思想完全一致。

道家主张清心寡欲，顺应自然。《老子·道德经》第六章说：“谷神不死，是谓元牝。元牝之门，是谓天地根。绵绵若存，用之不堇。”[44][生养万物的道（谷神是“道”的别名）是永恒长久的，它可称为原始的母体。原始母体的产门是万物的根本，连绵不断如同永存，就会用之不竭。]《老子·道德经》第九章说：“持而盈之，不如其已。揣而锐之，不可长保。金玉满堂，莫之能守。贵富而骄，自遗其咎。功遂身退天之道。”[45][把持累赘，不如休停；锻造锋利，不能长久；金玉满堂，无人能守;富贵骄奢,自留祸根;功成勇退,自然得宜。]《老子·道德经》第十二章说:“五色令人目盲,五音令人耳聋,五味令人口爽,驰骋畋猎令人心发狂,难得之货令人行妨。是以圣人为腹不为目,故去彼取此。”[46][缤纷色彩使人失明,繁华音乐使人失聪,精美菜肴使人失味,纵情狩猎使人失态,珍稀物品使人失范,所以圣人的理念是,求温饱而不求悦目,舍后而取前。”]《老子·道德经》第八十章说:“小国寡民,使有什佰之器而不用,使民重死而不远徙。虽有舟舆,无所乘之。虽有甲兵,无所陈之。使人复结绳而用之,甘其食,美其服,安其居,乐其俗。邻国相望,鸡犬之声相闻,民至老死不相往来。”[47][国土宜小,人口宜少,让大的器具无用,让人民珍惜生命而不远迁。虽有车船而不必乘坐,虽有军械而无处存放。让人民回复到结绳记事时代,使其感到自己的食物甘甜、自己的服装华美、自己的居所舒适、自己的习俗欢乐。邻国鸡犬鸣吠的声音可以听见,但人民到老死也不往来。]这是道家设计的理想社会。

儒家主张积极入世,需要塑造完善的人格,因而提出了一个“大同社会”理想,把节俭位列其中。《礼记·礼运》说:“大道之行也,天下为公,选贤与能,讲信修睦。故人不独亲其亲,不独子其子,使老有所终,壮有所用,幼有所长,矜寡孤独废疾者,皆有所养;男有分,女有归。货恶其弃于地也,不必藏于己;力恶其不出于身也,不必为己。是故谋闭而不兴,盗窃乱贼而不作,故户外而不闭,是谓大同。”[48][在大道树立的社会里,人们都为公,贤能得到选用,讲究诚信,追求和睦。所以人们不只关爱自己的父母子女,也关爱别人的父母和子女,使老年得到依靠、成年得到使用、幼年得到培养、鳏寡孤独及残疾者受到照管;男人有职业,女人有归宿。人人都厌恶浪费财物的行为,不必把财物据为己有;人人都厌恶不劳动的行为,劳动不必为了自己。没有盗贼作乱,大门也就没有紧闭的必要。这种社会叫做大同。]孔子说:“道千乘之国,敬事而信,节用而爱人,使民以时。”[49][治理一个有实力的国家,要敬业、守信、节约、关爱,劳役安排要符合时宜。]孔子主张以“温、良、恭、俭、让”[50]作为接人待物的准则。他认为:“奢则不孙,俭则固。与其不孙也,宁固。”[51][奢侈了就会越礼,节俭了就会简陋。与其越礼,宁可简陋。]林放请教礼的根本,孔子回答:“大哉问!礼,与其奢也,宁俭;丧,与其易也,宁戚。”[52][这个问题太大!一般说来应该是这样的:礼节,与其奢侈宁肯节俭,丧事,与其操办宁肯悲戚。]

墨家从自力富国的理想出发,极力主张节俭。墨子说:“圣人为政一国,一国可倍也;大之为政天下,天下可倍也。其倍之非外取地也,因其国家去其无用之费,足以倍之。圣王为政,其发令兴事,使民用财也,无不加用而为者。是故用财不费、民德不劳,其兴利多矣。其为衣裘何?以为冬以圉寒,夏以圉暑。凡为衣裳之道,冬加温,夏加清者则止,不加者去之。其为宫室何?以为冬以圉风寒,夏以圉暑雨。有盗贼加固者则止,不加者去之。其为甲盾五兵何?以为以圉寇乱盗贼,若有寇乱盗贼,有甲盾五兵者胜,无者不胜,是故圣人作为甲盾五兵。凡为甲盾五兵,加轻以利,坚而难折者则止,不加者去之。其为舟车何?以为车以行陵陆,舟以行川谷,以通四方之利。凡为舟车之道,加轻以利者则止,不加者去之。凡其为此物也,无不加用而为者。是故用财不费、民德不劳,其兴利多矣。”[53][圣人在一国执政,一国的财富可以成倍增加;大到在全天下执政,天下的财富可以成倍增加。财富的加倍,并不需要向外掠夺土地,凭借国家节省不必要的费用,财富便足以加倍。圣王执政,他发布命令、兴办事业、使用民力和财物,无不是有助于实用才做的,所以用财不浪费、民众不劳苦,他造就的福利就多了。缝纫衣服是为了什么呢?冬天用来御寒,夏天用来防暑。缝纫的原则是,冬天能增加温暖、夏天能增加凉爽者即可,不能增加的就去除它。修建房屋是为了什么呢?冬天用来抵风御寒,夏天用来蔽热遮雨。修建的原则是,有盗贼时能加固防守者即可,不能增加的就去掉。打造铠甲、盾牌和五种兵器是为了什么呢?用来抵御外寇和盗贼。如果有外寇盗贼,拥有铠甲、盾牌和五兵的就胜利,没有的就失败,所以圣人要打造铠甲、盾牌和五兵。打造的原则是,凡能增加轻便锋利、坚固难折者即可,不能增加的就去掉。他们生产船、车是为了什么呢?车用来陆运,船用来航运,使四方的利益沟通。生产的原则是,凡能增加轻快便利者即可,不能增加的就去掉。他们制造这些东西,无不是有助于实用才做的,所以财物不浪费、民众不劳苦,他们造就的福利就多了。]

佛教宗旨的基本教义是要放弃感官刺激,通过对贪瞋痴慢疑等"烦恼"的克服,来摆脱"生、老、病、死、恩爱别离、怨憎相会、所求不得"等人生痛苦,进入高度愉悦的涅槃境界,所以戒规精神是高度崇俭的。舒马赫提出了"佛教经济学"这个概念,他说:"佛教徒认为文明的真谛不在于需求增多,而在于人格纯洁。""佛教生活方式令人惊奇之处是它的绝对合理性——财力惊人地小却获得特别满意的效果。"从佛教经济学来看,"最佳生活方式是以较低的消费获得高度的满足,使人们的生活不感受巨大压力与紧张,并能履行佛教教义的第一戒律:'停止作恶,努力行善。'"[54]佛教传入中国以后,与儒道两教的身心修养之学相互影响,特别是强调普度众生的大乘佛教,迎合了儒家兼济天下的人生理想,从而得以广泛流传。禅宗的兴起是一次典型的中国式宗教改革,禅宗认为人本来就具有觉悟的信念,不必通过辛苦颂经、烦琐引证,而只要转变思想、领会教义,就可以实现解脱,即所谓"放下屠刀,立地成佛"。禅宗的泛神改革,使佛教从内容到形式都实现了中国化。

有人认为西方文化主动,东方文化主静;主动文化尚奢,主静文化尚俭。其实完全用"动"、"静"来概括东西方文化的差异并不适宜。《周易》说:"天行健,君子以自强不息。"[55]明显强调能动。就是以出世著称的庄子,也不反对能动作用。他在《逍遥游》中通过鹏鸟和斥鷃的比较,就表达了他人生的述怀。推崇能动作用的本质是追求价值实现,人的价值评判总要设置一定的主体形态作为基准,或者是个体形态,或者是群体形态,或者是社会形态。按个体形态评价就是自我评判,自我评判的本质是精神征服,它分为语言手段和物质手段。语言手段是自我褒扬,物质手段又分为消费炫耀和暴力压迫。早在先秦时期,中国智者就否定了这种评判,他们强调根据客观影响而不是主观宣示来评判价值,即以群体形态和社会形态作为评判基准。凡是崇尚社会评判者,即使其财物稍微欠缺,也会被社会称道,因为其精神充实；而崇尚自我评判者，就算其仓廪异常饱满，也将为公众不齿，因为其信心不足。庄子说："天地有大美而不言，四时有明法而不议，万物有成理而不说。圣人者，原天地之美，而达万物之理。是故至人无为，大圣不作，观于天地之谓也。"[56][天地有至美的境界而不用表露，四时有明白的演替而不用谈论，万物有既定的规律而不用宣扬。作为圣人，其力量在于探究天地的美好而通达万物的原理。所以高明者不破坏自然，大圣人不任意行事，这是由于对世界有深刻了解而导致的。]《孟子正义·尽心章句上》说："君子引而不发，跃如也。中道而立，能者从之。"[57][修炼有术者张弓而不发射，只做出跃跃欲试的样子。他只要站在正确立场上，有能力者就会跟随其后。]《礼记》说："大乐必易，大礼必简。"[58]《孙子兵法》说："不战而屈人之兵，善之善者也。"[59]追求的是内在力量。这是精神和物质比对中的价值取向。

中国在待物方面有四个传统道德：第一，不盲目排斥享受但反对暴殄天物，因为暴殄天物者必定残忍，不可能与人为善；第二，讲究"穷则独善其身，达则兼善天下"[60]，反对为富不仁，因为"大同世界"应该仁爱；第三，"节俭"不等于"守穷"，主张勤劳致富，因懒惰而潦倒者即使节俭也得不到肯定；第四，"君子爱财，取之有道"，耻于获取不义之财，就是勤劳致富也要巧妙利用资源。

《列子·天瑞》中有一则寓言《国氏善盗》，把这四个观念尽收其中。它说："齐之国氏大富，宋之向氏大贫，自宋之齐请其术。国氏告之曰：'吾善为盗。始吾为盗也，一年而给，二年而足，三年大穰。自此以往，施及州闾。'向氏大喜，喻其为盗之言，而不喻其为盗之道。遂逾桓凿室，手目所及，亡不探也。未及时，以赃获罪，没其先居之财。向氏以国氏之谬己也，往而怨之。国氏曰：'若为盗若何？'向氏言其状。国氏曰：'嘻，若失为盗之道至此乎？今将告若矣。吾闻天有时，地有利，吾盗天地之时利、云雨之滂润、山泽之产育，以生吾禾，殖吾稼，筑吾桓，建吾舍;陆盗禽兽,水盗鱼鳖,亡非盗也。夫禾稼、土木、禽兽、鱼鳖,皆天之所生,岂吾之所有?然吾盗天而亡殃;夫金玉、珍宝、谷帛、财货,人之所聚,岂天之所与?若盗之而获罪,孰怨哉?'"[61]

[齐国一个姓国的人很富有,宋国的一个姓向的人很贫穷,向氏从宋国到齐国,请教国氏致富方法,国氏告诉他说:"我善于盗窃。一年就自给,两年就自足,三年就丰盈,从此往后,所有乡邻我都施舍。"向氏听了大为欣喜,知道由盗窃可以致富,却不知道为盗的思想。于是便穿墙破室,凡手能摸到、眼能看到的,没有一样不拿。没多久,就因为盗窃被判罪,祖业被没收。向氏认为国氏欺骗了自己,就去埋怨他。国氏问:"你是怎么为盗的?"向氏说了自己的情况。国氏说:"呀,你误解为盗的思想竟然能到这一步?现在我告诉你吧。我听说天有节令、地有资源,我偷盗天地的利好、云雨的滋润、山川的特产,用来培养我的禾苗、繁殖我的庄稼、修筑我的墙垣,建造我的房屋;陆上我盗禽兽,水里我盗鱼鳖,这些东西没有一样不是盗窃来的。所有庄稼、土木、禽兽、鱼鳖都是天然生成的物品,哪是我的东西?但是我盗天然之物就没有灾难;而金玉、珍宝、谷物、锦缎、金钱、货物,是别人聚敛的财产,哪是天然所有的东西?你盗窃那些东西而获罪,怎么能怨我呢?"]

在这则寓言中,"盗窃"二字的使用真是匠心独运的。"盗窃"不同于"抢劫",前者属于"巧取",后者属于"豪夺"。对于社会,两者都是犯罪,只是罪行轻重不一;对于自然,前者是顺应性开发,后者是粗暴性掳掠。整个寓言通过国、宋两人不同"盗窃"方式的艺术设计,把顺应性自然开发可以乐享人生的道理,以高度反差的对比方式生动表现了出来。

传统文化中对理想模式的塑造莫过于陶渊明笔下的"桃花源"。陶渊明构筑的"世外桃源",是老子"小国寡民"的翻版,如果深入体味也可感受到儒家仁义礼智信的思想气息,可以说,这是中国古代农业社会主义理想的最高境界。尽管它一再被批,但影响从未消退,特别是在人被大工业挤压得行将窒息时,魅力还愈显强劲,每读均有心旷神怡之受。马克思说过:借助传统"是为了赞美新的斗争,而不是为了拙劣地模仿旧的斗争;是为了在想象中夸大某一任务,而不是为了回避在现实中解决这个任务;是为了再度找到革命的精神,而不是为了让革命的幽灵重行游荡”[62]。

（二）理想比较论

历史的反复证明：任何理想最后都要归结于对人际和谐与人地和谐的超越性追求，只有超越现实追求和谐才能高尚，否则就不是理想而是妄想；同时，任何理想都必须以人地和谐为基础，理想培育必须以珍惜自然资源为起点，否则就不是理想而是空想。

中国大同社会理想当中包含着两个和谐的因素，其缺陷是把人地和谐依附于人际和谐，同时行为方式配置缺失，这主要是儒家思想影响的结果。

首先，自然依附于社会，资源利用就要屈从于宗法观念，所以从皇室开始，节俭观念就无法得到体现，于是大同理想的影响力度便不能不大打折扣。如果说，勤俭节约在民间一直被奉为美德的话，那么在相当程度上是由于经济效率低下、生计谋取不易。然而无论平素如何克己，一遇婚丧大典却总是尽量挥霍。之所以如此，原因在于这类礼节既牵涉到家庭关系，还牵涉到社会关系。如果把人地关系与人际关系等量齐观，那就极不明智、甚至大逆不道，其结果只能是自绝于群体。

其次，即使从人际关系来看，和谐也带有抽象性。中国没有彻底的土地私有制，君主可以肆意征用任何资源，但不能因此说没有土地相对私有和土地私人兼并。中国农民要承受政府和地主的双重盘剥，与此共存的是严重的人生依附，等级观念在中国社会根深蒂固。在少数民族地区，普遍实行的是更为野蛮的农奴制度。追求公正的途径，到极端也就是所谓“有道”伐“无道”，结果带来的只是周期性的社会震荡和王朝更替，始终没有找到一条通往“大同”的切实道路。

“大同理想”的结构缺陷和实现“大同”的路径迷失，使得理想的追求平素一般只能在精英层面保持，尽管如此，精英层面的这种意识也还是可贵的。在传统中国社会中，帝王权威会受到大臣会议的约束，冒死进谏者在历代更是层出不穷。正因为这种主流意识始终存在，所以只要发生重大事变，例如灾害降临、社会动乱、外敌入侵等，就会被社会视为大同理想遭到过分破坏，从而产生特殊的凝聚力量。随着时间的推移我们会越来越发现，马克思主义在中国之所以容易植根，大同理想是一个社会基础。

西方社会的传统理想集中体现于基督教的“天国理想”，早期基督宣传的平等博爱和末日审判等教义，反映了下层民众的意愿，但后来逐步演变为上层社会的精神统治工具。基督教教义使人有一种自律作用，同时也有一种根深蒂固的排异意识，该意识起于 13 世纪 T. 阿奎那（Aquinas，T.）。他在《神学大全》中把宗教的义务阐述为：“在异教徒中间，有些人从来没有信仰过基督教，例如异邦人和犹太人。我们不能强迫这些人相信基督教并表白他们的信仰，这是因为信教取决于意志。然而，如果基督教徒希望这样做，他们可以使用武力，防止人们用渎神、恶意劝阻甚或明目张胆的迫害等手段来妨碍宗教信仰。”[63] 因此，同异教徒作战就成为西方人的一种使命，其核心是要用基督教价值观念征服世界。

中国的大同理想和西方的天国理想都主张兼爱，但两者是有本质差异的，前者的基底是“求同存异”，而后者的基底是“党同伐异”。孔子说：“君子和而不同，小人同而不和。”[64] 这里的“不同”指的是“小异”，“和”指的是“大同”，推崇求大同存小异。同样在前资本主义社会，中国对内允许不同宗教共存，对外主张不同民族和睦。虽然有思想禁锢，还出现过文字狱，但没有出现大规模的异教徒迫害事件，更没有发动过“十字军东征”那样的侵略战争。

在对待自然方面，大同理想主张珍惜天物。在对待生物的态度方面，儒家有“不忍觳觫”说，道家有“类无贵贱”说，佛家有“戒杀劝善”说。而《旧约全书》一开始对人的训谕就与此相反。1979 年世界教会理事会在麻省理工学院召开了“信仰、科学与未来”会议，与会者认为：“科学与宗教两者都助长了一种鼓励对地球及人类以外的生命形式进行危险掠夺的态度”，因此需要建立一个“生态神学”。它以排斥“机械的世界观”为基础，建立“一个新的信仰与科学的关系，这种关系承认创造的统一性亦即自然、人与上帝的统一性”[65]。

近代科学率先在欧洲兴起与基督教天国理想紧密相关。W. C. 丹皮尔(Dampier, W. C.)在《哲学史——及其与哲学和宗教的关系》一书中对此做过生动描述：

当古代文明的夕阳斜晖消逝在第六、七世纪的黑夜中的时候，欧洲的学术情况就是这样。后来的几个时代在新晨的微光中所回顾的理想的性质就是这样。那时，他以为他们所回顾的是一个比较光明的日子，这个日子的光荣的中午的顶峰就是上帝假手他的儿子而给予世人的最高启示，这个日子的光辉的黄昏则由教会的神父们秉承神意写作的著作照亮。无怪乎新时代的人把经过黑暗时期传到他们手中的东西都当做超自然的法典，而不用批判的眼光去看待它。[66]

12 世纪以神学院形式出现的欧洲大学，促进了近代科学的萌芽；与文艺复兴并行的宗教改革，则促进了近代科学的形成。新教倡导的勤奋、益公精神，使得科学家直面经验、挑战权威，于是神明崇拜便逐渐蜕变，所谓“全知全能的上帝”，实际上是有自组织功能的自然界，天国理想也相应变为对自然规律的无畏探索。1654 年，一位新教徒科学家 J. 科顿(Cotton, J.)称：“研究上帝创造一切的性质、进程和运用，是上帝赋予所有人的责任”。理由是“在上帝创造的万物中见到上帝的庄严华贵”和“为了我们本身的利益”[67]。

自然科学的成就催化了18世纪法国唯物主义思想，资产阶级思想家们高举理性的旗帜，以“天赋人权”为武器，以自由平等为口号，向着封建意识发起猛烈攻击。通过波澜壮阔的启蒙运动，民主和科学成为一种慷慨悲壮的价值追求，其正义性在于摆脱思想愚昧、解脱人生依附，核心是实现社会公正，为此需要建立法制。孟德斯鸠(Montesquieu)的代表作是《论法的精神》，卢梭的代表作是《社会契约论》，他们都把法制国家的建立作为奋斗目标，因此，新兴资产阶级的理想可以称为“法制理想”。

前资本主义社会也有法律，但没有形成制度。《礼记》说：“礼不下庶人，刑不上大夫。”[68]后来大夫可能面对法律，但与针对庶人的法律有别，这种社会不是法制社会。资产阶级法制思想的产生是人类历史上的一大创举，它在维护社会公正方面实现了一次飞跃，有利于激励竞争、规范行为。发达资本主义国家民众的环境行为之所以一般高于发展中国家，一方面缘于学校教育的接受，另一方面缘于法制环境的陶冶。学校教育是必要的意识基础，也可以启迪部分人自觉行动，但要形成气候还得依靠法制。

法制公正不等于社会平等，平等只有在马克思主义的自由意义上才能实现，法制公正只是走向社会平等的历史性步骤。资本主义法律的制定基准是绝对的私利维护，其价值负载是财富贪欲，保障的是盲目生产。封建主义社会讲究身份特权，资本主义社会讲究财产特权，大众层面的实际需要被财团利益绑架，结果是人和自然都在进化的光环下急剧退化，符合事物螺旋式上升的规律。为了缓解让国内人际冲突和人地冲突，西方实行矛盾外引，把国内不平等外化为国际不平等，常见手段是输出价值观念煽动内乱,再以人权名义强迫后发国家就范。

就法制公正本身来说,也至多只是在少数国家得到实现,而在国际上却被横遭践踏。这种被扭曲的法制理想,归根结底还是征服世界的天国理想。毫无疑问,法制理想应当确立,但法制公正的实现有一个渐变过程,而且实现方式也不完全一样。工业社会本质上对自然是强取性的,这与西方文化的本性有着天然契合之处,所以欧洲率先迈过工业社会的门槛。而当早发优势化为欺凌手段后,天使就成了魔鬼。不能因为憎恨魔鬼就拒绝天使,也不能因为肯定天使就接受魔鬼。

充分吸收时代精华从来就是马克思主义理论发展的必要条件,马克思说:"人们自己创造自己的历史,但是他们并不是随心所欲地创造,并不是在他们自己选定的条件下创造,而是在直接碰到的、既定的、从过去承继下来的条件下创造。"[69]列宁说:"只有了解人类创造的一切财富以丰富自己的头脑,才能成为共产主义者。"[70]西方的法制理想和中国的大同理想一样,都是人类文明成果,完全可以通过改造制作为社会主义服务,否则我们就不能建构完整的人格,也不能激发持久的热情,这不同于抽象地使用"普世价值"概念。

人的出发点总是他们自己,国家也是这样。在近代列强入侵之后,中国基于优越的历史地位,屈辱情感远甚其他后发各国,这种情感驱使中国革命和建设一直处于急迫的赶超状态之中,急迫的赶超不可能不产生过激思想和行为。恩格斯就认识论的普遍性说过:"思维的至上性是在一系列非常不至上地思维着的人中实现的;拥有无条件的真理权的认识是在一系列相对的谬误中实现的;二者都只有通过人类生活的无限延续才能完全实现。"[71]何况近代中国一直充满着激烈对抗。历史对抗结束后,无须过分指责历史,但必须进行冷峻的反思和修复。

在传统文化的意识层面,忧患天下、自强不息、舍生取义等阳刚成分和厚德载物、中直庸和、实事求是等阴柔成分曾经得到全面发扬。对于修身养性、自然无为这样的阴柔成分来说，前者得到发扬，后者遭遇唾弃。继后，阳刚成分被推至极端，阴柔成分几乎被全盘否决。中国文化是刚柔相济的文化，缺乏阳刚，阴柔就会成为猥琐；缺乏阴柔，阳刚就会成为粗野。当残缺、空泛的理想破灭之后，如果不认真对传统进行分析总结，而是把缺陷进行无限放大，将修复希望完全寄托于西方，最后就会连载体层面的文化也会所剩无几。

西方文化的精髓是追求个体价值实现，中国文化的精髓是追求群体价值实现；前者崇尚解析思维，后者擅长综合把握。马克思提出的人的个体发展三阶段论中，第一阶段是人的依赖阶段，第二阶段是人的独立阶段。中国文化可以说是第一阶段的高峰，西方文化可以说是第二阶段的高峰。当代中国的文化变革，应当是在第三阶段目标——人的全面发展目标——指引下的自觉变革，它不同于自发的盲目过渡。变革的正确态度是扬弃，即有选择的继承和有保留的吸收。

在中西文化的关系上，一直存在"为体为用"的争论，这场长达一个世纪的争论，到现在还没有结局。如果把它放到马克思关于人的个体发展三阶段论中，这个问题的答案并不难获取。当然，除了理论上的逻辑结构以外，还有一个时机的创造和等待，黑格尔把哲学比做希腊智慧女神密涅瓦(Minerva)的猫头鹰，"要等黄昏到来，才会起飞"[72]。适宜的时机有三个条件：第一，人的发展性需要和社会参与意识开始稳步提升；第二，工业化和市场化的负面作用开始被普遍认识；第三，西方民主和法制的优劣两面开始充分显露。

有人或许会认为还有一个条件：国民收入呈"橄榄型"而不是"哑铃型"，但这到底是条件还是结果，值得商榷。当进入社会矛盾高发期且国际国内矛盾交叉展开后，最佳的应对方式就是坚决而稳慎地推进改革探索。改革探索的关键是在主流媒体上开放理性言论,以引领社会的健康发展。所谓理性言论,应该是不脱离核心价值观念但富有创建的言论。言论是理想的载体,如果没有理性言论充分表露,对国家来讲,就会出现权力和思想的循环;对民众来讲,就会出现理性和感性的冲撞,它们都会危及社会的健康运行。

(三)理想教育论

重树理想的根本途径是重振教育,这里的教育首先是理论建设和思想教育。经过三十多年物质利益的追求狂热之后,大众层面的精神生活追求开始抬头,面对各种社会问题,寻找可以解释现实的理论。于是各种思潮纷纷登台,出现了前面所述的极右和极左的两种思想,有人戏称为"右翼原教旨主义"和"左翼原教旨主义"。两种思想的持有者虽然人数不多、设想虚幻,但由于旗帜鲜明,能够在不同议题上满足不同群体的心理需要,所以其掀腾力度绝对不可小觑。它们牵涉的事件评判,从当前一直延伸到整个近代甚至近代以前。许多奇谈怪论尽管从理性角度看来似乎不值一驳,但却能够在亚文化层面上大行其道,原因是人们希望改变现状,但又找不到合适的理论框架,只能用扭曲的方式进行表达。一种普遍的观点认为,由于经济地位的分化,中国的社会群体不再有共同的利益,不再有共同的诉求,不再有对未来的共识。笔者对此不敢苟同。

经济地位的差异,在旧中国早就有之,而且矛盾远比现在尖锐。五四运动前后,实用主义、基尔特社会主义、新村主义、工读主义等西方各种社会思潮蜂拥而至并广为流传,后来还是马克思主义成为越来越多人的共识,原因是马克思主义能对现实做出其他理论无法比拟的解释。"砍头不要紧,只要主义真!"无数富家子弟秉承信仰,义无反顾地走上了常人难以理解的道路,这就是理论的征服力量。国民党的三民主义一开始也是有感召力度的，但这个主义基于理论自身的缺陷很快就陷入困境。孙中山重新把它做了解释，本质上是向马克思主义靠近。当三大政策被抛弃之后，这个主义到今天也没有能够揭示社会发展规律。

1945年以前，中共党内对马克思主义一度有多种理解，苏共党内的不同思想都在中共党内得到表现，各个阶级的各种主张都在党内得到反映，国内各个党派和社会各界对马克思主义的褒贬不一，右倾和"左"倾错误不断造成思想混乱和队伍破坏，形势的严峻程度远非今日可比。以毛泽东为代表的中国共产党人，坚持把基本原理与中国实际结合起来，艰苦探索马克思主义的中国化。在战争环境下竟动用四年时间开展整风，仅《关于若干历史问题的决议》起草时间就长达11个月。后来的实践证明，这种巨大投入所获得的成果是相当辉煌的。毛泽东思想以其内在深刻性不仅统一了全党思想，而且得到党外进步人士的公认。

"文化大革命"结束时，中国社会在三个方面存在严重的思想迷茫：一是"文化大革命"错误的认识问题；二是新中国历史的评价问题；三是未来社会的走向问题。当时各种思潮明暗交织、来势汹涌。不仅有"两个凡是"的障碍，还有全盘非毛的鼓噪；不仅有恢复旧制的呼声，还有尾顺西方的煽动。人心彷徨和信仰漂浮绝不亚于今日。以邓小平为核心的第二代领导，从真理标准讨论开始，用四年时间开展了大规模的理论建设，其中《关于建国以来党的若干历史问题决议》的起草时间就长达两年。这次建设产生了正本清源的效果，为中国社会在新时期的发展奠定了基础。

两个《决议》产生的历史意义是值得铭记的，社会能否健康运行，首先在是否找到符合社会实际的主流思想。正如马克思所说:“思想的闪电一旦彻底击中这块朴素的人民园地,德国人就会解放成为人。”[73]理论的生命力在于能够围绕内核不断发展,种种迹象表明,目前又面临一次重大理论建设。经过生产关系的三十多年调整,生产力已经达到了前所未有的水平,而经济基础和上层建筑的关系调整正在日显紧迫,各种思潮都在围绕这个问题涌动。中国政治体制改革要避免苏联道路,关键在于要全面激发共产党人的社会责任感,以保证改革的社会主义方向。

欲灭其国,先灭其史。篡改历史以抹黑对方,是一种低成本高收益的手法,所以历来为敌对势力惯用。市场经济打开后,商业炒作与敌对宣传相互搅合,使得大量“内情”被不断发掘,许多“黑幕”被一再披露,矛头直指近代史中的正面人物,目的明显是追求形象颠覆的轰动效应。这些“史料”遍布于各类出版物之中,迎合了人们的猎奇或宣泄心理,所以人们并不细究其来源,而把它们当做茶肆酒楼的消遣尚品。野史及其评价的泛滥产生了潜移默化的离心作用,成为腐败和动乱的温床。只要不是明显的敌对言论,社会并不好断然禁止,但它们会实实在在地危害改革的推进,所以必须有正面的系统性回应。

回应不能假以“左”面言论武断评判,这样不仅于事无补,甚至适得其反。这类言论通常也有意无意地掩盖真相,对公认的事实做出失真性论断,其结果只能损害正面意识的形象。重大理论建设必须以历史总结为支撑,在当前的形势下,应该以整个近代史的全面总结来澄清视听以谋求发展。要花大力气对史料进行搜集整理,用历史唯物主义对主要人物和事件进行实事求是的分析,通过有理有据的纵向展示和横向对比,让人民群众尤其是年轻一代心悦诚服地接受正确的价值导向,从而对改革的路径进行理性思考。苏共没有进行这项工作,他们在空洞的说教失败后彻底掀翻了历史,最后完全走向了反面。

理想教育的主要渠道是学校，大量事实表明，一个人成器的关键在12岁前，所以教育界先辈十分看重小学。徐特立从1895年至1905年在乡村教了十年私塾，1924年留学归来后婉拒了广东大学的教授礼聘，决心继续办好小学。1913年，钱钟书之父钱基博放弃从政机会，毅然进入家乡小学任教，在中小学教师岗位上耕耘达十年。“文化大革命”之后，基础教育一度受到轻视，这种颓势从20世纪90年代起开始得到扭转。20—21世纪之交，曾经在中小学做过以“素质教育”替代“应试教育”的探索，试图以此为突破口，解决教育的畸形发展问题。应该说，育人工作从基础教育抓起是正确的，但很快发现这种扭转毋宁说是扭曲。

对基础教育的重视，被化解为对高考的重视。中小学减负曾经是素质教育的一大目标，但结果是校内负担减少与校外负担增加同步出现。同时，由于失去某些准则，学生不得已自发加大备考力度，总的负担甚至超过以往。为了回应社会期盼，大学实行了扩招，但随即而来的就是高校溃化。针对这种趋势，有的地方正在推出完全自主的办学模式，希望建设西方那种小规模一流大学，培养创新型人才。实际上现有大学的自主权已经不小，而且差不多唯西方马首是瞻，创新型培养的口号早就山鸣谷应，但年年输出的就是那种不伦不类的“人才”。如果说，社会对基础教育的期盼就是高考结果，那么大学的溃化就是对这种期盼的嘲弄。

R. 费曼（Feynman，R.）在一次演说中谈到：南太平洋诸岛的当地居民信奉一种“祖神膜拜”，第二次世界大战期间当地人看到满载物资的飞机不断着陆，便也模仿修建了“机场”，设置了“跑道”，安排了“引航员”，用木块和竹棍制作了“无线电”，一切就绪，就祈盼着祖神显灵，让飞机降落。费曼说，从表面上看符合所有技术原则，但是他们不懂其中的某些实质性的东西，费曼称之为“祖神来归”现象。中国现代化进程中盛行“与国际接轨”，许多“接轨”事例不知是否属于“祖神来归”现象？关于这类现象，在中国典故中讽刺得更加精彩：“伯乐《相马经》有‘隆颡蚨目，蹄如累麴’之语。其子执《马经》以求马，出见大蟾蜍，谓其父曰：‘得一马，略与相同，但蹄不如累麴尔。’伯乐知其子之愚，但转怒为笑曰：‘此马好跳，不堪御也。’所谓按图索骥也。”[74]［伯乐儿子按照《相马经》上所述“高额凸眼，蹄如累叠酒曲”标准去寻找良驹，见到一只大蛤蟆，对其父说，得一马与之略同，但蹄子不像累叠的酒曲。伯乐知道了儿子的愚昧，不得已调侃道：“此马善跳，只是不能驾驭罢了。”这就叫“按图索骥”。］1999 年欧洲 29 国教育部长在意大利博洛尼亚举行会议，就建立欧洲统一的高等教育区域、促进欧洲高校学制统一和国际化的形成达成共识，签署了联合声明——《博洛尼亚进程（Bologna-Prozess）》。《进程》发表之后，其迎合市场机制的部分，受到不少学者的强烈批评。莫斯科大学的主流学者就表示，这是以牺牲基础理论教育以换取近期利益的短视做法，莫大不会盲目照搬。对此我们不知是否有所感触？

剥开华丽外壳，今日教育可谓满目创伤。国门洞开之际，外部世界与国内现实的巨大反差，使得国人的浮躁心理和自惭心理并发，这种情绪在一定阶段是可以理解的。话语的含义总是要以一定的环境为转移，“崇洋媚外”在“文化大革命”中是一种失实，但随着形势发展，又逐渐成为一种真实。所谓崇媚，是指毫无选择地吸收。毛泽东说过，“世界上只有唯心论和形而上学最省力”，“唯物论和辩证法则要用气力，它要根据客观实际，并受客观实际检查”[75]。不付出相应努力而要快速获取功绩和利益，表现是认识论和方法论问题，实则是世界观和价值观问题。其中既有社会压力方面的成因，也有人生误区方面的成因。

后发国家在赶超过程中，最初阶段的技术模仿不可避免，但这只是权宜之计。单纯的模仿是舍本求末，没有长期艰苦的磨炼和积累,不可能有长青的科学。学校的量化管理绝对不可继续,如果认为灵魂可以切割,那么切割的就不是灵魂而是尸体。量化管理的本质是商业运作,以分析见长的西方学界,似乎并没有把量化教育奉为圭臬。欧美有一句格言:“名牌大学的研究生是教授的烟斗熏出来的。”邓小平说:“教育要面向现代化,面向世界,面向未来”[76],但并没有说要面向市场。学生当然早晚要面对市场,但把市场经济直接引入学校,学校就只能成为学场。社会伪劣产品是教育伪劣产品的延伸。

对学校不宜设置过于具体的功利目标,办学目标应是品德、知识和体魄的培养,基础知识不是创新的充分条件,然而却是必要条件,正如汉字草书的优劣取决于楷书功底一样。事实证明,急于追求功利,反而远离功利。素质教育之所以失败,障碍出在形式主义的人才评价机制,所以,弱化学历、强化职考是唯一出路,对此,中国科举或许还有一点借鉴意义。不少人把教育的扭曲归咎为中国传统的教育思想,认为中国传统教育是注入式教育。事实恰恰相反,传统中国教育倒是书院型的讨论式和启发式教育,它可以成为 J. A. 夸美纽斯(Comenius,J. A.)教学法的补充。近代各国普遍采用的这种教学法,不能轻易否定,而可以完善。

有一种带普遍性的观点认为:以前实行的是精英教育,现在实行的是大众教育,所以高教质量的下降是一个正常现象。所谓“精英教育”隐含着这样一个意思:就是国家刻意集中力量对少数人进行培养。实际上,当时学生人少是国家财力不济的结果。即使在相对意义上,学生的条件也不比现在更好,甚至还不如现在。最重要的区别是,社会环境对现实功利的追求欲望进行了抑制,教师和学生能够在崇高理想的引导下潜心治学。无论是从绝对意义还是相对意义来讲,目前的高校的硬件都不是当年可以同日而语的。有的甚至已经超过了发达国家。可以说，要进行精英教育，现在才真正有了基础。但为什么不仅没有达到精英教育的高度，质量反而江河日下。这似乎不应该是正常，而应该是不正常！

四、经济责任论

（一）责任经济实质论

世界走到今天，“经济学”已经成了一种“霸权主义”。舒马赫说：“在现代用于谴责的词汇中，很少像‘不经济’这个词这样干脆明确的。”经济学的狭隘性表现在于：“首先，它们重视短期甚于长期，因为，按照凯恩斯残忍而轻松愉快地提出来的说法，长期中我们都已经死亡。其次，它们根据成本的定义排除了所有‘免费物质’”，“这意味着，一种活动尽管加害于环境，却可能是经济的；而一种竞争活动如果付出一些代价去保护和保存环境，就是不经济的。”所以他得出结论：**市场是个人主义与不负责任的制度化**[77]。

在生态危机日益严重的背景下，一部分有见地的学者创立了“生态经济学”。自1966年鲍尔丁提出“生态经济学”概念以来，这门学科的队伍不断壮大，影响日益扩张，但实事求是地说，历经几十年抗争之后，还是没有成为主流，不能取代传统经济学。这里主要是利益机制在发挥作用，但也不排除传统经济概念本身的影响。一个概念可能就展示出一种世界图景，主导着一种价值取向。当世界图景没有改变时，新思想一则本身自信不足，二则受众是非不明。只要按照旧观念轻松一击，例如冠以“不经济”名号，就立即被置于道德上的大逆之地。正如俗语所说：名不正则言不顺，言不顺则事不成。

19—20世纪之交，由于寻找“以太”参照系的失败和“黑体辐射”的解释失败，物理学的天空一时阴霾密布、前景迷茫，有的物理学家甚至有了轻生念头。在关键时刻，爱因斯坦提出"相对"概念，M. 普朗克（Planck，M.）提出"量子"概念，从根本上改变了世界图景，顿时云开雾散、柳暗花明。类似的事件也发生在社会领域，马克思提出的"异化劳动"概念、克劳修斯提出的"熵"概念，都产生了更换世界图景的划时代意义。经济学领域的革故鼎新，也必须考虑从概念入手。

1973 年舒马赫提出了一个"元经济学（meta-economics）"概念［商务印书馆 1984 年中译本译为"超经济学"］，他认为："经济学并不是自成体系的学科，它是从元经济学派生出来的一套思想。""元经济学包含两个部分——一部分涉及的是人，一部分涉及的是环境，换言之，可以认为经济学的目的与任务必须来自对人的研究，而它的方法论至少大部分须来自对自然界的研究。"[78]"元经济学"是一个有意思的概念。经济学脱离元经济学体系，是经济脱离元经济的反映。"经济"一词在英语、俄语中，与"节约"一词都具有相同词根。关于经济学的研究对象，西方主要有以下几种观点：

财富说。古希腊时期色诺芬（Xenophon）首先在财富意义上使用了"经济"概念。W. 配第（Petty，W.）、斯密、李嘉图、萨伊都持这种观点。在本书第一章中，对这种观点做过介绍。这是经济概念最表观的解读，也是最传统的解读，它对社会的影响最为深刻。

人的欲望及其满足说。C. F. 巴斯夏（Bastiat，C. F.）认为，对于私利的追求是人类本性的主要动力，强调消费者的需求乃是所有经济活动的开端。他的思想后来被奥地利经济学派进一步发展，C. 门格尔（Menger，C.）则明确把政治经济学的研究对象规定为人的欲望及其满足。

人与财富综合说。A. 马歇尔（Marshall，A.）在经济学是财富科学的说法遭到异议、研究人的定义难以自圆其说的情况下，综合了各种关于经济学研究对象指出，经济学一方面是一种研究财富的科学，另一方面也是更重要的方面，是研究人的学科的一部分。

人类选择行为说。L. 罗宾斯（Robbins，L.）总结了经济学概念的研究，提出经济学是把人类行为当作目的与具有各种不同用途的稀缺手段之间的一种关系来研究的科学。J. R. 希克斯（Hicks，J. R.）和 P. A. 萨缪尔森（Samuelson，P. A.）进一步指出，经济学是研究人类行为选择的科学。

宏观经济行为说及宏观微观经济行为结合说。凯恩斯把经济学的研究对象由微观经济行为转向宏观经济行为，强调整合体系中的全部资源达到最适度就业。为了弥补凯恩斯的缺陷，不少经济学家主张将市场调节与国家干预相结合，把经济学定义为研究在一定体制下稀缺资源配置和利用的科学。

在中国古汉语中，"经济"一词是"经邦济世"、"经世济民"等词的综合和简化，内容不仅包括管理生产活动和财务活动的国家行为，而且包括国家对政治、法律、教育、军事等问题的处理。19 世纪日本的神田孝平最先把"economics"译为"经济学"，中国的严复则译为"生计学"。

马克思在《1844 年经济学哲学手稿》中，从人的类本质角度揭示了经济学的研究对象。在他看来人和动物的区别在于，动物和它的生命活动是直接同一的，如果说动物也有生产，也只是按照它所属的那个种的尺度和需要来进行生产，而人却懂得按照任何一个种的尺度来进行生产，能按照美的规律来生产，因此人的劳动是本质力量创造对象世界的类生活，是自主性的创造性活动。

但是，异化劳动造成了四个结果：(1)使自然界同人相异化；(2)使人的生命活动同人相异化；(3)使人的类本质与人相异化；(4)使人同人相异化。所谓"异化"，指的是人的活动结果成为异己力量同人自身相对立的变化。就第一点看,因为人是自然界的一部分,所以劳动成果被剥夺,就相当于自然界成为异己力量;就第二点看,劳动本来是体现自己意志的自主性活动,但结果变成处于外力胁迫下的强制性活动;就第三点看,劳动本来要达到实现自身价值的创造性目的,结果类生活的目的变成维持肉体生存需要的手段;就第四点看,人同自身的任何关系,只有通过与其他人的关系才能实现,所以人同自身对立时,也同他人对立。

摩尔根的一段话可以作为异化的描述:"自从进入文明时代以来,财富的增长是如此巨大,它的形式是如此繁多,它的用途是如此广泛,为了所有者的利益而对它进行的管理又是如此巧妙,以致这种财富对人民说来已经**变成了一种无法控制的力量**。"[79]人的本质力量异化必然导致理性的迷失,理性的迷失必然导致欲望的放纵,其结果对自然来说就是资源的毁灭和环境的恶化,因为"人对自然的关系直接就是人对人的关系,正像人对人的关系直接就是人对自然的关系"[80]。

马克思主义这样认识问题,就捕捉到了元经济的实质,也解释了经济学对元经济学的背离。异化是从私有制开始产生的,到资本主义社会登上巅峰。在前资本主义社会,人的本质力量发挥不足和人的本质力量异化并存,这时的异化主要表现为劳动成果的剥夺和强制劳动的生理性苦痛。中国革命的先行者们,把奋斗目标锁定为后者的消除,这在当时无疑是正确的选择,但本质力量的发挥不足,并不是通过后者的简单消除就可以解决。为了人的需求和能力的提升,在相当程度上异化还要进一步发展,这是为了消灭异化所必须付出的代价。对于这个道理,越来越多的人已经懂得(当然未必在心理上完全接受),但社会的目光还是集注于劳动成果的剥夺和强制劳动的生理性苦痛,所以"公正"就总是一个中心话题。

“异化消费”是生态学马克思主义者号称自己提出的一个新概念，所谓“异化消费”是超越生存需要和生活需要的奢侈性消费。在生态学马克思主义者看来，正是无产阶级的异化消费维持了资本主义的扩大再生产。资本主义的基本矛盾不仅是生产力和生产关系的矛盾，而且还有资本主义生产力、生产关系和生产条件之间的矛盾，因此资本主义的危机表现为经济和生态的双重危机。有人认为，生态学马克思主义是对马克思主义的补充和发展，这是完全一种误识。生态问题早在经典著作中多处提及，由于马克思主义认为人与自然的关系和人与人的关系互为中介，所以把经济危机和生态危机视为一体。

《1844年经济学哲学手稿》说：“每个人都指望使别人产生某种**新的**需要，以便迫使他作出新的牺牲，以便使他处于一种新的依赖地位并且诱使他追求一种新的**享受**，从而陷入一种新的经济破产。每个人都力图创造出一种支配他人的、**异己的**本质力量，以便从这里面获得他自己的利己需要的满足。”[81]这就是“**异化消费**”。《自然辩证法》首次明确提出警惕“自然界报复”的告诫。并且预言：“社会化的人，联合起来的生产者，将合理地调节他们和自然之间的物质变换，把它置于他们的共同控制之下，而不让它作为一种盲目的力量来统治自己；靠消耗最小的力量，在最无愧于和最适合于他们的人类本性的条件下来进行这种物质变换。”[82]

按照社会发展规律，人的个体发展第二阶段是一个必不可少的过程，只有通过它，人的独立性才能得到确立，人的关系、需要和能力才能得到全面形成，从而为人的全面发展创造条件，这个阶段的长期性绝对不可低估。从国内民意看，即使在西方，也不能在国民收入下降的背景下保持社会稳定，更遑论中国这种历史问题积淀厚重的国家；从国际环境来看，中国的社会制度决定了外力钳制的严峻性，需要强大的实力应对，因此保持增长和消费刺激不可避免。

生态学马克思主义可取之处是对当代生态问题严重性的一些警示，但真正意图是为“民主社会主义”进行铺垫，“异化消费”概念其实并不是他们的首创而是经典作家的思想。当中国社会经济转型到今天以后，虽然我们不会苟同生态学马克思主义的观点，但对“异化消费”不能不高度注意。不管我们列举多少社会亟需之点，但自然界有自身不依赖于社会的运行规律。正如《荀子·天论》所说：“天行有常，不为尧存，不为桀亡。应之以治则吉，应之以乱则凶。”[83]

自然的存在不必以社会的存在为前提，但社会的存在必须以自然的存在为前提。

我们常说：以人为本。然而人的需要是无穷尽的，特别是消费被异化之后，需要会恶性膨胀。在中国，异化消费已经在相当大的面积上凸显。它不仅对环境而且对人品的杀伤力正在与日俱增。“以人为本”的基础是“以地为本”，如果无视这点，可能重蹈“人有多大胆，地有多大产”的覆辙。同时从根本上看，异化消费与中国社会的希望并不相容。因此，我们的经济一定要承担社会责任。康德对“责任”的诠释是“自由行为的必要性”，把人视为目的而非手段。[84]人作为目的，就是主体价值要得到实现，这也就是“元经济”的应有意义。从词源看，“经济”本身就蕴含“节约”，所以节约型经济就是“元经济”，也就是责任经济。

前面提到，对于经济，经济学家负有基本责任，这只是一种外在的责任，内在的责任是执政者的责任，学者的意见最终归政府认定。泛谈“刺激消费”这个命题，带有“刻意寻求奢靡”的取向，真正需要的消费不必由刺激产生。这种需要就是安全健康的物质生活和丰富健康的精神生活，它们在中国公众层面旺盛至极，现在的问题是如何通过正确引导予以满足，为此中国经济可以在国内获得极其广阔的生长空间。我们不能一概反对奢侈追求，但如果把它作为总体经济目标，只能激起仇富心态并助长浪费行为。**宜将“刺激消费”以“优化消费”代之。**

（二）责任经济建构论

作为经济系统，责任经济需要在生产力、生产关系两个方面进行建构。人口以劳动者面目在生产力中作为一种要素出现，但人既是生产者又是消费者，同时人口生产有自己的特殊规律，所以宜作为一个方面单独讨论。

1. 科学技术建构

生产力的第一要素是科学技术，讨论生产力调节主要是讨论科学技术调节。基础科学揭示的是自然界的基本规律，带有超脱功利的性质，但科学不仅是一种知识体系，而且也是一种社会活动，所以，即使是基础研究，其中实际上也隐含着一定的价值取向。所谓“高技术”，是指基础研究成分高的技术，其中基础研究的价值指向就更加明显，技术科学研究的是基本规律的应用，完全带有追求功利的性质。当代科学已经成为“大科学”，其表现是基础科学内部相互渗透、基础科学与技术科学相互渗透、自然科学与社会科学相互渗透。所以科学工作者负有社会责任毋庸置疑。

科学工作者的责任首先表现为利害告示责任。基础研究的基本动力是科学家的兴趣，研究工作不可能预设目标，被发现的自然规律本身无所谓“利”或“害”，但规律一旦发现就会有应用前景。科学工作者对规律应用可能产生的社会后果，应该尽力探讨和注视，至少应该表明一种趋利避害的基本态度。原子能开发得益于相对论，但爱因斯坦不是原子弹发明者。1939 年，爱因斯坦最先致信 F. D. 罗斯福（Roosevelt，F. D.），建议美国赶在德国之前研制出原子弹。然而1948年,爱因斯坦在写给“国际知识界和平大会”的信中却说:“痛苦的经验使我们懂得,理智的思考对于解决我们社会生活的问题是不够的。透彻的研究和锐利的科学工作,对人类往往具有悲剧的意义。”[85]物质世界的层次越是深入,引发灾难的概率就越是巨大。在高技术的风险迷茫面前,基础研究者如果选择沉默,实际上个人价值最多实现了一半。

科学工作者的责任其次表现为社会造福责任。技术虽然带有功利性质,但技术人员不能唯利是图。现代科学赋以人们无数技能,造福性技能与为害性技能都与日俱增,其中为害性技能的增长偏偏最为迅猛。这种现象应验了西方一条著名的“墨菲法则(Murphy's Law)”:“如果做某项工作有多种方法,而其中有一种方法将导致事故,那么一定会有人按这种方法去做。”[86]它告诉我们,容易犯错误是人类与生俱来的弱点。为害性技能之所以泛滥,第一是因为错误属于“熵增”事件,即使在自然条件下自动发生的概率也较高;第二是因为人具有趋利特征,这种特征在市场经济条件下更加容易被激发和张扬。人的行为可以分为“放纵”和“收敛”两类,野蛮和文明的基本差别在于对两者的掌控水平。要让技术人员明白自己的价值体现在造福社会的光芒,价值错位是人格尊严的自毁。

科学工作者的责任最后表现为偏见抑制责任。现代社会的建设目标是综合性目标,需要多学科、多层次的协同。尽管到了大科学时代,专家还是各有相对所长的。长期的专业分割使得专家习惯于以我为中心,著名专家往往更是以霸气为荣耀。作为普通学者,这种气息无可厚非,问题在于社会习惯把著名专家尊为领军人物,而品行不够者一旦得势就根据专业偏见甚至根据个人私利来操纵全局。重大项目的立项,需要综合各方专家意见,容忍有利全局的不同见解,运用系统科学思维权衡利弊,方案制定中留下充分余地。这种场合特别需要“帅才”,但在形式主义盛行的今天,人们宁肯把“将才”认定为“帅才”,绝不会冒“外行领导内行”的风险把“通才”选为“帅才”。“将才”偏见一旦被政府采纳即危害匪浅。有必要让民间科学团体参与重大项目论证,发挥民间科学家的竞争和监督作用。

2. 生产关系建构

不少学者反复声称:政府参与经济活动的结果就是大面积腐败,所以经济健康运行的前提就是政府从经济领域全部撤出。所谓“参与经济活动”的含义应该分为两类:一是插脚经营,二是实施调控。虽然这两种参与都会发生腐败,但它们是有区别的。第一种参与显然会干扰正常的经济运行,而第二种参与对责任经济的建构尤其必要。如果出现腐败就撤出,那么由于腐败在非经济领域也会大面积发生,是否也应当全部撤出?是否应当撤出,要看它对经济生活的影响是否必要。能否制止腐败,关键在于制度管控和社会监督,不能因噎废食。

人们总是认为,即使排除腐败因素,政府调控也会违反市场规律。发出这种声音的根源在于对传统经济学的迷信。舒马赫说:“市场只代表社会的表面以及社会同当时当地暂时情况相联系的重要意义。对事物的深入情况,对事物后面的自然或社会实际,却不作任何探讨。”“忽视人对自然界的依存性是以市场为主要研究对象的现代经济学方法论所固有的特点。”[87]不知道完全自由的市场经济在哪个国家是获得了成功的,也不知道哪个国家的经济是完美无缺的?“华盛顿共识”的破产和拉美国家的普遍左转,已经做出了明确回答。

价值观念配合制导武器的“人道主义战争”,已经成为西方国家征服世界的主要手段。西方价值观念中自然有先进成分,然而它们一旦在特定目标下与谎言混杂使用,就会产生强劲的破坏作用。法国大革命时期的政治家罗兰夫人(Phlipon,M. J.)被送上断头台时,在自由神像面前留下了一句名言:自由、自由,多少罪恶假汝之名以行!肯尼亚国父J. 肯雅塔(Kenyatta,J.)说得更加形象:白人手捧福音书来非洲告诉人们,上帝住在天堂;当非洲人到天空寻找上帝时,白人却在他们的土地上大肆掠夺。

政府调控经济当然有一个"度"的问题,但市场出现的问题往往是调控缺位或调控错位造成的。以利益集团坐大问题为例,表面看来是政府介入力度过分的结果,实际上是政府调控力度不够的结果,因为集团利益与政府权威本质上并不相容。调控缺位和错位的纠偏职责,应该由人民代表大会、政治协商会议和职工代表大会履行,其职责履行的程度是政治体制改革进展状况的标志。中国协商民主的政治体制与公众依托传媒的政治参与,可以形成一种"静"、"动"互补的社会调控机制,对政府经济调控发挥监督校正作用。

社会主义市场经济的社会主义特色,除了生产资料公有制主体之外,还应该体现在以广大人民群众根本利益为出发点的政府调控,它与凯恩斯提出的政府干预在目标和内涵上都不相同,已经成为中国特色的生产关系要素。从传统认识看,生产关系包括生产资料所有制形式、人们在生产中的地位及其相互关系和产品分配方式三项。尽管第一项已经突破,但整个生产关系与生产力健康发展的需要差距尚远,而且明显看出它的调整并不是可以通过市场的自发力量可以解决的。目前的问题出在,不少地方和部门的调控出发点不是或不完全是出于公利,渎职和违规的现象普遍并存,所以往往不是缺位就是错位。调控得到实施的关键是把权力置于社会监督下运行。

甘地曾经嘲笑这样的意识:"梦想一些制度会完善到用不着任何人去行善的程度。"[88] 由政府调控的生产关系不可能没有缺陷,而在中国要让经济承担起应有的社会责任,只能按照"两利相权取其重,两害相权取其轻"的思路处理,所以必须坚决推进政治体制改革。如果改革不能积极稳妥推进,历史的反复恐怕难以避免。

3. 人口生育建构

人口学研究的着眼点历来是经济剩余,后来虽然人口学与生态学进行了结合,但传统经济学的声音在人口学中仍然过强。从马尔萨斯开始,所有关于人口问题的争论,差不多都是围绕现实生活资料的供给进行的,人口的环境承载能力经常被现实的经济和社会因素冲淡。所以,在中国人口刚得到有效控制和生活资料的供给得到一定改善之后,反弹的声音就在相当多的民众和部分学者中开始高昂起来。

中国经济高速增长的形成有多种因素,充裕的劳动力供给无疑是一个主要因素,它在相当程度上,以数量优势掩盖了质量劣势。人口控制的作用无疑会使年龄结构发生变化,于是"人口老化"问题便推上了讨论前沿。值得注意的是,人口解控的理由不仅来自对经济剩余和家庭供养的追求,而且来自"人伦享受"要求,目标是要求较大幅度调整。但事实是中国人口量大质低,微观层面上一旦松动,就会在宏观层面上产生"正反馈"性的综合激变效应。

中国素有生育崇拜的传统,推动反弹的经济因素肯定存在而且不可轻视,但经济因素肯定被文化因素放大。人口数量在中国国情中的分量,任何学者都不应该不清楚。从秦汉开始,在任何社会问题上都可以看到人口数量的阴影。即使走到今天,量大质低的人口格局,仍然是中国社会发展的最大障碍。只要人口失控,自然和社会都会出现爆炸性崩溃局面。一旦如此,其他任何资源节约措施都将无济于事。

劳动力数量在初期阶段对经济增长发挥主要作用,这是不得已而为之的举措,其代价是资源浪费和环境破坏,如果现在还要留恋所谓的“人口红利”,实在是可悲的情怀。中国经济的发展最终要依靠自主性创新来获取“科学红利”。劳动力质量提高受到的障碍主要是来自数量,普通教育的失衡和高等教育的溃化,固然有经济差异和管理错位的原因,但人口数量肯定是基本原因。中国人口政策已有相当松动,如果盲目解控,人口的数量和质量肯定陷入恶性循环。

1997 年美国《时代》周刊发表了一篇李光耀悼念邓小平的文章,文章指出:“在 1978 年新加坡所设的晚宴上,我对邓小平说,在新加坡的中国人都是从广东福建跑来的文盲、失地农民的后裔,那些学者、官员和有文化的人都留在了中国,因此,新加坡已经取得的成就,中国不可能做不到,只会做得更好。”[89] 有人把这段话解读为对中国强调人口因素的否定,笔者对此不敢苟同。

新加坡等所谓“亚洲四小龙”之所以能够迅速发展,首先得益于“冷战”时期西方包围社会主义阵营的国际战略,其次它们也明智地没有失却机遇。正因为考虑到人口因素,新加坡才采取了严厉管控的市场经济体制。其实中国人口的文化传统与新加坡并无多少区别,所以新加坡经验有其可鉴之处。但人口大国与人口小国在系统的复杂程度上有量和质的差异,而且它还不会承受像中国这样的国际压力,所以新加坡经验不可能完全照搬。

控制人口不可避免地会出现老化,但目前的主要矛盾是人口数量与自然资源和就业资源的严重失调。由于科技进步,相反可能还要预防结构性失业在中国的大量出现;只要国家经济稳定增长,供养并不会成为困难。至于多子之乐,这是有代价的享受,其代价不一定落实为个体报应,然而一旦社会矛盾高发,覆巢之下岂有完卵？追求多子之乐的欲望，在暴富群体中最为强烈，民众的需求多半是由他们的示范作用激发的，这样的享受无论如何也不能迁就。

由根深蒂固的传宗观念决定，估计中国永远不会走到需要刺激生育的那一步。有人会想，即使人口失控也可用移民来泄洪，但移民是人口膨胀的一种补救，不能成为人口膨胀的依仗。目前的世界资源状况已经牵动每个国家的神经，中国的发展不仅要对自己负责，而且要对世界负责。西方一直以"人权保护"名义对中国人口政策进行干预，倘若按照它们的处方服药，势必出现难以计数的环境难民，不知到时它们是否愿意接纳？对人口问题要实事求是地分析，不能盲目闻风起舞。

（三）责任经济催化论

就人类对待自然界的态度分，采猎业社会属于放纵主导，农业社会属于收敛主导，到工业社会又属于放纵主导。生态产业社会的收敛，是收敛主导的辩证复归，是向发展需要的进取。发展需要主要是精神性需要，必须具备自觉性，这是真正属人的需要。发展需要的产生和持续有两个必要条件：一是基本需要的稳定满足，二是精神修养的充分具备。对于物质条件，我们一度低估了它，后来又一度高估了它。事实证明：在基本需要以下，发展的激情必定会被生存的冰水淹没；在基本需要以上，发展的激情可能会被物欲的邪火焚毁。所以，只能把基本需要的满足定位为必要条件，把享受需要的提升定位为充分条件。发展需要的形成要求引导和克制，有的克制还必须借助外力才能完成。

1992 年邓小平说过："新加坡的社会秩序算是好的，他们管得严，我们应当借鉴他们的经验，而且比他们管得更好。"[90]现在"新加坡共识"在国际上正在受到越来越多人的重视。它向世人证明：即使没有西方式的民主，国家也同样可以负起责任。

虽然西方与它没有像与中国这样的意识形态隔阂,但也不是完全没有压力的。1994 年对破坏公共秩序的美国青少年设施鞭刑时,就遭遇了美国朝野的强烈反对,同时周边国家对它也不够友善。值得借鉴的并不是它的具体的法规,而是自立和自律的坚强决心。

前面提到,新加坡国情与中国大陆不同之点,第一是社会系统大小,第二是国际压力强弱。还有一点应当注意,这就是华人进入一个文化交融的社会之后,宗法观念就会在很大程度上被瓦解。作为一个弹丸小国,要在夹缝中寻求生存和发展,必须也可能博采众家所长,全面刷新文化。基于以上区别,严刑峻法对中国大陆未必有效,历史上法家的结局就是前车之鉴。依法治国和严刑峻法是有区别的,把觉悟和法制有机结合,应该是抑制物质至上主义可选的最佳方式。

关于抑制物质至上主义,国际上曾经把不丹推为典范。三十多年前,不丹决策者看到伴随经济高增长而来的大量社会问题,使许多收入很高国家的人民深陷痛苦,提出以国民幸福总值 GNH(Gross National Happiness),替代 GNP 作为社会发展目标。该指数包括:(1)环境和资源的保护;(2)公平和可持续的经济发展;(3)传统文化的保留;(4)优良的治理制度。基于此,不丹以经济低增长和民众高满意享誉全球。但才三十年,这个“云中快乐王国”的凝聚力就在全球化大潮冲击下逐渐丧失,一些人甚至由此选择了轻生。

越来越多的国人把希望寄托于传统文化。传统文化当然内容丰富,但问题在于其中并没有一种理论能够揭示社会发展规律,否则中国就不会在近代遭遇如此惨烈的历史跌宕。马克思主义的中国化不等于从传统文化中寻找现代化道路,如果回归传统文化就只能陷于农业社会主义的空想,而空想社会主义已经被实践证明是不能拯救社会的假想。**落后国家要实现人的发**

展，只能按照马克思关于个体发展三阶段论依次推进，用人的全面发展目标引领人的需要，用传统精华的自然融入来助推这个历史演变。

执政者的责任，首先是要适应民众提高物质文化生活的要求并尽量予以满足，提高过程当然会受到市场力量强劲驱动，但合理与否完全可以讨论。物质消费有两个基本约束：一是自然环境承载能力，二是社会道德许可范围。前者的标准是生物多样性，它体现自然生态的平衡状况。猛禽猛兽处于生态金字塔顶端，是环境适应阈很窄的物种，在天生自然中属于强势物种，在人化自然中属于弱势物种，它们的生存状况是自然环境承载能力的主要标志；后者的标准是文化多样性，它体现社会生态的平衡状况。A. 森把发展界定为享受人们有理由珍视的那种生活的可行能力，这个标准主要针对弱势群体。他们的生理和心理健康，是社会道德的主要标志。**弱势物种和弱势群体分别是自然和社会的短板，其安全并存是自然和社会稳定的底线。**

其次，“共产党人为工人阶级的最近的目的和利益而斗争，但是他们在当前的运动中同时代表运动的未来。”[91] 所谓代表未来指的是：不失时机地引导短期利益和局部利益服从长期利益和整体利益，两者发生冲突时为后者留下充分余地，必要时宁肯牺牲前者以避免从根本上伤害后者。改革初期追随西方有不可避免性，但到今天许多盲目“接轨”行为已经产生不可胜数的恶果。历史上在政治制度革命和经济体制改革方面有过独立探索的两次转折，现在则面临经济增长方式转变和政治体制改革的独立探索。物质生活消费可称为“硬消费”，精神生活消费可称为“软消费”。“软消费”的扩大既能创造经济价值，又能减少资源消耗，还能提高公众素质，它的地位上升以“硬消费”为依托，同时又要进行引导。**“软消费”成为公众的主导性消费，是资源消耗最小化和社会福利最大化的平衡点。**

今天经济增长的浮躁心态在很大程度上是由民间自发产生的，“千百万人的习惯势力是最可怕的势力”[92]。“取法于上，仅得为中；取法于中，故为其下。”[93]**建构节约型经济要以坚韧不拔的毅力，自微观操作渐进催化，否则断无可能奏效。**促进政策奏效的力量主要是公众的认识，公众认识中又主要是社会心理。社会心理作为一种低水平的社会意识，虽然它是社会存在的非系统、不自觉的反映形式，但带有直接性和稳定性的特点，所以对政治制度和社会存在有强大的反作用。我们灌输的生态知识，只有当它们影响到社会心理的时候，才能使政策的制定和实施获得坚实的支点。

社会心理与经济状况和政治制度对公众的切身影响有关，也与文化积淀有关，这是传统的认识。现在看来，社会心理还与自然环境的直接作用有关，因为自然环境的变化对于每个人的作用都是刚性的，只是主观感受程度不同而已。随着生态变化的加剧，总有一些态势会使人至少感到基本需要受到威胁，从而使社会心理发生变化，这时政策作用可以达到极值。

塑料包装的限用是一个典型范例，尽管“限塑运动”后来陷入低谷，但问题不是出在方法本身，因为在要素齐备的时候，曾经有过良好的业绩。通过对它的总结，可能会找到一条对建构节约型经济有普遍意义的思路。

2008年国家“限塑令”下达后，各个城市立即普遍响应。许多群众不仅自己尽量少用塑料包装，还积极利用废旧布料制作包装馈赠社会。之所以发生如此重大的变化，不仅是举办奥运的客观需要，更主要的是因为塑料垃圾的危害已经逼近市民个体，而且城市居民已经解决了温饱，相当部分达到甚至超过了小康。

代表社会整体和长远利益的政策在实施过程中，必然会与代表个人和团体近期利益的力量进行博弈。马克思说：“政治经济学所研究的材料的特殊性质，把人们心中最激烈、最卑鄙、最恶劣的感情，把代表私人利益的复仇女神召唤到战场上来反对自由的科学研究。"[94]可以说，在市场经济下，要是几何定理侵犯了私人利益，有人也会试图要把它推翻。

博弈的对立面一般是寻找政策的空隙开展规避活动，例如，执法部门在实施限塑令时对零散经营者的监控功能就非常有限，加上赠送塑料包装成本与不正当竞争所获的收益之比悬殊，当部分经营者违法操作而又得不到惩处时，即使另一部分经营者愿意守法，在强劲的商业竞争面前，也很难保持正确立场。这样，限塑令便在相当程度上失去了功效。

除了台面以下的无序规避以外，台面上的有据规避往往也是很难抵挡的，最有理由的意见当数对技术解决的呼吁。尽管技术并不是造成生态破坏的唯一原因、甚至不是主要原因，但技术也的确还大有变革的空间，所以即使是为规避政策而发表的言论，也必须从正面加以理解。例如，基于塑料制品的方便性，一个强烈的呼声就是对降解性塑料加以改进。

于是，调控手段又从直接的利益调节政策演化为技术激励政策。随着形势变化，越来越多的政策直接表现为技术激励政策，中心还是利益分配。但技术进步不能解决全部问题，一个问题解决之后又有新的问题产生。例如，耐用消费品、特别是精密器具的包装就很难想象使用降解性塑料，同时降解性塑料还有一个质量控制的成本问题。

如果问题的解决只能诉诸于回收利用，那么结果便又会再作用于社会心理，进入一个"心理→政策→技术→心理"的循环，这种循环不可能一次完成，新循环不是对旧循环的简单重复，而是经过一个否定之否定过程后的辩证复归，有质的变化。质变在于人的认识不断深入，遵循实践和认识的循环深化规律。不仅如此，而且在循环的每一个环节上还存在着小循环。

在心理这个环节，影响调整的因素有三：利益、技术、政策。首先是由个人利益损害带来刺激，包括实物性刺激和景物性刺激，刺激会引发对技术既需要又厌恶的矛盾心态。在矛盾心态支配下，民众首先会对政策产生期盼。政策中的价值导向，将影响社会意识。如果政策恰当，通常出现协同效应；如果政策欠妥，可能导致逆反情绪。公众最终关注的还是利益。

在政策这个环节，影响调整的因素有三：心理、利益、技术。心理作用是原初性的，因为如果不迎合社会心理，就会有社会问题产生。政策调整时，先是考虑国家利益、群体利益和个体利益之间的博弈，在其中找到一个平衡点，然后根据当时的条件，推动技术调整。政策的效果最终还要取决于社会心理反馈，舆论压力会再度影响政策。

在技术这个环节，影响调整的因素有三：政策、利益、心理。技术激励政策中既有国家意志又有利益机制，它可以催化生产发展的内在需求，但技术的调整方向和程度还要取决于经营者所能获得的实际利益和具备的财力。社会心理也有调节作用，因为经营者不可能完全罔顾舆论压力。技术调整的结果既有政策回应又有社会回应，但经营者必然先看政策回应。

三个环节上的小循环可以分别记为"利益→技术→政策→利益"，"心理→利益→技术→心理"，"政策→利益→心理→政策"。

在心理→政策→技术→心理的大循环中，利益是整个循环的动力；在各个小循环中，利益都作为一个因素得到体现。这种由小循环构成的大循环，类似于M. 艾根(Eigen,M.)所述的"超循环"[95]，艾根最初指的超循环是生命起源中，由催化循环在功能上循环耦合联系起来的循环，后来他把这个理论推广到整个自然界的演化，称之为"一个自然界的自组织原理"。实际上在社会发展和人类思维中，也普遍存在着类似的由许多小圆圈构成大圆圈的螺旋式演进运动，黑格尔对此做过总结。现在看来，它们可以称之为"类超循环"运动。

"不积跬步，无以至千里，不积小流，无以成江海。骐骥一跃，不能十步。驽马十驾，功在不舍。""无冥冥之志者，无昭昭之明。无惛惛之事者，无赫赫之功。"[96]胡适当年曾经写过一篇与《阿Q正传》齐名的《差不多先生传》[97]，讽刺国人的马虎习气。如今"差不多"习气对国人的麻痹作用，已经远远超过"阿Q精神"。国人如不痛下决心把"差不多先生"这顶帽子扔到太平洋里去，是很难真正实现振兴的。

注　释

引　言

[1]　欧阳志远. 生态化——第三次产业革命的实质与方向[M]. 北京:中国人民大学出版社,1994.
[2]　胡适. 胡适日记全编(二)[M]. 曹伯言,整理. 合肥:安徽教育出版社,2001:128.
[3]　欧阳志远. 别让平庸论文充斥期刊[N]. 光明日报,2011-02-21(13).
[4]　《人民日报》评论部. 以包容性对待"异质思维"[N]. 人民日报,2011-04-28(14).

第一章

[1]　伊格尔顿 T. 马克思为什么是对的[M]. 李杨,任文科,郑义,译. 北京:新星出版社,2011:11,13,20.
[2]　马克思. 资本论:第3卷[M]//马克思,恩格斯. 马克思恩格斯文集:第7卷. 中共中央编译局,编译. 北京:人民出版社,2009:497.
[3]　范晔. 后汉书(二)·卷六十一·左周黄列传·黄琼传[M]. 李贤,等,注. 北京:中华书局,1999:1372.
[4]　钟旭辉,罗洁. "世界因为西方价值观的失败而遭难"——对话马哈蒂尔[M]. 世界知识,2009(10):33.
[5]　贝尔 D. 后工业社会的来临[M]. 高铦,王宏周,魏章玲,

译. 北京:商务印书馆,1984:18 -42.
[6] 塞尔旺 - 施赖贝尔 J J. 世界面临挑战[M]. 朱邦造,等,译. 北京:商务印书馆,1982:284 -320.
[7] 奈斯比特 J. 大趋势——改变我们生活的十个新方向[M]. 梅艳,译. 北京:中国社会科学出版社,1984:14 -18.
[8] 马克思. 资本论:第 1 卷[M]//马克思,恩格斯. 马克思恩格斯文集:第 5 卷. 中共中央编译局,编译. 北京:人民出版社,2009:207 -208.
[9] 杨沛霆,陈昌曙,刘吉,冯之浚. 科学技术论[M]. 杭州:浙江教育出版社,1985:72—76.
[10] 马克思.《资本论(1863 -1865 年手稿)》摘选[M]//马克思,恩格斯. 马克思恩格斯文集:第 8 卷. 中共中央编译局,编译. 北京:人民出版社,2009:477.
[11] 斯托尼尔 T. 信息财富[M]. 吴建民,刘钟仁,译. 北京:中国对外翻译出版公司,1987:5.
[12] 马克思,恩格斯. 德意志意识形态[M]//马克思,恩格斯. 马克思恩格斯文集:第 1 卷. 中共中央编译局,编译. 北京:人民出版社,2009:533.
[13] 列维 - 布留尔 L. 原始思维[M]. 丁由,译. 北京:商务印书馆,1981:423 -424,2.
[14] 斯托尼尔 T. 信息财富[M]. 吴建民,刘钟仁,译. 北京:中国对外翻译出版公司,1987:38.
[15] 缪启愉. 齐民要术校释[M]. 北京:农业出版社,1982:1.
[16] 班固. 汉书(一):卷二十四上 · 食货志上[M]. 颜师古,注. 北京:中华书局,1999:945.
[17] 缪启愉. 齐民要术校释[M]. 北京:农业出版社,1982:43.

[18] 达尔文 C R. 物种起源[M]. 谢蕴贞, 译. 北京: 新世界出版社, 2007:30.

[19] 马克思. 资本论: 第 1 卷 [M]//马克思, 恩格斯. 马克思恩格斯文集: 第 5 卷. 中共中央编译局, 编译. 北京: 人民出版社, 2009:439.

[20] 贝尔纳 J D. 科学的社会功能[M]. 陈体芳, 译. 北京: 商务印书馆, 1982:66.

[21] 马克思. 资本论: 第 3 卷 [M]//马克思, 恩格斯. 马克思恩格斯文集: 第 7 卷. 中共中央编译局, 编译. 北京: 人民出版社, 2009:867.

[22] 孙鸿烈, 主编. 中国资源科学百科全书[M]. 北京: 中国大百科全书出版社, 2003. 2.

[23] 孙鸿烈, 主编. 中国资源科学百科全书[M]. 北京: 中国大百科全书出版社, 2003. 138 – 139.

[24] 马克思. 资本论: 第 1 卷 [M]//马克思, 恩格斯. 马克思恩格斯文集: 第 5 卷. 中共中央编译局, 编译. 北京: 人民出版社, 2009:587.

[25] 马克思. 资本论: 第 3 卷[M]//马克思恩格斯文集: 第 7 卷. 中共中央编译局, 编译. 北京: 人民出版社, 2009:895.

[26] 马克思. 经济学手稿(1861 – 1863)[M]//马克思, 恩格斯. 马克思恩格斯全集: 第 47 卷. 中共中央编译局, 编译. 北京: 人民出版社, 1979:288.

[27] 马克思. 哥达纲领批判[M]//马克思, 恩格斯. 马克思恩格斯文集: 第 3 卷. 中共中央编译局, 编译. 北京: 人民出版社, 2009:428.

[28] 马克思. 资本论: 第 3 卷 [M]//马克思, 恩格斯. 马克思恩格斯文集: 第 7 卷. 中共中央编译局, 编译. 北京: 人民

出版社,2009:97.

[29] 马克思. 资本论:第1卷[M]//马克思,恩格斯. 马克思恩格斯文集:第5卷. 中共中央编译局,编译. 北京:人民出版社,2009:696-697.

[30] 斯托尼尔 T. 信息财富[M]. 吴建民,刘钟仁,译. 北京:中国对外翻译出版公司,1987:51-66.

[31] 马克思. 资本论:第1卷[M]//马克思,恩格斯. 马克思恩格斯文集:第5卷. 中共中央编译局,编译. 北京:人民出版社,2009:56-57.

[32] 恩格斯. 自然辩证法[M]//马克思,恩格斯. 马克思恩格斯文集:第9卷,中共中央编译局,编译. 北京:人民出版社,2009:550.

[33] 列尔涅尔 A Я. 控制论基础[M]. 刘定一,译. 北京:科学出版社,1980:68-69.

[34] 薛定谔 E. 生命是什么? [M]上海外国自然科学哲学著作编译组,译. 上海:上海人民出版社,1973:78.

[35] 王兆强. 熵不能度量序[N]. 自然辩证法报,1989-11-19(2).

[36] 王兆强. “负熵成序”说是一个错误的假说[N]. 自然辩证法报,1989-12-04(2).

[37] 沈小峰. 混沌初开[M]. 北京:北京师范大学出版社,1993:15-16.

[38] 冯·贝塔朗菲 L. 一般系统论[M]. 林康义,魏宏森,等,译. 北京:清华大学出版社,1987:130-134.

[39] 普利戈津 I,斯唐热 I. 从混沌到有序[M]. 曾庆宏,沈小峰,译. 上海:上海译文出版社,1987:169-170.

[40] 罗尔斯顿 H. 环境伦理学[M]. 杨通进,译. 北京:中国社会科学出版社,2000:序言1-4;67-69;261-333.

[41] 罗尔斯顿 H. 环境伦理学[M]. 杨通进,译. 北京:中国社会科学文献出版社,2000:294,295,304,305.

[42] 罗尔斯顿 H. 环境伦理学[M]//杨通进,译. 北京:中国社会科学文献出版社,2000:306.

[43] 亚里士多德. 尼各马科伦理学(修订本)[M]. 苗力田,译. 北京:中国社会科学出版社,1999:220.

[44] 王先谦. 庄子集解 · 卷四 · 秋水[M]// 国学整理社,辑. 诸子集成:第 3 册. 北京:中华书局,1954:108.

[45] 钟明,译注. 金刚经 · 论坛[M]. 太原:山西古籍出版社,1999:7.

[46] 蔡晓明,尚玉昌. 普通生态学:下册[M]. 北京:北京大学出版社,1995:410.

[47] 迪维诺 P. 生态学概论[M]. 李耶波,译. 北京:科学出版社,1987:146 - 147.

[48] 马克思. 评阿 · 瓦格纳的"政治经济学教科书"[M]//马克思,恩格斯. 马克思恩格斯全集:第 19 卷. 中共中央编译局,编译. 北京:人民出版社,1963:406.

[49] 马克思. 资本论:第 4 卷[M]//马克思,恩格斯. 马克思恩格斯全集:第 26 卷Ⅲ. 中共中央编译局,编译. 北京:人民出版社,1974:326.

[50] 马克思. 资本论:第 1 卷[M]//马克思,恩格斯. 马克思恩格斯文集:第 5 卷. 中共中央编译局,编译. 北京:人民出版社,2009:48.

[51] 马克思. 资本论:第 1 卷[M]//马克思,恩格斯. 马克思恩格斯文集:第 5 卷. 中共中央编译局,编译. 北京:人民出版社,2009:54.

[52] 马克思. 评阿 · 瓦格纳的"政治经济学教科书"[M]//马克思,恩格斯. 马克思恩格斯全集:第 19 卷. 中共中央编

译局，编译. 北京：人民出版社，1963：404－408.
[53] 马克思. 资本论：第 4 卷[M]//马克思，恩格斯. 马克思恩格斯全集：第 26 卷Ⅲ. 中共中央编译局，编译. 北京：人民出版社，1974：326.
[54] 罗尔斯顿 H. 环境伦理学[M]//杨通进，译. 北京：中国社会科学出版社，2000：149－151.
[55] 黑格尔 G W F. 哲学史讲演录：第 2 卷[M]. 贺麟，王太庆，译. 北京：人民出版社，1985：124－125.
[56] 罗尔斯顿 H. 环境伦理学[M]//杨通进，译. 北京：中国社会科学出版社，2000：156－159.
[57] 费尔巴哈 L A. 未来哲学原理[M]//费尔巴哈 L A. 费尔巴哈哲学著作选集：上卷. 荣震华，李金山，等，译. 北京：商务印书馆，1984 ：126.
[58] 马克思. 1844 年经济学哲学手稿[M]//马克思，恩格斯. 马克思恩格斯文集：第 1 卷. 中共中央编译局，编译. 北京：人民出版社，2009：210－211.
[59] 马克思. 1844 年经济学哲学手稿[M]//马克思，恩格斯. 马克思恩格斯文集：第 1 卷. 中共中央编译局，编译. 北京：人民出版社，2009：211，220.
[60] 王先谦. 庄子集解：应帝王[M]//国学整理社，辑. 诸子集成：第三册，北京：中华书局 1954：51－52.
[61] 马克思. 马克思致路德维希·库格曼(1868 年 3 月 6 日)[M]//马克思，恩格斯. 马克思恩格斯文集：第 10 卷. 中共中央编译局，编译. 北京：人民出版社，2009：280.
[62] 恩格斯. 反杜林论[M]//马克思，恩格斯. 马克思恩格斯文集：第 9 卷. 中共中央编译局，编译. 北京：人民出版社，2009：47.
[63] 恩格斯. 自然辩证法[M]//马克思，恩格斯. 马克思恩格

斯文集:第 9 卷. 中共中央编译局,编译. 北京:人民出版社,2009:559－560.

[64] 恩格斯. 自然辩证法[M]//马克思,恩格斯. 马克思恩格斯文集:第 9 卷. 中共中央编译局,编译. 北京:人民出版社,2009:562－563.

[65] 辛格 P. 动物解放[M]. 祖述宪,译. 青岛:青岛出版社,2004:初版序 3.

[66] 雷根 T. 动物权利研究[M]. 李曦,译. 北京:北京大学出版社,2010:331.

[67] 张双棣,撰. 淮南子校释[M]. 北京:北京大学出版社,1997:1939.

[68] 雷根 T. 动物权利研究[M]. 李曦,译. 北京:北京大学出版社,2010:序言 33.

[69] 西蒙 J L. 没有极限的增长[M]. 江南,嘉铭,秦星,编译. 成都:四川人民出版社,1985. 122－123.

[70] 王弼. 老子注・道德经上篇・第二十五章[M]// 国学整理社,辑. 诸子集成:第三册. 北京:中华书局,1954. 14.

[71] 北京大学哲学系外国哲学史教研室,编. 西方哲学原著选读:上卷[M]北京:商务印书馆,1981. 55.

[72] 佚名. 旧约全书・创世纪:第 9 章[M]. 南京:中国基督教协会印发,1992. 7.

[73] Norton B G. Why Preserve Natural Variety ? [M]. Princeton University Press,1987.

[74] 墨迪 W H. 人类中心主义:一种现代观[J]. 吴永忠,译. 哈尔滨师专学报,1994(4):7－11.

[75] 欧阳志远. 最后的消费——文明的自毁与补救[M]. 北京:人民出版社,2000:序言 2.

[76] 马克思. 1844 年经济学哲学手稿[M]//马克思,恩格斯.

马克思恩格斯文集:第 1 卷. 中共中央编译局,编译. 北京:人民出版社,2009:160.

[77] 马克思. 1844 年经济学哲学手稿[M]//马克思,恩格斯. 马克思恩格斯文集:第 1 卷. 中共中央编译局,编译. 北京:人民出版社,2009:162 – 163.

[78] 马克思. 资本论:第 3 卷[M] //马克思,恩格斯. 马克思恩格斯文集:第 7 卷. 中共中央编译局,编译. 北京:人民出版社,2009:928.

[79] 马克思. 资本论:第 3 卷[M] //马克思,恩格斯. 马克思恩格斯文集:第 7 卷. 中共中央编译局,编译. 北京:人民出版社,2009:928 – 929.

第二章

[1] 马克思. 1844 年经济学哲学手稿[M]//马克思,恩格斯. 马克思恩格斯文集:第 1 卷. 中共中央编译局,编译. 北京:人民出版社,2009:194.

[2] 马克思. 1844 年经济学哲学手稿[M]//马克思,恩格斯. 马克思恩格斯文集:第 1 卷. 中共中央编译局,编译. 北京:人民出版社,2009:162 – 163.

[3] 马克思. 1844 年经济学哲学手稿[M]//马克思,恩格斯. 马克思恩格斯文集:第 1 卷. 中共中央编译局,编译. 北京:人民出版社,2009:163.

[4] 马克思. 1844 年经济学哲学手稿[M]//马克思,恩格斯. 马克思恩格斯文集:第 1 卷. 中共中央编译局,编译. 北京:人民出版社,2009:166.

[5] 马克思. 1844 年经济学哲学手稿[M]//马克思,恩格斯. 马克思恩格斯文集:第 1 卷. 中共中央编译局,编译. 北京:人民出版社,2009:185.

[6] 马克思. 政治经济学批判(1857—1858 年手稿)[M]//马克思,恩格斯. 马克思恩格斯文集:第 8 卷. 中共中央编译局,编译. 北京:人民出版社,2009:52.

[7] 马克思. 政治经济学批判(1857—1858 年手稿)[M]//马克思,恩格斯. 马克思恩格斯文集:第 8 卷. 中共中央编译局,编译. 北京:人民出版社,2009:56-57.

[8] 佩鲁 F. 新发展观[M]. 张宁,丰子义,译. 北京华夏出版社,1987:90,93.

[9] 罗斯托 W W. 经济增长的阶段[M]. 郭熙宝,王松茂,译. 北京:中国社会科学出版社,2001:4-11.

[10] 恩格斯. 反杜林论[M]//马克思,恩格斯. 马克思恩格斯文集:第9卷. 中共中央编译局,编译. 北京:人民出版社,2009:312-313.

[11] 梅多斯 D H,等. 增长的极限[M]. 于树生,译. 北京:商务印书馆,1984:45.

[12] 梅多斯 D H,等. 增长的极限[M]. 于树生,译. 北京:商务印书馆,1984:116.

[13] 梅多斯 D H,等. 增长的极限[M]. 于树生,译. 北京:商务印书馆,1984:136

[14] 梅多斯 D H,等. 增长的极限[M]. 于树生,译. 北京:商务印书馆,1984:135.

[15] 梅多斯 D H,等. 增长的极限[M]. 于树生,译. 北京:商务印书馆,1984:148.

[16] 欧阳志远. 最后的消费[M]. 北京:人民出版社,2000:169.

[17] 佩鲁 F. 新发展观[M]. 张宁,丰子义,译. 北京华夏出版社,1987:175.

[18] 李家秀,编. 名人名言录[M]. 乌鲁木齐:新疆人民出版

社,2002:93.

[19] 北京大学哲学系外国哲学史教研室,编译. 西方哲学原著选读:下卷[M]. 北京:商务印书馆,1982:66.

[20] 马克思. 1844 年经济学哲学手稿[M]//马克思,恩格斯. 马克思恩格斯文集:第 1 卷. 中共中央编译局,编译. 北京:人民出版社,2009:209.

[21] 马克思. 德意志意识形态[M]//马克思,恩格斯. 马克思恩格斯文集:第 1 卷. 中共中央编译局,编译. 北京:人民出版社,2009:534.

[22] 任继愈,主编. 中国哲学史:第 1 册[M]. 第 4 版. 北京:人民出版社,1985:222.

[23] 王先谦. 荀子集解 · 天论[M]//国学整理社,辑. 诸子集成:第二册. 北京:中华书局,1954:205 – 211.

[24] 郭庆藩. 庄子集释 · 天地 [M]//国学整理社,辑. 诸子集成:第三册. 北京:中华书局,1954:182.

[25] 辞海编辑委员会,编. 辞海[K]. 1999 年版缩印本. 上海:上海辞书出版社,1999:1407.

[26] 恩格斯. 自然辩证法[M]//马克思,恩格斯. 马克思恩格斯文集:第 9 卷. 中共中央编译局,编译. 北京:人民出版社,2009:426.

[27] 马克思. 政治经济学批判(1857—1858 年手稿)[M]//马克思,恩格斯. 马克思恩格斯文集:第 8 卷. 中共中央编译局,编译. 北京:人民出版社,2009:67.

[28] 泰勒 E B. 文化之定义[M]//庄锡昌,等,主编. 多维视野中的文化理论. 杭州:浙江人民出版社 1987:99 – 100.

[29] 马克思. 反杜林论[M] //马克思,恩格斯. 马克思恩格斯文集:第 9 卷. 中共中央编译局,编译. 北京:人民出版社,2009:120.

[30] 马克思. 马克思致帕维尔·瓦西里耶维奇·安年科夫(1846年12月28日)[M]//马克思,恩格斯. 马克思恩格斯文集:第10卷. 中共中央编译局,编译. 北京:人民出版社,2009:43.

[31] 恩格斯. 恩格斯致约瑟夫·布洛赫(1890年9月21—22日)[M]//马克思,恩格斯. 马克思恩格斯文集:第10卷. 中共中央编译局,编译. 北京:人民出版社,2009:592.

[32] 欧阳志远. 生态化——第三次产业革命的实质与方向[M]. 北京:中国人民大学出版社1994:1-62.

[33] 卡特V,戴尔T. 表土与人类文明[M]. 庄崚,鱼姗玲,译. 北京:中国环境科学出版社,1987:3,6.

[34] 马克思. 1844年经济学哲学手稿[M]//马克思,恩格斯. 马克思恩格斯文集:第1卷. 中共中央编译局,编译. 北京:人民出版社,2009:184.

[35] 马克思. 1844年经济学哲学手稿[M]//马克思,恩格斯. 马克思恩格斯文集:第1卷. 中共中央编译局,编译. 北京:人民出版社,2009:229-230.

[36] 舒马赫E F. 小的是美好的[M]. 虞鸿钧,郑关林,译. 北京:商务印书馆,1984:14.

[37] 王弼. 老子注·道德经·第五十九章[M]//国学整理社,辑. 诸子集成:第三册,北京:中华书局,1954:36.

[38] 焦循. 孟子正义·离娄章句上[M]//国学整理社,辑. 诸子集成:第一册,北京:中华书局,1954:305.

[39] 亚里士多德. 尼各马科伦理学[M]. 苗力田,译. 北京:中国社会科学出版社,1999:8.

[40] 斯密A. 国富论[M]. 唐日松,等,译. 北京:商务印书馆,2005:14.

[41] 韦伯 M. 新教伦理与资本主义精神[M]. 彭强,黄晓京,译. 西安:陕西师范大学出版社,2002:15.
[42] 舒马赫 E F. 小的是美好的[M]. 虞鸿钧,郑关林,译. 北京:商务印书馆,1984:25.
[43] 马克思. 资本论:第1卷[M]//马克思,恩格斯. 马克思恩格斯文集:第5卷. 中共中央编译局,编译. 北京:人民出版社,2009:871.
[44] 马克思. 1844年经济学哲学手稿[M]//马克思,恩格斯. 马克思恩格斯文集:第1卷. 中共中央编译局,编译. 北京:人民出版社,2009:227.
[45] 森 A. 以自由看待发展[M]. 任赜,于真,译. 北京:中国人民大学出版社,2002:85-103.
[46] 速水佑次郎,神门善久. 发展经济学:从贫困到富裕[M]. 李周,译. 北京:社会科学文献出版社,2009:165—166.
[47] 马克思.《政治经济学批判(1857—1858年手稿)》摘选[M]//马克思,恩格斯. 马克思恩格斯文集:第8卷. 中共中央编译局,编译. 北京:人民出版社,2009:90.
[48] 兰德尔 A. 资源经济学[M]. 施以正,译. 北京:商务印书馆,1989:8.
[49] 彭端淑. 白鹤堂诗文集·为学一首示子侄[M]//陈蒲清,编著. 中国古代寓言精品赏析. 长沙:岳麓书院,2008:376.
[50] 吉江 P 3. 发现与发明过程方法学分析[M]. 徐明泽,魏相,译. 广州:广东人民出版社,1988:110.
[51] 《环境科学大辞典》编辑委员会,编. 环境科学大辞典[K]. 北京:中国环境科学出版社,1991:575,299.
[52] 布朗 L R. 生态经济. [M]. 林自新,戢守志,等,译. 北京:

东方出版社,2002:84.

[53] 沃德 B,杜博斯 R,主编. 只有一个地球[M]. 国外公害资料编译组,译. 北京:石油化学工业出版社,1976:181—184.

[54] 汤因比 A J,池田大作. 展望二十一世纪——汤因比与池田大作对话录[M]. 荀春生,朱继征,陈国梁,译. 北京:国际文化出版公司,1985:34.

[55] 梅多斯 D H,梅多斯 D L,兰德斯 J. 超越极限[M]. 赵旭,周欣华,张仁俐,译. 上海:上海译文出版社,2001:82-83.

[56] 马克思. 资本论:第 3 卷[M]//马克思,恩格斯. 马克思恩格斯文集:第 7 卷. 中共中央编译局,编译. 北京:人民出版社,2009:103.

[57] 舒马赫 E F. 小的是美好的[M]. 虞鸿钧,郑关林,译. 北京:商务印书馆,1984:24,30.

[58] 黑格尔 G W F. 法哲学原理[M]. 范扬,张企泰,译. 北京:商务印书馆,1961:119.

[59] 黑格尔 G W F. 法哲学原理[M]. 范扬,张企泰,译. 北京:商务印书馆,1961:136.

[60] 汤因比 A J,池田大作. 展望二十一世纪——汤因比与池田大作对话录[M]. 荀春生,朱继征,陈国梁,译. 北京:国际文化出版公司,1985:111.

[61] 恩格斯. 恩格斯致彼·拉·拉甫罗夫(1875 年 11 月12-17 日)[M]//马克思,恩格斯. 马克思恩格斯文集:第 10 卷. 中共中央编译局,编译. 北京:人民出版社,2009:412.

[62] 马克思. 1844 年经济学哲学手稿[M]//马克思,恩格斯. 马克思恩格斯文集:第 1 卷. 中共中央编译局,编译. 北

京:人民出版社,2009:192.
[63] 毛泽东. 中国革命战争的战略问题[M]//毛泽东. 毛泽东选集:第1卷. 第2版. 北京:人民出版社,1991:174.
[64] 布朗 L R. 建设一个持续发展的社会[M]. 祝友三,等,译. 北京:科学技术文献出版社,1984:111—297.
[65] 布朗 L R. B模式2.0:拯救地球 延续文明.[M]. 林自新,暴永宁,译. 北京:东方出版社,2006:141—257.
[66] 恩格斯. 路德维希·费尔巴哈和德国古典哲学的终结[M]//马克思恩格斯. 马克思恩格斯文集:第4卷. 中共中央编译局,编译. 北京:人民出版社,2009:291.
[67] 马克思,恩格斯. 德意志意识形态[M]//马克思恩格斯文集:第1卷. 中共中央编译局,编译. 北京:人民出版社,2009:537.
[68] 舒马赫 E F. 小的是美好的[M]. 虞鸿钧,郑关林,译. 北京:商务印书馆,1984:20.

第三章

[1] 马克思. 关于费尔巴哈的提纲[M]//马克思恩格斯文集:第1卷. 中共中央编译局,编译. 北京:人民出版社,2009:502.
[2] 冯·贝塔朗菲 L. 一般系统论[M]. 林康义,魏宏森,等,译. 北京:清华大学出版社,1987:75.
[3] 维纳 N. 控制论[M]. 郝季仁,译. 北京:科学出版社,1963:160.
[4] 马尔库塞 H. 单向度的人[M]. 刘继,译. 上海:上海译文出版社,1989:导言1.
[5] 赵士林. 当代中国美学研究[M]. 天津:天津教育出版社,1988:352.

[6] 李泽厚. 美感谈[M]//李泽厚哲学美学文选. 长沙:湖南人民出版社,1985:409.
[7] 黑格尔 G W F. 哲学全书:第1部[M]//北京大学哲学系外国哲学史教研室,编译. 西方哲学原著选读:下卷. 北京:商务印书馆,1982:395.
[8] 欧阳志远. 逐绿悖论[J]. 科技导报,2002(8):55-59.
[9] 库伯 R. 胜者为王——杰出新产品的产生[M]. 刘微,刘自知,译. 北京:华夏出版社,2001:59,70,75.
[10] 杨桂华,钟林生,明庆忠. 生态旅游[M]. 北京:高等教育出版社,施普林格出版社,2000:9,11.
[11] 奥德姆 E P. 生态学基础[M]. 孙儒泳,钱国桢,林浩然,等,译. 北京:人民教育出版社,1981:206,208.
[12] 斯密 A. 国富论[M]. 唐日松,赵康英,冯力,等,译. 北京:华夏出版社,2005:1.
[13] 马克思. 资本论:第1卷[M]//马克思,恩格斯. 马克思恩格斯文集:第5卷. 中共中央编译局,编译. 北京:人民出版社,2009:378.
[14] 王丛霞. 荒漠化防治系统的内散外敛型组织模式研究[D]. 北京:中国人民大学哲学院,2008.
[15] 胡道静. 梦溪笔谈校证[M]. 上海:上海人民出版社,2011:691.
[16] 胡道静. 梦溪笔谈校证[M]. 上海:上海人民出版社,2011:691.
[17] 毛泽东. 中国革命战争的战略问题[M]//毛泽东. 毛泽东选集:第1卷. 第2版. 北京:人民出版社,1991:176.
[18] 毛泽东. 中国革命战争的战略问题[M]//毛泽东. 毛泽东选集:第1卷. 第2版. 北京:人民出版社,1991:177.
[19] 司马迁. 史记·商君列传(评注本)[M]. 韩兆琦,评注.

长沙:岳麓书社,2004:1006.

[20] 邓小平. 思想路线政治路线的实现要靠组织路线来保证[M]//邓小平. 邓小平文选:第 2 卷. 第 2 版. 北京:人民出版社,1994:190.

[21] 邓小平. 党和国家领导制度的改革[M]//邓小平. 邓小平文选:第 2 卷. 第 2 版. 北京:人民出版社,1994:333.

[22] 佚名. 诗经 · 小雅 · 北山[M]. 于夯,译注. 太原:山西古籍出版社,1999:119.

[23] 列宁.《苏维埃政权的当前任务》一文的几个提纲[M]//列宁全集:第 34 卷. 中共中央编译局,编译. 北京:人民出版社,1985:520.

[24] 罗宾斯 R A. 决策的陷阱[M]. 袁汝涛,阐释. 长春:吉林文史出版社,2004:171—195.

[25] 黄炎培. 八十年来[M]. 北京:文史资料出版社,1982:148—149.

[26] ПАРШЕВ А П. Почему Россия не Америка[M]. Москва:Крымскиймост－9д,Форум,2000:125.

[27] 马克思. 哥达纲领批判[M]. // 马克思,恩格斯. 马克思恩格斯文集:第 3 卷,中共中央编译局,编译. 北京:人民出版社,2009:435.

[28] 马克思. 1844 年经济学哲学手稿[M]//马克思,恩格斯. 马克思恩格斯文集:第 1 卷. 中共中央编译局,编译. 北京:人民出版社,2009:193.

[29] 贝尔纳 J D. 历史上的科学[M]. 伍况甫,等,译. 北京:科学出版社,1959:252.

[30] 赵红州. 大科学观[M]. 北京:人民出版社,1988:1—10.

[31] 迪维诺 P. 生态学概论[M]. 李耶波,译. 北京:科学出版社:342.

第四章

[1] 毛泽东. 在中国共产党第七届中央委员会第二次全体会议上的报告[M]//毛泽东. 毛泽东选集:第4卷. 第2版. 人民出版社,1991:1438—1439.

[2] 恩格斯. 路德维希·费尔巴哈和德国古典哲学的终结[M]//马克思,恩格斯. 马克思恩格斯文集:第4卷. 中共中央编译局,编译. 北京:人民出版社,2009:303.

[3] 毛泽东. 为争取千百万群众进入抗日民族统一战线而斗争[M]//毛泽东. 毛泽东选集:第1卷. 第2版. 人民出版社,1991:277.

[4] 毛泽东. 反对自由主义[M]//毛泽东. 毛泽东选集:第2卷. 第2版. 人民出版社,1991:359—361.

[5] 马克思,恩格斯. 共产党宣言[M]//马克思,恩格斯. 马克思恩格斯文集:第2卷. 中共中央编译局,编译. 北京:人民出版社,2009. 33.

[6] 秋瑾. 对酒[M]//萧平,编. 辛亥革命烈士诗文选. 北京:中华书局,1962:142.

[7] 林觉民. 与妻书[M]//萧平,编. 辛亥革命烈士诗文选. 北京:中华书局,1962:170－175.

[8] 恩格斯. 恩格斯致马克思(1858年10月7日)[M]//马克思,恩格斯. 马克思恩格斯文集:第10卷. 中共中央编译局,编译. 北京:人民出版社,2009:165.

[9] 恩格斯. 恩格斯致尼古拉·弗兰策维奇·丹尼尔逊(1893年2月24日)[M]//马克思,恩格斯. 马克思恩格斯文集:第10卷. 中共中央编译局,编译. 北京:人民出版社,2009:650－651.

[10] 邓小平. 在武昌、深圳、珠海、上海等地的谈话要点

[M]//邓小平. 邓小平文选:第3卷. 北京:人民出版社,1993:382.

[11] 恩格斯. 恩格斯致保尔·拉法格(1890年8月27日)[M]//马克思,恩格斯. 马克思恩格斯文集:第10卷. 中共中央编译局,编译. 北京:人民出版社,2009:590.

[12] 司马迁. 史记(评注本)[M]. 韩兆琦,评注. 长沙:岳麓书院,2004:943.

[13] 黑格尔 G W F. 历史哲学[M]. 王造时,译. 上海:上海书店出版社,2001:131.

[14] 韦伯 M. 新教伦理与资本主义精神[M]. 彭强,黄晓京,译. 西安:陕西师范大学出版社,2002:15.

[15] 韦伯 M. 新教伦理与资本主义精神[M]. 彭强,黄晓京,译. 西安:陕西师范大学出版社,2002:15.

[16] 梅森 S F. 自然科学史[M]. 上海外国自然科学哲学著作编译组,译. 上海:上海人民出版社,1977:164.

[17] 马克思,恩格斯. 共产党宣言[M]//马克思,恩格斯. 马克思恩格斯文集:第2卷. 中共中央编译局,编译. 北京:人民出版社,2009,34.

[18] 罗素 B. 东西方文明比较[M]. 王正平,译. //王正平,主编. 罗素文集. 北京:改革出版社,1996. 27.

[19] 马克思. 不列颠在印度的统治[M]//马克思,恩格斯. 马克思恩格斯文集:第2卷. 中共中央编译局,编译. 北京:人民出版社,2009. 679.

[20] 刘宝楠. 论语正义·颜渊[M]//国学整理社,辑. 诸子集成:第一册,北京:中华书局,1954:262.

[21] 刘宝楠. 论语正义·季氏[M]//国学整理社,辑. 诸子集成:第一册,北京:中华书局,1954:354.

[22] 班固. 汉书(三)·卷六十五·东方朔传[M]. 北京:中华

书局,1999:2162.

[23] 中共中央文献研究室,编.毛泽东读文史古籍批语集[M].北京:中央文献出版社,1993:183-208.

[24] 列宁.共产主义运动中的"左派"幼稚病[M]//列宁选集:第4卷.第3版.中共中央编译局,编译.北京:人民出版社,1995:143.

[25] 毛泽东.湖南农民运动考察报告[M]//毛泽东.毛泽东选集:第1卷.第2版.北京:人民出版社,1991:17.

[26] 恩格斯.反杜林论[M]//马克思,恩格斯.马克思恩格斯文集:第9卷.中共中央编译局,编译.北京:人民出版社,2009:98-100.

[27] 伊格尔顿 T.马克思为什么是对的[M].李杨,任文科,郑义,译.北京:新星出版社,2011:99,108.

[28] 列宁.政论家札记[M]//列宁.列宁选集:第4卷.第3版.中共中央编译局,编译.北京:人民出版社,1995:643.

[29] 恩格斯.社会主义从空想到科学的发展[M]//马克思,恩格斯.马克思恩格斯文集:第9卷.中共中央编译局,编译.北京:人民出版社,2009:274.

[30] 列宁.十月革命四周年[M]//列宁.列宁选集:第4卷.第3版.中共中央编译局,编译.北京:人民出版社,1995年:570.

[31] 邓小平.社会主义必须摆脱贫穷[M]//邓小平.邓小平文选:第3卷.北京:人民出版社,1993:225.

[32] 列宁.政论家札记[M]//列宁.列宁选集:第4卷.第3版.中共中央编译局,编译.北京:人民出版社,1995年,637-638.

[33] 邓小平.党和国家领导制度的改革[M]//邓小平.邓小

平文选:第2卷.第2版.北京:人民出版社,1994:333.

[34] 马克思,恩格斯.德意志意识形态[M]//马克思,恩格斯.马克思恩格斯文集:第1卷.中共中央编译局,编译.北京:人民出版社,2009:538.

[35] 邓小平.保持艰苦奋斗的传统[M].//邓小平.邓小平文选:第3卷.北京:人民出版社,1993:290.

[36] 陶行知.我之学校观[M]//陶行知.陶行知教育文集.北京:中国陶行知研究会生活教育行动委员会,2009:061.

[37] 蔡元培.就任北京大学校长之演说[M]//蔡元培.蔡元培:讲演文稿.杨佩昌,整理.北京:中国画报出版社,2010:42.

[38] 斯诺 E.西行漫记[M].董乐山,译.北京:三联书店,1979:121.

[39] 蔡元培.就任北京大学校长之演说[M]//蔡元培.蔡元培:讲演文稿.杨佩昌,整理.北京:中国画报出版社,2010:38-40.

[40] 迈斯纳 M.马克思主义、毛泽东主义与乌托邦主义[M].张宁,陈铭康,等,译.北京:中国人民大学出版社,2005:9,序2.

[41] 马克思.《1857—1858经济学手稿》导言[M]//马克思,恩格斯:马克思恩格斯文集:第8卷.中共中央编译局,编译.北京:人民出版社,2009:29.

[42] 卡普拉 F.转折点[M].冯禹,向世陵,黎云,编译.北京:中国人民大学出版社,1989:28.

[43] 左丘明.国语·郑语[M].鲍思陶,点校.济南:齐鲁书社,2005:253.

[44] 王弼.老子注·老子道德经上·第六章[M]//国学整理社,辑.诸子集成:第三册,北京:中华书局,1954:4.

[45] 王弼. 老子注 · 老子道德经上 · 第九章[M]// 国学整理社,辑. 诸子集成:第三册,北京:中华书局,1954:5.

[46] 王弼. 老子注 · 老子道德经上 · 第十二章[M]//国学整理社,辑. 诸子集成:第三册,北京:中华书局,1954:6.

[47] 王弼. 老子注 · 老子道德经下 · 第八十章[M]//国学整理社,辑. 诸子集成:第三册,北京:中华书局,1954:46-47.

[48] 杨天宇. 礼记译注:上. 礼记 · 礼运[M]. 新1版. 上海古籍出版社,2004:265.

[49] 刘宝楠. 论语正义 · 学而[M]//国学整理社,辑. 诸子集成:第一册,北京:中华书局,1954:7-9.

[50] 刘宝楠. 论语正义 · 学而[M]//国学整理社,辑. 诸子集成:第一册,北京:中华书局,1954:14.

[51] 刘宝楠. 论语正义 · 述而[M]//国学整理社,辑. 诸子集成:第一册,北京:中华书局,1954:153.

[52] 刘宝楠. 论语正义 · 八佾[M]//国学整理社,辑. 诸子集成:第一册,北京:中华书局,1954:44.

[53] 孙诒让. 墨子闲诂 · 节用上[M]//国学整理社,辑. 诸子集成:第四册,北京:中华书局,1954:99-100.

[54] 舒马赫 E F. 小的是美好的[M]. 虞鸿钧,郑关林,译. 北京:商务印书馆,1984:33-35.

[55] 周振甫. 周易译注[M]. 北京:中华书局,1991:3.

[56] 王先谦. 庄子集解 · 知北游[M]//国学整理社,辑. 诸子集成:第三册,北京:中华书局,1954:138.

[57] 焦循. 孟子正义 · 尽心章句上[M]//国学整理社,辑. 诸子集成:第一册,北京:中华书局,1954:556.

[58] 杨天宇. 礼记译注:下 · 礼记 · 乐记[M]. 新1版. 上海古籍出版社,2004:474.

[59] 曹操,等,注. 孙子十家注 · 孙子兵法 · 谋攻篇[M]//国学整理社,辑. 诸子集成:第六册,北京:中华书局,1954:35.

[60] 焦循. 孟子正义 · 尽心章句上[M]//国学整理社,辑. 诸子集成:第一册,北京:中华书局,1954:525.

[61] 张湛. 列子注 · 天瑞[M]//国学整理社,辑. 诸子集成:第三册,北京:中华书局,1954:10.

[62] 马克思. 路易 · 波拿巴的雾月十八日[M] //马克思恩格斯. 马克思恩格斯文集:第2卷. 中共中央编译局,编译. 北京:人民出版社,2009:472.

[63] 阿奎那 T. 阿奎那政治著作选[M]. 马清槐,译. 北京:商务印书馆,1963:131.

[64] 刘宝楠. 论语正义:子路[M]//国学整理社,辑. 诸子集成:第一册,北京:中华书局 1954:296.

[65] 布朗 L R. 建设一个持续发展的社会[M]. 祝友三,等,译. 北京:科学技术文献出版社,1984:262 -263.

[66] 丹皮尔 W C. 科学史——及其与哲学和宗教的关系[M]. 李珩,译. 北京:商务印书馆,1975:117.

[67] 梅森 S F. 自然科学史[M]. 上海:上海人民出版社,1977:164.

[68] 杨天宇. 礼记译注:上 · 礼记 · 曲礼上[M]. 新1版. 上海古籍出版社,2004:27.

[69] 马克思. 路易 · 波拿巴的雾月十八日[M]//马克思恩格斯. 马克思,恩格斯文集:第2卷. 中共中央编译局,编译. 北京:人民出版社,2009:470 -471.

[70] 列宁. 青年团的任务[M]//列宁. 列宁选集:第4卷. 第3版. 中共中央编译局,编译. 北京:人民出版社,1995:285.

[71] 恩格斯. 反杜林论[M]//马克思恩格斯. 马克思,恩格斯文集:第9卷. 中共中央编译局,编译. 北京:人民出版社,2009:91.

[72] 黑格尔 G W F. 法哲学原理 · 序言[M]. 范扬,张企泰,译. 北京:商务印书馆,1961:14.

[73] 马克思.《黑格尔法哲学批判》导言[M]//马克思,恩格斯. 马克思恩格斯文集:第1卷. 中共中央编译局,编译. 北京:人民出版社,2009:17-18.

[74] 杨慎. 艺林伐山 · 按图索骥[M]//陈蒲清,编著. 中国古代寓言精品赏析. 长沙:岳麓书院,2008:322-323.

[75] 毛泽东. 驳"舆论一律"[M]//毛泽东. 毛泽东选集:第5卷. 北京:人民出版社,1977:159.

[76] 邓小平. 为景山学校题词[M]//邓小平. 邓小平文选:第3卷. 北京:人民出版社,1993:35.

[77] 舒马赫 E F. 小的是美好的[M]. 虞鸿钧,郑关林,译. 北京:商务印书馆,1984:23—25.

[78] 舒马赫 E F. 小的是美好的[M]. 虞鸿钧,郑关林,译. 北京:商务印书馆,1984:26—27.

[79] 恩格斯. 家庭、私有制和国家的起源[M]//马克思,恩格斯. 马克思恩格斯文集:第4卷. 中共中央编译局,编译. 北京:人民出版社,2009: 197.

[80] 马克思. 1844年经济学哲学手稿[M]//马克思,恩格斯. 马克思恩格斯文集:第1卷. 中共中央编译局,编译. 北京:人民出版社,2009:184.

[81] 马克思. 1844年经济学哲学手稿[M]//马克思,恩格斯. 马克思恩格斯文集:第1卷. 中共中央编译局,编译. 北京:人民出版社,2009:223.

[82] 马克思. 资本论:第3卷[M]//马克思,恩格斯. 马克思

恩格斯文集:第7卷.中共中央编译局,编译.北京:人民出版社,2009:928-929.

[83] 王先谦.荀子集解·天论篇[M]//国学整理社,辑.诸子集成:第二册,北京:中华书局,1954:205.

[84] 康德I.法的形而上学原理[M].沈叔平,译.北京:商务印书馆,1991:28-29.

[85] 爱因斯坦A.给国际知识界和平大会的贺信[M]//爱因斯坦A.爱因斯坦文集:第3卷.许良英,赵中立,张宣三,编译.第2版.北京:商务印书馆,2009:303.

[86] 特纳E.技术的报复[M].徐培俊,钟季康,姚时宗,译.上海:上海科技教育出版社,1999:21.

[87] 舒马赫E F.小的是美好的[M].虞鸿钧,郑关林,译.北京:商务印书馆,1984:25,27.

[88] 舒马赫E F.小的是美好的[M].虞鸿钧,郑关林,译.北京:商务印书馆,1984:25,9.

[89] LEE KUAN YEW. Remembering a Realist: One of Asia's top statesmen recalls his dealings with a leader who knew when to keep quiet [J]. Teme, 1997 (March 3):39.

[90] 邓小平.在武昌、深圳、珠海、上海等地的谈话要点[M]//邓小平.邓小平文选:第3卷.北京:人民出版社,1993:378-379.

[91] 马克思,恩格斯.共产党宣言[M]//马克思,恩格斯.马克思恩格斯文集:第2卷.中共中央编译局,编译.北京:人民出版社,2009:65.

[92] 列宁.共产主义运动中的"左派"幼稚病[M]//列宁.列宁选集:第4卷.中共中央编译局,编译.北京:人民出版社,1995:154.

[93] 唐太宗.帝范·卷四[M]//丛书集成初编:〇九二七.帝

范,帝王经世图谱附录(一).新1版.北京:中华书局,1985:44.

[94] 马克思.资本论:第1卷[M]//马克思恩格斯.马克思,恩格斯文集:第5卷.中共中央编译局,编译.北京:人民出版社,2009:10.

[95] 艾根 M,舒斯特尔 P.超循环论[M].曾国屏,沈小峰,译.上海:上海译文出版社:1990.

[96] 王先谦.荀子集解·劝学篇[M]//国学整理社,辑.诸子集成:第二册.北京:中华书局 1954:5.

[97] 胡适.差不多先生传[M]//胡适.胡适文集:11.欧阳哲生,编.北京:北京大学出版社,1998:7-8.

参考文献

[1] 奥德姆 E P. 生态学基础[M]. 孙儒泳,钱国桢,林浩然,等,译. 北京:人民教育出版社,1981:206.

[2] 恩格斯. 家庭、私有制和国家的起源[M]//马克思,恩格斯. 马克思恩格斯文集:第 4 卷. 中共中央编译局,编译. 北京:人民出版社,2009.

[3] 恩格斯. 自然辩证法[M]//马克思,恩格斯. 马克思恩格斯文集:第 9 卷. 中共中央编译局,编译. 北京:人民出版社,2009.

[4] 黑格尔 G W F. 法哲学原理[M]. 范扬,张企泰,译. 北京:商务印书馆,1961.

[5] 卡特 V,戴尔 T. 表土与人类文明[M]. 庄崚,鱼姗玲,译. 北京:中国环境科学出版社,1987.

[6] 罗尔斯顿 H. 环境伦理学[M]. 杨通进,译. 北京:中国社会科学出版社,2000.

[7] 马克思. 评阿·瓦格纳的“政治经济学教科书”[M]//马克思,恩格斯. 马克思恩格斯全集:第 19 卷. 中共中央编译局,编译. 北京:人民出版社,1963.

[8] 马克思. 1844 年经济学哲学手稿[M]//马克思,恩格斯. 马克思恩格斯文集:第 1 卷. 中共中央编译局,编译. 北京:人民出版社,2009.

[9] 马克思. 资本论:第 1 卷[M]//马克思,恩格斯. 马克思恩格斯文集:第 5 卷. 中共中央编译局,编译. 北京:人民

出版社,2009.

[10] 马克思. 资本论手稿选编[M]//马克思,恩格斯. 马克思恩格斯文集:第 8 卷. 中共中央编译局,编译. 北京:人民出版社,2009.

[11] 梅多斯 D H,等. 增长的极限[M]. 于树生,译. 北京:商务印书馆,1984.

[12] 梅多斯 D H,梅多斯 D L,兰德斯 J. 超越极限[M]. 赵旭,周欣华,张仁俐,译. 上海:上海译文出版社,2001.

[13] 任继愈,主编. 中国哲学史:第 1 – 4 册[M]. 第 4 版. 北京:人民出版社,1963 – 1979.

[14] 萨特 J P. 萨特精选集(上、下)[M]. 沈志明,等,译. 第 2 版. 北京:北京燕山出版社:2010.

[15] 森 A. 以自由看待发展[M]. 任赜,于真,译. 北京:中国人民大学出版社:2002.

[16] 施密特 A. 马克思的自然概念[M]. 欧力同,吴仲昉,译. 北京:商务印书馆,1988.

[17] 舒马赫 E F. 小的是美好的[M]. 虞鸿钧,郑关林,译. 北京:商务印书馆,1984.

[18] 魏宏森,宋永华,等,编著. 开创复杂性研究的新学科[M]. 成都:四川教育出版社,1991.

[19] 沃德 B,杜博斯 R,主编. 只有一个地球[M]. 国外公害资料编译组,译. 北京:石油化学工业出版社,1976.

[20] БЕРГА А И,ГЕОДАКЯНА В А,МЕДУНИНА А Е,РЫЧКОВА Ю Г,ТАРАСОВА К Е,НОВИКА И Б,ФРОЛОВА И Т,И ДР . Круглый стол《Вопросов философии》:Человек и среда его обитания [J]. Вопросы философии,1973(4): 57 – 79.

附　录

差不多先生传

胡　适

你知道中国最有名的人是谁?

提起此人,人人皆晓,处处闻名。他姓差,名不多,是各省各县各村人氏。你一定见过他,一定听过别人谈起他。差不多先生的名字天天挂在大家的口头,因为他是中国全国人的代表。

差不多先生的相貌和你和我都差不多。他有一双眼睛,但看的不很清楚;有两只耳朵,但听的不很分明;有鼻子和嘴,但他对于气味和口味都不很讲究。他的脑子也不小,但他的记性却不很精明,他的思想也不很细密。

他常常说:“凡事只要差不多,就好了。何必太精明呢?”

他小的时候,他妈叫他去买红糖,他买了白糖回来。他妈骂他,他摇摇头说:“红糖白糖不是差不多吗?”

他在学堂的时候,先生问他:“直隶省的西边是哪一省?”他说是陕西。先生说:“错了。是山西,不是陕西。”他说:“陕西同山西,不是差不多吗?”

后来他在一个钱铺里做伙计;他也会写,也会算,只是总不会精细。十字常常写成千字,千字常常写成十字。掌柜的生气了,常常骂他。他只是笑嘻嘻地赔小心道:“千字比十字只多一小撇。不是差不多吗?”

有一天,他为了一件要紧的事,要搭火车到上海去。他从从容容地走到火车站,迟了两分钟,火车已开走了。他白瞪着眼,望着远远的火车上的煤烟,摇摇头道:“只好明天再走了,今天走同明天走,也还差不多。可是火车公司未免太认真了。八点三十分开,同八点三十二分开,不是差不多吗?”他一面说,一面慢慢地走回家,心里总不明白为什么火车不肯等他两分钟。

有一天,他忽然得了急病,赶快叫家人去请东街的汪医生。那家人急急忙忙地跑去,一时寻不着东街的汪大夫,却把西街牛医王大夫请来了。差不多先生病在床上,知道寻错了人;但病急了,身上痛苦,心里焦急,等不得了,心里想道:“好在王大夫同汪大夫也差不多,让他试试看罢。”于是这位牛医王大夫走近床前,用医牛的法子给差不多先生治病。不上一点钟,差不多先生就一命呜呼了。

差不多先生差不多要死的时候,一口气断断续续地说道:“活人同死人也差……差……差不多,……凡事只要……差……差……不多……就……好了,……何……何……必……太……太认真呢?”他说完了这句格言,方才绝气了。

他死后,大家都很称赞差不多先生样样事情看得破,想得通;大家都说他一生不肯认真,不肯算账,不肯计较,真是一位有德行的人。于是大家给他取个死后的法号,叫他做圆通大师。

他的名誉越传越远,越久越大。无数无数的人都学他的榜样。于是人人都成了一个差不多先生。——然而中国从此就成为一个懒人国了。

(原载 1924 年 6 月 28 日《申报·平民周刊》第 1 期)

人名索引

A

B

C

D

E

F

G

H

J

K

L

M

N

P

Q

R

S

T

W

X

Y

Z

主 题 索 引

C

D

E

F

G

H

J

K

L

M

N

P

R

S

T

W

X

Y

Z

后　记

笔耕五载，本研究在2012年6月申报结项，时值“联合国人类环境会议（斯摩哥尔摩会议）”召开40周年和“联合国环境与发展会议（里约热内卢大会）”召开20周年，也值本人博士论文《生态化——第三次产业革命的实质与方向》问世20周年，因此虽备经砥砺，但也倍感激励。承蒙人民出版社各有关同仁鼎力匡扶，论文又推敲一载终于成书。成书过程特别得益于崔继新责任编辑茹苦劳作，并受到郇中建先生倾心关注。在此深表谢忱！

作为学术论文，至少应该包含“引言”、“正文”、“结论”，考虑到论文面对的是同行，而生态文明著作不仅应该面对同行还应该面对社会，所以在成书之时将“引言”和“结论”的思想主线并入“绪论”，以便让读者在开篇部分就能得到一个鲜明概览。项目创新的具体内容，则分列于每章之首。以上安排，旨在最大程度唤起民众，共襄伟业。可持续发展触及社会的最深层次，对其艰难完全不可低估。“路漫漫其修远兮，吾将上下而求索。”

作　者

2013年6月

责任编辑:崔继新
封面设计:石笑梦
版式设计:姚　雪
责任校对:张春燕

图书在版编目(CIP)数据

天富论:资源节约型经济哲理研究/欧阳志远 著.
-北京:人民出版社,2013.6
ISBN 978-7-01-011706-5

Ⅰ.①天… Ⅱ.①欧… Ⅲ.①自然资源-资源利用-研究-中国
Ⅳ.①F124.5

中国版本图书馆 CIP 数据核字(2013)第 022251 号

天富论:资源节约型经济哲理研究

TIANFULUN ZIYUANJIEYUEXING JINGJI ZHELI YANJIU

欧阳志远　著

人民出版社 出版发行
(100706　北京市东城区隆福寺街 99 号)

北京集惠印刷有限责任公司印刷　新华书店经销

2013 年 6 月第 1 版　2013 年 6 月北京第 1 次印刷
开本:880 毫米×1230 毫米 1/32
字数:266 千字　印张:10.75

ISBN 978-7-01-011706-5　定价:30.00 元

邮购地址 100706　北京市东城区隆福寺街 99 号
人民东方图书销售中心　电话 (010)65250042　65289539